中國學術思想 研究輯刊

三六編

林慶彰 主編

第 19 冊

枝條再榮：陽明學書籍世界的研究（上）

向 輝 著

花木蘭文化事業有限公司

國家圖書館出版品預行編目資料

枝條再榮：陽明學書籍世界的研究（上）／向輝 著 -- 初版
-- 新北市：花木蘭文化事業有限公司，2022〔民 111〕
目 2+172 面；19×26 公分
（中國學術思想研究輯刊 三六編；第 19 冊）
ISBN 978-626-344-062-3（精裝）
1.CST：（明）王守仁 2.CST：學術思想 3.CST：陽明學
030.8   111010202

ISBN-978-626-344-062-3

9 786263 440623

中國學術思想研究輯刊
三六編　第十九冊　　　　　　　ISBN：978-626-344-062-3

枝條再榮：陽明學書籍世界的研究（上）

作　　　者　向輝
主　　　編　林慶彰
總 編 輯　杜潔祥
副總編輯　楊嘉樂
編輯主任　許郁翎
編　　　輯　張雅淋、潘玟靜、劉子瑄　美術編輯　陳逸婷
出　　　版　花木蘭文化事業有限公司
發 行 人　高小娟
聯絡地址　235 新北市中和區中安街七二號十三樓
　　　　　　電話：02-2923-1455／傳真：02-2923-1452
網　　　址　http://www.huamulan.tw 信箱 service@huamulans.com
印　　　刷　普羅文化出版廣告事業
封面設計　劉開工作室
初　　　版　2022 年 9 月
定　　　價　三六編 30 冊（精裝）新台幣 83,000 元　　　版權所有・請勿翻印

枝條再榮：陽明學書籍世界的研究（上）

向輝　著

作者簡介

向輝（1980～），男，湖北鶴峰人，博士，研究館員。先後在中央民族大學、北京大學和北京師範大學完成本科、碩士和博士教育。著有《王陽明的教化哲學研究：以敬為中心》《采采榮木：中國古典書目與現代版本之學》等書。在《版本目錄學研究》《國學季刊》《新經學》《國家圖書館館刊》《民族文學研究》《社會理論學報》等刊物發表論文 50 餘篇。

提　要

　　書籍是學術傳播的依憑，學術是思想成立的基石。陽明學產生和闡釋，離不開書籍的生產與學術的創造。作為古典學術組成部分的陽明學，何以可能？又如何可能？其歷史義蘊就在書籍編纂、歷史文化和學術思想所構成的書籍世界之中。本書聚焦陽明的書籍世界，從古典學的視域上對陽明學展開學術的思考；圍繞「陽明學何以成為陽明學」這一根本問題，在書籍史的範疇內對王陽明的思想世界展開學術討論。

　　陽明學的書籍史研究，是以歷史的書籍為依據，追尋陽明思想世界的一種嘗試。書籍世界的考察，不僅關係到讀書人的陽明及其學人的歷史定位，關係到心學的衍傳脈絡，關係到明代的文化發展，更關係到知識的生產、傳播和文化的傳承。

　　本書從陽明格竹公案、陽明傳奇敘事、嘉靖本《傳習錄》、嘉靖本《居夷集》、嘉靖本《陽明年譜》、嘉靖本《陽明文粹》等個案出發，圖繪出書籍世界中的陽明形象。本書細緻考辨了陽明思想在書籍世界的展開及其內涵，釐清了陽明學書籍世界的基本脈絡及其主要特點，梳理了陽明書籍世界的古典學意涵，並以此指出了作為古典學術的陽明學之可能主題及其價值。

目次

導　論

　　本書是對王陽明思想世界展開的一項書籍史研究。

　　所謂書籍史，無外乎研究書籍的歷史和歷史的書籍。歷史的書籍，今人稱之為古籍、善本，抑或兼而謂之古籍善本。調查存藏、蒐集異本、考訂異同、鑒別真偽是古籍研究的主要內容。書籍的歷史，我們可以從閱讀與傳播、文化與社會、經濟與政治、思想與人物等多重面向探尋其歷史蹤跡。陽明學的書籍史研究，是以歷史的書籍為依據，追尋陽明思想世界的一種嘗試。

　　「陽明學何以成為陽明學」這個問題，是陽明學研究在解決「何謂陽明學」這個問題之後自然而然要加以關切的重要問題之一。回答這一問題有不同的思路和方法，可以從不同的角度來反思。我們認為，從書籍文化的視野對陽明學展開歷史與思想的思考，將為這一問題的解答提供一些有趣的洞見。

　　五百年前的陽明及其學派，曾如星辰，閃耀於明史；如今，陽明學仍如天際浮雲，依舊在我們的思想與現實世界中投影。當然，作為讀書人的我們，很大程度上是通過書籍來瞭解陽明的。陽明和他的門人、友朋和後學們所留下的那些陳年舊籍，那些篋笥珍藏，為我們提供了歷史的見證，值得我們探尋。這是對陽明學展開歷史文化研究的題中應有之義。

　　對陽明而言，歷史是生活的智慧；對我們而言，陽明是歷史的啟迪。中國的書籍傳統，在很大程度上就是歷史傳統。因此，我們今天瞭解陽明，書籍史也就成為一項重要的研究內容。書籍史的展開可以從不同的方向入手，版本的調查、源流的辨析、佚文的蒐集、異文的校勘等等，無不是書籍史的具體實踐。

　　陽明是一位讀書人。無論我們把陽明理解為思想家、哲學家，還是理解為心學創立者、明代性理學宗師，還是把他視為儒學精神的傳承者，我們都

不能忽略他的讀書人身份。讀書人是進入陽明的思想世界和歷史世界的入口。因此書籍世界的考察，不僅關係到讀書人的陽明及其學人的歷史定位，關係到心學的衍傳脈絡，關係到明代的文化發展，更關係到理解知識生產、傳播和文化傳承。陽明曾說：「自是顧雲天際浮，篋中枯蠹豈相謀。請君靜後看羲畫，曾有陳篇一字否。」〔註1〕（《王文成公全書卷二十‧別方叔賢四首之二》）實踐用功的心學，奮進不息的心學，希聖希賢的心學，留下來大量的書籍文獻，是我們瞭解陽明學的第一手材料。當然，我們並不能由這些傳承至今的書籍來重建一個陽明學的歷史現場，也不能由此重構一個歷史的陽明學圖像，但我們要瞭解陽明學人的知識圖景，就不能忽視這些珍貴的歷史典籍。

　　書籍是學術傳播的重要依憑，陽明學也不例外。在陽明學術的傳承中，陽明學人的思想傳承最為學者所關心，陽明思想體系的建構與挖掘更為學者所究心。而對於陽明的讀者而言，《傳習錄》《陽明文錄》《全書》等各自在不同的歷史階段發揮著陽明讀本的作用；各種陽明年譜與傳記和文章精選集（比如《陽明先生文粹》《陽明先生集要》等），也為讀者提供了瞭解陽明學的資料；至於各種研究論著和通俗讀物，更是從不同的角度滿足了不同人的閱讀需要。這些陽明相關的書籍，構成了我們所知的陽明學的書籍世界。這一書籍世界呈現的陽明及其學術是多元而豐富的，也是立體而精彩的。

　　對於後世的藏書家而言，晚明的書籍大多不具備珍藏的價值。一則當時刊書數量極多，無法顯示出藏家的追求稀見性的高雅品味；一則是諸多書籍在文本校勘上極為粗率，文字錯誤開卷即是。原因何在？葉德輝《書林清話》

〔註1〕〔明〕王守仁：《王陽明集》，王曉昕等點校，北京：中華書局，2016年，第638頁。陽明全集的當代整理本有多種，影響較大的有上海古籍出版社、浙江古籍出版社和中華書局等出版社以《王文成公全書》為依據的點校整理本。其中，上海古籍出版社於1992年出版的《王陽明全集》四十一卷是在《王文成公全書》三十八卷基礎上增補的新版本，這一新整理本為陽明學在上世紀九十年代以來的傳播奠定了文獻基礎。該書於2014年做了修訂，仍名《王陽明全集》。在此基礎上，該社又編輯了簡體字版本，以及《王陽明全集補編》（束景南、查明昊輯編，2016年初版，2021年增補版）。中華書局於2016年出版了以隆慶六年（實際上是萬曆間）謝廷傑本為底本的點校整理，除了將書名改為《王陽明集》以適應現代讀者需要之外，在文本和內容方面保持了底本的舊貌。本書引用《王文成公全書》即依此本。浙江古籍出版社2010年版《王陽明全集》收錄了萬曆本《王文成公全書》所遺漏的諸多文字，又增補了編者所見序跋文字（是截至目前增補文本內容最多的陽明全集版本），本書引用相關增補文字即依此本。本書中，《王文成公全書》簡稱《全書》。

卷七認為這是經濟因素和社會風氣因素共同作用的結果。晚明刻書產業的發達，而產業工人則價格低廉，葉氏感歎便宜沒好貨。其次是，當時的社會風氣方面，但凡讀了數十年書，考過一次科舉，必要刻出一部書稿來。販夫走卒死後都要來一篇墓誌銘，著述對於社會而言，已經不是什麼難以企及的傳說。〔註2〕其實，明代人早有類似的觀察。明人陸容（1436～1497）〔註3〕就在曾感歎明代中期書籍刊刻過多：

> 古人書籍多無印本，皆自鈔錄。聞《五經》印版自馮道始，今學者蒙其澤多矣。國初書版惟國子監有之，外郡縣疑未有，觀宋潛溪《送東陽馬生序》可知矣。宣德、正統間，書籍印版尚未廣。今所在書版，日增月益，天下古文之象，愈隆於前已。但今士習浮靡，能刻正大古書以惠後學者少，所刻皆無益，令人可厭。上官多以餽送往來，動輒印至百部，有司所費亦繁。偏州下邑寒素之士，有志占畢而不得一見者多矣。嘗愛元人刻書，必經中書省看過，下有司，乃許刻印。此法可救今日之弊，而莫有議及者。無乃以其近於不厚與？〔註4〕（明陸容《菽園雜記》卷十）

〔註2〕葉德輝謂：「蔡澄《雞窗叢話》云：『先輩云：元時人刻書極難，如某地某人有著作，則其地之紳士呈詞於學使。學使以為不可刻則已，如可，學使備文諮部。部議以為可，則刊板行世，不可則止。故元人著作之存於今者，皆可傳也。前明書皆可私刻，刻工極廉。聞前輩何東海雲，刻一部古注《十三經》，費僅百餘金，故刻稿者紛紛矣。嘗聞王遵岩、唐荊川兩先生相謂曰：數十年讀書人，能中一榜，必有一部刻稿；屠沽小兒，身衣飽暖，歿時必有一篇墓誌。此等板籍幸不久即滅，假使盡存，則雖以大地為架子，亦貯不下矣。又聞遵岩謂荊川曰：近時之稿板，以祖龍手段施之，則南山柴炭必賤。』」（葉德輝：《葉德輝詩文集一‧書林清話》，長沙：嶽麓書社，2010年，第164頁。）蕭穆謂：「余二十年前於新陽友人趙君靜涵元益寓齋，見有舊鈔本雲間蔡澄練江所著《雞窗叢話》一卷，皆考訂經史，並記吳中康熙以前故事。蔡公蓋康熙雍正間人，未詳其生平，蓋亦績學之君子人也。」（清蕭穆《敬孚類稿》卷九《記江文摘謬》）這部《雞窗叢話》的作者蔡澄是清初人，他的生平不可考，不是歷史上的名人，但他的《雞窗叢話》因為葉德輝《書林清話》的引用而廣為人知，但原書至今仍是稀見之書。

〔註3〕陸容（1436～1497），字文量，號式齋，成化二年進士（1466），官至浙江右參政。其《菽園雜記》頗為後世所重，有魏「本朝記事家當以陸文量《菽園雜記》為第一」「明代說部第一」者。詳〔明〕陸容：《菽園雜記》，北京：中華書局，1985年。

〔註4〕〔明〕陸容：《菽園雜記》，第128～129頁。

書籍越來越多，內容越來越複雜，讓不少知識分子有了危機感。陸容希望刻書必須要經過審查之後才準刊行，他所在的明朝，刻書不為政府部門限制，什麼樣的書都有刻本。而政府官僚刻書又多為禮物往來，一部書要印上幾百部之多，都是政府支出，純屬浪費。他認為應該恢復元代的制度。弔詭的是，陸容的《菽園雜記》並未在他生前刊刻，長期以寫本形式存在。直到嘉靖年間才有陸仲粲的單刻本，又有萬曆間陳于廷《紀錄彙編》本。若不是有刻本的話，陸容的這部書可能也早就不復存在了，也就沒有什麼人知道他曾經有這樣的想法了。陸容的理想後來一度成為現實，結果是無書可讀，也就造成了空虛的歷史。

陸氏之後，顧炎武更是在其《日知錄》中反覆聲稱明朝王室對書籍只知保藏而不讓人民知之。在他的文字中，明代的書籍世界不僅黑暗，而且毫無希望。他一則說：「自洪武平元，所收多南宋以來舊本，藏之秘府，垂三百年，無人得見。而昔時取士，一史、三史之科又皆停廢，天下之士於是乎不知古。司馬遷之《史記》、班固之《漢書》，干寶之《晉書》、柳芳之《唐曆》、吳兢之《唐春秋》、李燾之《宋長編》，並以當時流佈。至於《會要》《日曆》之類，南渡以來，士大夫家亦多有之，未嘗禁止。」〔註 5〕（《日知錄集釋卷十八．秘書國史》）一則說，明代監刻「二十一史」「校勘不精，訛舛彌甚，且有不知而妄改者，偶舉一二」云云，結論是「此則秦火之所未亡，而亡於監刻矣。」〔註 6〕（《日知錄集釋卷十八．監本二十一史》）一則說，「自永樂中命儒臣纂修《四書大全》頒之學宮，而諸書皆廢。」而他認為明初《四書五經大全》基本上都是抄襲，「僅取已成之書抄謄一過，上欺朝廷，下誑士子，唐宋之時有是事乎？豈非骨鯁之臣已空於建文之代，而制義初行，一時人士盡棄宋元以來所傳之實學，上下相蒙，以饕祿利，而莫之問也。嗚呼，經學之廢，實自此始。」〔註 7〕（《日知錄集釋卷十八．四書五經大全》）從顧炎武這些議論引申出來的所謂「明代思想界昏腐論」「明人刻書而書亡論」「明代無經學論」等無不成為後世學者認識明朝文化事業的常識。葉德輝等人對於明代刻書的認識也多少受到了顧炎武等人見識議論的影響。

〔註 5〕〔清〕顧炎武著、黃汝成集釋：《日知錄集釋》，欒保群等校點，上海：上海古籍出版社，2014 年，第 403 頁。
〔註 6〕〔清〕顧炎武著、黃汝成集釋：《日知錄集釋》，第 405～406 頁。
〔註 7〕〔清〕顧炎武著、黃汝成集釋：《日知錄集釋》，第 410 頁。

　　然而，我們必須注意到的是，有明一代的各種書籍刊刻無論是從數量還是從質量來說，要比前代和其後的很長一段時間要更具有明顯優勢，最重要的明代以來大量平民著作成為可能，各種著作反覆刊印，特別是近代學者所關注的市民文藝作品如小說戲曲之類的文學作品廣為流傳，而這一時代的性理學著作也更是遠超前代。顧炎武的個人觀察更多的是一種假借歷史評論表達某種見解的書寫，離歷史有著較大的差距。當然，我們並非要駁斥顧氏的意見，也並非要為其著作做校釋，我們所要做的是另外的工作，即通過對明代書籍世界的考察來揭示這個時代的文化景觀。

　　文化的發展離不開書籍的繁榮。我們認為，書籍在市民社會中所起的作用，早已不是一部永恆經典解決一切問題的烏托邦想像。書籍的生產從明代中後期（正德、嘉靖及以後）開始有了一個飛躍式的發展。書籍的製作技藝不斷改進，書籍的市場不斷拓展，書籍的受眾也越來越多，書籍不再是極少數精英的傳世製作，而成為整個市民社會的日常事物。士人人手一集已經不再成為不可能。雕版書籍的廣泛傳播，不僅讓精英階層掌握的知識進入到鄉野間三家村塾，也讓那些底層的知識分子們有了著述傳世的可能。〔註8〕「由於書籍需求增多，促進了技術革新；同時，技術革新又使得書籍大量而迅速的供給成為可能。」〔註9〕大量的書籍滿足人民的各種需求，不斷推進的知識生產，帶來的是陸容所無法想像的新未來。謝國楨認為，社會經濟的發展是書籍事業繁榮的根本原因。〔註10〕陽明學的產生和發展就處於這個時代，既表現了這個時代的特點，也促進了這個時代的發展。

〔註 8〕辛德勇《中國印刷史》中曾引用一則史料，謂清代咸豐同治年間湖北江陵有一鄉間塾師名為鄭機，寫過關於《四書》的書稿，還有《讀杜約選集評》《精選李義山詩》《全唐詩選》之類的不足以言學術的貨色。辛氏認為，鄭機之流所讀之書，也就是府州縣關銜的學官儀物，看書不多，沒有什麼學術素養，也不可能有什麼學問，是「傖氣十足的三家村學究」。（辛德勇：《中國印刷史研究》，北京：生活·讀書·新知三聯書店，2016 年，第 126～127 頁。）我們從這則史料可以看到另外一個歷史事實：清代乾嘉以來，書籍生產的繁榮度要比晚明差了不少，村塾學究所能看到的書沒有那麼豐富，而晚明時的士人，即便是村學究，或許也能看到更多的書籍，因為那時的出版事業所受約束遠沒有後世那麼有力度。

〔註 9〕〔日〕大木康：《明末江南的出版文化》，周保雄譯，上海：上海古籍出版社，2014 年，第 34～35 頁。

〔註 10〕謝國楨：《謝國楨全集第 5 冊·明清筆記談叢》，北京：北京出版社，2013 年，第 271～272 頁。

對於書籍，陽明本人所持的見解是較為複雜的。一方面，他認為書籍太多，必須加以選擇，否則什麼都看，根本無益於身心。他說，且不論其他學問，僅就儒者之學來看，有訓詁、記誦、詞章之學，「紛紛籍籍，群起角立於天下，又不知其幾家，萬徑千蹊，莫知所適」，「士生斯世，而欲以為學者，不亦勞苦而繁難乎！」〔註11〕（《傳習錄中》）一方面，他希望人們去認真的讀書，而不是把讀書當作一種取得個人之外的其他外物的行動。所以他告訴門人孫應奎說：「是《錄》（《傳習錄》），吾之所為學者，爾勿徒深藏之可也。」〔註12〕不要把書當作禮物珍藏起來，而是要研習體會，如此才能起到讀書的作用。書是讀的，同時也是學者之業。他說：「琴瑟簡編，學者不可無，蓋有業以居之，心就不放。」〔註13〕（《傳習錄下》）學者必須要有書籍，而且還不能少，否則成什麼樣的學者呢？

陽明對刊刻著作持相當謹慎的態度。錢德洪說：「嘉靖丁亥（六年，1527）四月，時鄒謙之（鄒守益）謫廣德，以所錄先生文稿請刻。先生止之曰：『不可。吾黨學問，幸得頭腦，須鞭辟近裡，務求實得，一切繁文靡好。傳之恐眩人耳目，不錄可也。』謙之復請不已。先生乃取近稿三之一，標揭年月，命德洪編次；復遺書曰：『所錄以年月為次，不復分別體類者，蓋專以講學明道為事，不在文辭體制間也。』」〔註14〕按照錢德洪的解說，陽明本人認為口傳心授是講明心學的主要方法，通過書籍傳播是不得已的選擇。

然而，並非所有人都能得以面授，特別是在印刷時代，書籍乃是我們獲取知識的主要手段之一。陽明本人就曾為書籍生產留下了諸多文字記錄，陽明文集中收錄了他的多篇書序文字，或為他的自編書所寫的解說文字，或為他人所編書所撰的闡釋文字，其中《紫陽書院集序》《朱子晚年定論序》《大學古本序》《禮記纂言序》《象山文集序》等，錢德洪將之編入《正錄》（通行本全書《文錄》四），以為是「純於講學明道者」，這些文字足以「明其志」；而《羅履素詩集序》《兩浙觀風詩序》《山東鄉試錄序》《氣候圖序》《重刊文章軌範序》《文山別集序》《金壇縣志序》等則列入《外集》（通行本全書《外集》

〔註11〕〔明〕王守仁：《王陽明集》，第 52、53 頁。
〔註12〕〔明〕王陽明：《王陽明全集（新編本）》，吳光等編校，杭州：浙江古籍出版社，2010 年，第 2101 頁。
〔註13〕〔明〕王守仁：《王陽明集》，第 106 頁。
〔註14〕〔明〕王守仁：《王陽明集》，第 7 頁。

四），以為是「酬應」文字，可以「盡其全」。我們且以《象山文集》和《文章軌範》兩書為例，看看陽明學的知識生產。

一、《象山文集》

陸九淵的文集自宋代以來有很多種不同的刊本。其中，王陽明作序的有明正德十六年李茂元刊本《象山先生文集》二十八卷《外集》四卷《語錄》四卷。國家圖書館藏有此書多部：其一為善本書號 09066 者，首陽明序，目錄後無《香山先生諡議》；其一為善本書號 12471 者，缺陽明序，目錄後有《香山先生諡議》。王陽明的序，題為《重刊象山先生文集序》，文末署：「撫守李茂元氏將重刊象山之文集，而請予一言為之序。予何所容言哉？惟讀先生之文者，務求諸心，而無以舊習己見先焉，則糠秕精鑿之美惡入口而知之矣。正德辛巳七月朔後學餘姚王守仁書」。《全書》中此序標題為《象山文集序》，時間為「庚辰」，無文末題署。

至於文章中的文字異同則有十多處：「孔門之學」改為「孔孟之學」，「夫子告之一貫」改為「夫子告之以一貫」，「蓋使求諸其心也」改為「蓋使之求諸其心也」，「弗思耳」改為「弗思耳矣」，「始復追尋孔、孟之宗」改為「始復追尋孔、顏之宗」，「定之以中正仁義而主靜」改為「定之以仁義中正而主靜」，「接孟氏之傳」改「接孟子之傳」，「其論議開合」改為「其議論開合」，「吾嘗斷之以為陸氏之學」改為「吾嘗斷以陸氏之學」，「乃所以為禪也矣」改為「乃所以為禪也」，「今禪之說，與陸氏之說、孟氏之說，其書具存」改為「今禪之說與陸氏之說，其書具存」，「夫是非同異之爭，每起於人」改為「夫是非同異，每起於人」，「請予一言」改為「請一言」。

如果我們不對原書進行閱讀，就不知道陽明原文到底如何，也不知道當時刊刻之書的樣式如何，更不知道這部書在當時的影響如何，誠如陽明在該文中所說的：「其書具存，學者苟取而觀之，其是非同異，當有不待辨說者，而顧一倡群和，勦說雷同，如矮人之觀場，莫知悲笑之所自。」〔註15〕（《全書卷六‧象山文集序》）如今，我們能夠很便利地校勘不同版本的陽明學著作，把陽明文集中的文字和他在其他著作說所留下的文字進行比勘，除了發現陽明學人編集陽明著作時所進行的文字校勘工作之外，還能看到其他的一些事關陽明學的重大課題。

〔註15〕〔明〕王守仁：《王陽明集》，第 218 頁。

二、《文章軌範》

宋末元初人謝枋得《文章軌範》自元以來有多種刊本，現存早期刊本有元刻本《疊山先生批點文章軌範》七卷，故宮博物院、國家圖書館有藏。〔註16〕明刊本也有多種。王陽明作序的正德刊本今未見，或已佚失。國家圖書館藏有明嘉靖四十年（1561）郭邦藩常靜齋刊本，善本書號07153。該書卷末有郭邦藩跋文一則：

「余閱《文章軌範》一書，疊山謝先生選輯，雖甚簡而文之豪邁典則者，咸不踰乎『放膽』『小心』之二種，猶且旁加批點，以示句法，下加注釋以示頭緒，是誠學者之規矩準繩，要當熟讀玩味焉。世之君子，果能有得乎此，則揮毫染翰，其殆過人遠矣。余故重校壽梓，將使此書之不泯，有如天地之不朽焉。既而又錄宋論二十四篇，秦漢唐論書傳六篇，授吳子景明繕寫，章子甫言鋟梓者。蓋取其詞理明快，步驟高古，甚有利於場屋。此所以不辭僭妄，迺敢竊附其後以為初學一助云爾。若夫博雅之士，則吾豈敢。嘉靖辛酉東十月朔越五日東吳後學郭邦藩承遠謹識。」

這部書最前面是陽明的序文，題《文章軌範序》。郭邦藩刊本中「獨為舉業者設耳」下接「夫自百家之言興」，《全書》中有：「世之學者傳習已久，而貴陽之士獨未之多見。侍御王君汝楫於按歷之暇，手錄其所記憶，求善本而校是之；謀諸方伯郭公輩，相與捐俸廩之資，鋟之梓，將以嘉惠貴陽之士。曰：『枋得為宋忠臣，固以舉業進者，是吾微有訓焉。』屬守仁敘一言於簡首。」末有「吾懼貴陽之士謂二公之為是舉，徒以資其希寵祿之筌蹄也，則二公之志荒矣，於是乎言。」〔註17〕（《全書》卷二十二）這兩句在郭邦藩本中皆無。有陽明序文的貴州刊本，與正德元年刊本一樣皆未見著錄。但從嘉靖時郭邦藩重刊該書時所錄陽明序文來看，他所見到的刊本應當不是貴州刊本，而是另一刊本。郭邦藩本中，陽明序文末題「正德丙寅仲秋既望餘姚王守仁撰」，即正德元年（1506），而《全書》則標為「戊辰」，即正德三年（1508）。

〔註16〕故宮博物院藏《疊山先生批點文章軌範》七卷，元刻本，半葉十行，行二十二字，白口，左右雙邊，雙魚尾，板框18.2*11.3釐米。七卷卷次以「侯王將相有種乎」標示，即「侯字集」「王字集」等。https://www.dpm.org.cn/ancient/yuanmingqing/151755.html%3Fgoback%3D1.

〔註17〕〔明〕王守仁：《王陽明集》，第741頁。

南京圖書館藏另一種明刻本，文字與郭邦藩本同。稍有不同的是，陽明序題《文章軌範序》，次行署名「餘姚王守仁撰」，文末署「正德丙寅仲秋望日」。〔註18〕

由此可知，確有正德元年陽明作序的《文章軌範》刊本，也有正德三年修改序文後的新刊本。前者有多種翻刻本。正德元年和三年，對於陽明個人而言都有重要的意義。據《武宗實錄》卷二十「正德元年十二月乙丑」條載「降兵部主事王守仁為貴州龍場驛驛丞。時南京科道戴銑等以諫忤旨，方命錦衣衛官校拏解未至，守仁具奏救之。下鎮撫司考訊獄，具命於午門前杖三十，仍降遠方雜職。」可知，陽明在為重刊《文章軌範》作序時，他尚未知曉即將被貶謫到貴陽，他為何在這一時間要為一部為科舉考試所用的書做一篇序文，詳細情況不得而知，抑或為講學之用。至於正德三年到貴州之後重刊此書，其用意就十分顯明。

從上述兩篇陽明文字在不同時期的書籍中的差異可見，書籍生產並非一個機械複製的過程，而是一個不斷創造的過程。在此過程中，文字是流動的，語句也並非固定不變。確定不變的只有書籍本身。

在一個具體的版本的特定印本中，文字是不會變化的。某個時代中通行的版本構成了我們讀書的基本對象，這是穩定性的一面；在不同的版本中，文字會因為各種原因而變化流動，通行本之外的各種版本有其特出的色彩，這是流動性的一面。穩定性和流動性為我們瞭解歷史提供了豐富的資料。一般的讀者關注穩定性，藏書的讀者看重流動性，而學術研究必然要對二種同時加以考量。比如從《文章軌範序》的例子中，我們可以知道陽明在貶謫的當年做過某種嘗試，也為去貴州做了一些準備，帶著一部和科舉考試有關的書籍去貴州，自然要強過其他的消遣讀物。即便是遭到了貶謫，陽明仍在準備著磨礪他的伊尹之志。這才有了其後的龍場悟道。

從《象山文集序》的例子中，我們可以知道《全書》卷七標注寫作時間為庚辰年（1520），而《年譜》中則有辛巳年（1521）下令優待陸九淵子孫，兩者之間的時間誤差未必就是二者一對一錯的關係。〔註19〕兩者都對的情況

〔註18〕南京圖書館藏本的題跋信息由武心群先生的幫助而知，特致謝忱。

〔註19〕鄧艾民已經注意到《象山先生全集》中錄陽明序，署「正德辛巳七月朔陽明山人王守仁書」，據此認為《象山文集序》作於1521年，而不是《全書》標注的1520年。（鄧艾民：《朱熹王守仁哲學研究》，上海：華東師範大學出版社，1989年，第101頁。）

也是有的，兩者皆錯的情況也是有的。一部書的刊刻不是一次性完成的，也不意味著文本的終結。相反，只要它因為某種需要有了多次的刷印，或者多次刊刻，每一次都將會有新的內容出現。而讀者所見的往往只是某一個具體的時間點上的印本，由這一個具體的印象來推斷所有的情況，也就必然存在著誤判的風險。而書籍史所做的工作正是要去追尋這種流動性和穩定性之間的關係。

雕版時代的書籍刊刻本本不同，各其價值，但它們所具有的書籍製作的共同特徵是毫無疑問的。從書籍的刊刻過程可知，一部書如果有多次刊行，其序文往往會根據刊刻的具體情況而進行處理，可能是作者本人的處理，也可能是贊助人的處理，也可能是編輯者的改動，抑或其他。如果是作者本人所作，他是否會有意識地保留不同刻本的序文尚不得而知，至於編集個人文集時又會使用哪一個具體的版本又存在各種不同的情況。因此，刊本上的序文與文集中的序文之間的不一致，不足以相互為對反的理由。相反，這種不同說明：書籍生產本身是一個複雜的知識歷史過程，書籍循環是一個絢爛的知識權力世界。陽明學書籍就在這個過程之中展開，也在這一過程中展現出多重的知識圖景；陽明學著述就在這一世界中產生，並且按照書籍循環的樣式發展。這是陽明學研究必須加以重視的課題。

不論怎麼樣，陽明從來沒有主張要限制書籍的生產，也沒有像《菽園雜記》的作者那樣將書籍的增多視為洪水猛獸。事實是，陽明在其讀書生涯中直接參與到了書籍的繁榮事業之中，並帶動其學人群體積極參與其中。

這才是陽明的書籍世界。這是本書研究的起點。以下，我們將從陽明格竹故事、陽明傳奇、《傳習錄》《居夷集》《陽明年譜》，以及陽明後學宋儀望編集刊刻陽明著作等有關陽明及其學術的書籍的歷史考察來瞭解這一書籍世界，並通過這樣的歷史考察來重新認識一位歷史上的偉大讀書人。

第一章　黃華與翠竹：陽明格竹釋義

子思問於夫子曰：「物有形類，事有真偽，必審之，奚由？」子
曰：「由乎心。心之精神是謂聖。推數究理不以為疑，周其所察，聖
人難諸。」〔註1〕

——《孔叢子‧記問第五》

一旦每個人，大多數人或明智的人都滿意之後，再不斷把某個
主題談論下去是愚不可及的，但是我們當然可以這麼做。〔註2〕

——羅蒂《哲學和自然之鏡》

瞭解一個思想家需要對其一生經歷有所知識，否則無以抓住其一生學力
所繫；需要對其思想之張力有所關注，否則無以體悟其思想內核；需要對某
些歷史細節予以考辨，否則容易導致錯誤的結論並進而誤解思想家之思想。
但這並不意味著對所謂的歷史背景的追究並以此取代對思想本身的理知分
析，因為「研究一個理論而歸因於它的歷史背景，歸因於它的時代精神，歸
因於它的發源地的物質環境，歸因於該理論的主張者的人格，這都是拙劣的
手段。一個理論只受理知的評判，評判的尺度永遠是理知尺度。」〔註3〕何謂
理知的尺度？從性理學來說，它是道，也是心。因為理論是萬物的理論，也
是人的理論，前者是道，後者就是心。理論的故事往往是人的故事，而人的
故事又充滿了隱喻的性質，用理知的尺度時也就必須要有理智的審慎和明見。

〔註1〕傅亞庶：《孔叢子校釋》，北京：中華書局，2011 年，第 96 頁。
〔註2〕〔美〕羅蒂：《哲學和自然之鏡》，李幼蒸譯，北京：商務印書館，2003 年，
　　　　第 160 頁。
〔註3〕〔奧〕米塞斯：《人的行為》，夏道平譯，臺北：遠流出版事業股份有限公司，
　　　　1997 年，第 148 頁；上海：上海社會科學院出版社，2015 年，第 88 頁。

在中國傳統的人文語境中，如何理解一個人，更多的不是去檢驗某個人的理論是否有絕對的真理性，而是要去揭示一個人的思想具有何種意義上的真理性，這一點通過歷代的年譜著述就能窺其一斑。

年譜是我國傳統史籍中傳記類一種體材。〔註4〕陽明門人錢德洪典範式的《陽明先生年譜》，〔註5〕將陽明的生平事蹟以一種合理的次序、時間的安排和事件的發展進行了建構，出色地展示了陽明傳奇的一生及其事功與思想。因此，《年譜》本身也成了陽明學的組成部分。《年譜》的編訂是陽明門人弟子的集體成果，錢德洪等在撰集該書時吸收了陽明重要弟子的意見。他們的意見的一部分保留在相互交流的書信和序跋中，為了顯示《年譜》的權威性和可靠性，這些書信和序跋由《全書》編集者沈啟原收錄到《年譜》之後，作為它的第二附錄。〔註6〕《年譜》是我們瞭解陽明的重要依據，而該附錄則是我們瞭解《年譜》的形成過程以及陽明學人編纂思想的關鍵文本。

陽明學研究至今，對於年譜的研究頗夥，也有新的陽明年譜編纂出版。鑒於錢德洪《年譜》的標誌性意義，其中的一些爭議處不得不辨，關於陽明亭前格竹即是其中一例。〔註7〕一個具體的歷史事件（即明確無誤真實發生過的事件）與一個思想事件（即可能發生過但被人建構起來作為思想闡發的理由的事件）之間存在一定的距離，即便確立了時間地點人物等要素，但並不能保障由推導出其思想意義。比如陽明格竹一事就存在以下幾重問題：

〔註4〕謝巍《中國歷代人物年譜考錄》（中華書局，1992年）收錄年譜6259種，譜主4010人；來新夏《近三百年人物年譜知見錄（增訂本）》（中華書局，2010年）收錄清人年譜譜主1252人，敘錄1581篇。此二書可見中國歷代年譜著述之盛。馮爾康認為，古人重視傳記文書的寫作，其原因有四：（1）政治經驗的總結和繼承，（2）用人制度的現實需要，（3）政治和文化觀念的傳承，（4）家族和地方勢力的發展需要。既有制度的保障，也有理念的護航，累代延續，撰寫了海量的歷史資料，也保存了歷史。（馮爾康：《史料學研究》，天津：天津人民出版社，2019年，第64頁。）

〔註5〕《陽明先生年譜》有多種單刻本和《全書》本，本文簡稱「《年譜》」；如果是單刻本《年譜》則指明何種版本，如果是後者，則徑稱「《年譜》」。

〔註6〕《全書》一共有七卷附錄，即附錄一至三為《年譜》，附錄四至五為《年譜附錄》，附錄六為《世德記》，附錄七為《世德記附錄》。作為《年譜》的第二附錄，收錄了錢德洪、羅洪先、胡松、王宗沐等人關於《年譜》的序文，又收錄了鄒守益、羅洪先和錢德洪《論年譜》書信。

〔註7〕俞樟華先生《王學編年》依照錢德洪《年譜》將此事繫年於弘治五年壬子，並列舉了袁枚、李光地、朱承、陳來、林樂昌等人意見，詳：俞樟華：《王學編年》，長春：吉林大學出版社，2010年，第24～26頁。

其一，陽明確有格竹之說，證據是陽明先生本人如是說過。問題是，所謂陽明自述只見於有限的記錄，並未見於其他相關證據。正如顧應祥所質疑的，〔註8〕難道沒有可能是門人附會嗎？即便是陽明所說，且弟子所錄亦一字無誤，那陽明是真的在講述他年輕時的故事嗎？陽明門人記錄了陽明的諸多話語，論及其個人生活者似乎極少，講學時即便用某曾如何亦是有所針對，否則此一講述將毫無意義。我們應該追問的是，陽明在講述格竹故事時到底在將什麼，這一故事到底在說明什麼問題。

其二，陽明格竹的時間被限定在陽明青年時期，即在二十幾歲之前，甚至是十七八歲左右。問題是，徐愛在《傳習錄序》中明確表示陽明年輕時是豪邁不羈，出入二氏之學，並未記錄其年輕時有過以朱子學為主要關注點，如果說陽明很早即已研究朱子格物之說，那麼其後所謂謁見婁諒時，一齋提醒他要學習朱子之學，就似不可解了。如果將此時置於見婁諒之後，則當時陽明也已十八歲，和陽明門人所述自相矛盾。

其三，陽明格竹是沒有成功的故事，它意味著陽明對於朱子學的理解的失敗，也導致了其後對於朱子學的反對。日本學者認為「此也許不過是一幅朱子學的諷刺畫」。〔註9〕從陽明的學術經歷來看，陽明學與朱子學之間的關係相當複雜，似乎很難用簡單的對立一說來詮釋之。

其四，陽明格竹在陽明學的理路中有何地位？除了前述所云反對朱子學之外，還有其他的何種意義？最為關鍵的是，所謂陽明格竹是否有前人的故事可供參考？宋明哲學中是否還有此類故事？而這個故事則不為後世學人所熟習，以至於成為陽明的首創呢？

有鑑於此，我們有必要展開歷史的考察。既然故事與年譜有關，我們可以從史籍中的年譜類書籍出發，做一番梳理。

〔註8〕（《傳習錄》云格竹子事云云，）愚謂此非陽明公之言也，門人附會之言也。若果有此言，則誣朱子甚矣。朱子《大學》注謂：「格盡天下之物，固似難行，然其所謂格物者，即事觀理，窮之而至其極也。」又曰：「格物以理言，致知以心言，亦是身心上說。」何嘗在物上推究。今竹子有何是非可格至七日之久而成疾乎？乃自愚也。非朱子之本意也。〔明〕顧應祥：《靜虛齋惜陰錄》，北京圖書館古籍出版編輯組：《北京圖書館古籍珍本叢刊》第64冊，北京：書目文獻出版社，2000年，第32～33頁。

〔註9〕〔日〕島田虔次：《中國近代思維的挫摺》，甘萬萍譯，南京：江蘇人民出版社，2005年，第72頁。

一、陽明之門：人生故事與哲理

歷史的故事講述的是人生的故事。從譬喻的觀念來看，視人生為故事，賦予人生整體相合性，是最基本的故事講述方式之一，也是我們認識世界和經驗世界的基本方式。通過整體相合的人生故事理解人生，凸顯某些參與者與基本成分，忽視或隱藏其餘的部分。「人生故事是把真實人生凸顯的元素以整體相結合性結構整合起來的。」〔註10〕換句話說，傳說故事構成了我們進入思想世界的通道。在這裡我們能夠理解前人、思考現實，以及洞察未來。

思想家留給我們的不僅有他的著作，也有他的傳說。因此，瞭解一個思想家需要讀書，不止要看他本人的著作，還要看他那個時代人的著作，還要看別人如何講述他的故事。現代人的知識來自現代學人的創作，因此我們先看現代的講法。1930 年，錢穆出版《王守仁》一書，細緻講述陽明的一生及其學術思想體系。〔註11〕該書第三章《陽明成學前的一番經歷》中說：

> 陽明「二十一歲在京師，他奮發地要實做格物工夫。他和他的一位朋友很高興地（依照朱子《大學格物補傳》的意見來）試格庭前的竹子。他（那位）朋友格了三天，病了，他自己來格，格了七天，他自己也病了。（那庭前）竹子的理，一毫沒有格通。他爽然自失地歎著，他想聖賢有份，（非他所能及，）他（於是）不想做聖賢了，他轉換他的興趣來研究詞章文學。他那有執著又跳躍的性情，使他經嘗到多方面的生活。」〔註12〕

錢穆講述陽明格竹故事，是為了說明青年陽明有一種奮發的學習精神，對於書本知識不是簡單的信或不信，而是要通過他自己的體驗來驗證。對值得注意的是，該書 1947 年四刷本無括號內文字，今之新版乃 1955 年再版增訂者。為了讓陽明格竹故事更有緣起，錢穆在修訂版本中增加了「依照朱子《大學格物補傳》的意思來」一語。增加的這幾個字並非無關緊要，這說明了錢穆認識到：陽明曾經對朱子的學說進行了深入的思考。經過陽明本人的試驗，他並

〔註10〕雷可夫、詹森：《我們賴以生存的譬喻》，臺北：聯經出版事業股份有限公司，2006 年，第 265 頁。

〔註11〕該書是錢穆應上海商務印書館之邀而作，收入《萬有文庫》《百科小叢書》《新中學文庫》等。1955 年臺北正中書局出版該書更訂版本，改題《陽明學述要》。此書後收入《錢賓四先生全集》第 10 冊，聯經出版事業股份有限公司，1998年。此書簡體字新校本版本由九州出版社出版（2010／2015）。

〔註12〕錢穆：《陽明學述要》，北京：九州出版社，2015 年，第 41 頁；錢穆：《王守仁》，上海：商務印書館，1947 年，第 37 頁。

沒有對朱子學感同身受，以朱子學作為聖賢學問的他，不得不轉向其他，也就是詞章之學。錢穆該文的重點是：陽明「那有著執著又跳躍的性情，使他經嘗到多方面的生活」，之所以發生格竹的故事，原因就在於他的執著，而失敗之後轉向其他學問，則是他的跳躍。錢穆在這部書的序言說：「陽明講學，偏重實行，事上磨練，是其著精神處。講王學的人，自然不可不深切注意於陽明一生的事業。讀者能把《陽明全書》裏詳細的《年譜》和近人余重耀的《陽明先生傳纂》仔細一讀，庶無缺憾。」〔註13〕這是錢穆心目中的陽明形象。

至於陽明是不是按照朱子在《大學章句》中所作的《格物補傳》來格竹的呢？這是否為錢穆的合理想像呢？章太炎所述又是另外一個形象。他說，陽明建立致良知學說經過了漫長的探索過程。首先是他年輕時代與道士們的交契，比如和鐵柱宮道士、九華山道士等等，這些道士讓陽明看到了儒學之外的世界。其次是他被貶官到龍場，在憂患中，他重新思考了儒學傳統，對朱子學有了質疑，提出了知行合一論。最後，是他在龍場之後繼續的探索，提出了致良知理論。這一理論的起點或者突破是對宋代儒者格物學說的重構，不管是朱子的窮致事物之理的說法，還是司馬光的物來即格說，即窮致之格和捍禦之格，皆不為陽明所服膺。當然，起初陽明是朱子學信徒，他信奉朱子學，「陽明初信之，格竹三日而病，於是斥朱子為非是。朱子之語，包含一切事物之理。一切事物之理，原非一人之知所能盡，即格竹不病，亦與誠意何關？以此知陽明之斥朱子為不誤。」〔註14〕（章太炎《諸子略說》，1935）陽明的這個說法也不能為後來的理學家，比如顧炎武、呂涇野等等人所愜意，因為他們又提出了既不同於朱子，也不同於陽明的格物新說，但不管怎麼樣，「打破朱子之說，不可謂非陽明之力也。」〔註15〕顯然，錢穆和章太炎講述陽明的故事是不同的。這就有了同一個故事的兩種不同版本。

章氏沒有說明他所講述的故事從何而來，而錢穆則提到了余重耀《陽明先生傳纂》（1923）。〔註16〕該書有梁啟超序文，梁氏謂：「吾生平最喜王白田《朱子年譜》，以謂欲治朱學，此其梯航。彼蓋於言論行事兩致重焉。鐵山（余重耀）斯傳，正史中傳體也，不得不務謹嚴。於先生之問學與年俱進者，雖見

〔註13〕錢穆：《陽明學述要》，北京：九州出版社，2015年，第2頁。

〔註14〕章太炎：《章太炎全集·演講集》，上海：上海人民出版社，2015年，第989～990頁。

〔註15〕章太炎：《章太炎全集·演講集》，第990頁。

〔註16〕余重耀：《陽明先生傳纂》，上海：上海中華書局，1923年，第2頁。

其概而未之盡也，更依白田例重定一年譜，以論學語之精要者入焉。弟子著籍，歲月有可考這，皆從而次之，得彼與斯傳並行，則誦法姚江者，執卷以求，如歷階而升也。鐵山倘有意乎。」今閱余氏傳記，並無錢穆書中所講的上述故事，余氏僅於弘治五年條記陽明於「是年為宋儒格物之學」，則錢氏所述當出於《全書》之《年譜》。余氏說：「世言方朔奇，奇事皆歸方朔，則文人好異之故耳。」〔註17〕陽明格竹故事，對現代人而言當是一種奇事，對於喜歡傳奇的人來說，這個故事自然值得說一說，而余氏不取，亦當有他的理由。這是陽明格竹故事的第三個版本。

　　1930 年，唐文治著《陽明學術發微》亦提及陽明格竹故事。他認為陽明是從植物學角度理解格物，可惜當時尚未發明植物學知識和方法，未竟其功。〔註18〕唐氏說，他「採取《陽明先生年譜》，參以孫夏峰《理學宗傳》諸書，輯為講學事蹟考，並加按語，以袪異說而資則效。深願後世學者讀之以致良知，並推之以救中國。」（《陽明學術發微》卷一，第 2 頁）關於格竹故事，唐氏的故事為：陽明二十一歲中舉之後到北京，開始系統的閱讀朱子的著作，並且開始做格物之學。他發現官署中有很多竹子，就以竹子做試驗，沉思不得，還生了病，於是就認為聖賢不是任何人都能做的，至少對陽明來說可能性不大了，他就轉向了詞章之學。第二年進士考試失敗。接下來幾年中，陽明在詞章方面大有進步，他不滿足，認為詞章不足以通道，求友朋也不得其門，於是他又回到朱子，並且按照循序漸進的辦法來展開理的追求，可惜仍就沒有找到物理和吾心之間如何溝通的辦法，他就轉向了出世入山的學說。唐文治說這個故事曾經有人批評過：「劉氏虞卿斥之云：『案格物之學，自有輕重、大小、先後次第。觀程子格致九條及朱子諸說可見。今不於其重且大者先之，而第取必於一物為例，宜其沉思不得而成疾也。且物之理即根於吾之心，安見其判為二物，而反疑於循序致精之說乎』云云。然余謂：物理、事理本屬兩事。陽明之所格者，物理也。劉氏之所言者，事理也。陽明格庭前竹子，乃

〔註17〕余重耀：《陽明先生傳纂》，第 6 頁。
〔註18〕唐文治先生撰《陽明學術發微》，其序收入《茹經堂文集》三編卷五，稱：「夫今日欲救中國之人心，必自致良知始。若藥不暝眩，厥疾不瘳，善國良藥，豈遠乎哉。爰取陽明先生全書，擇其尤精要者，輯為《陽明學術發微》。世之讀此書者，苟能善其心以善其身，善其身以善其國，庶幾有萬一之希冀與。」（唐文治：《唐文治文選》，王桐蓀等選注，上海：上海交通大學出版社，2005年，第 352 頁。）

係近世所謂植物學，從前未經發明，是以沉思而不可得。於此，亦可見其博學之誠，似未可牽合事理以斥之也。至於物理、吾心終判為二，尤見其用功之切實而不含糊。夫內外合一之學，幾於精義入神，本非易至。朱子早年亦嘗致疑於延平涵養之說矣，何獨斥陽明乎。」〔註19〕（《陽明學術發微》卷一）

　　唐文治與錢穆一樣，都將陽明格竹故事繫年在陽明二十一歲。他也與錢穆一樣，認為這個故事所傳遞的信息是陽明在追求學問的態度上是一種十分認真的態度。而那些批判陽明格竹故事的人是沒有能夠理解這種學術精神的。唐氏還提出，不管是陽明，還是朱子，都能對前賢的學說有過質疑，正是這種懷疑精神讓他們不斷追尋新知，不斷自我探索，最終成就了他們的學術。因此，陽明格竹的故事不是一個如劉虞卿那樣批駁的愚蠢笑話，而是一個勵志的學術故事。這是陽明格竹的第五個版本。

　　鄧艾民亦持類似的看法。他說：「1492 年（弘治五年），王守仁隨父親到北京，遍求考亭遺書讀之，但對於朱熹的格物說始終疑難甚多。朱熹認為，一草一木都包含至理，於是，王守仁以父親官署中的竹子為對象，窮究竹子之理，苦思冥想達七天之久，一無所得，就病倒了。這時，他還未懷疑朱熹學說中有任何不足之處，正如他自己後來所描述的，平生於朱子之說，如神明蓍龜（《傳習錄》中，《答羅整庵少宰書》），而只是認為自己沒有做聖賢的天分，於是，就擱下了做聖賢的志向，去學習兵法和詩文了。」〔註20〕在鄧艾民看來，陽明之所以有格竹子的舉動，原因在於他所信奉的朱子學說有「一草一木都包含至理」的說法，既然聖賢有此說辭，那麼自然要去試驗一番。可惜，這樣的尊奉並沒有得到預期的進入聖賢之域的效果。陽明也就只好轉向非聖賢之學的兵法和詩文了。

　　富路特、房兆楹《明代名人傳》中所載王陽明傳記也說，十七歲的陽明拜訪了婁諒，婁氏告訴了陽明關於宋代新儒家所提倡的格物之學，也就是普通人通過學習能夠成為聖賢的學說。這次會面，給陽明帶來了新的啟發，格

〔註19〕唐文治：《陽明學術發微》，林慶彰主編：《民國時期哲學思想叢書》第一編第91 冊，臺中：文聽閣圖書有限公司，2010 年，第 4 頁。唐氏此說，鄧志峰曾首先加以引用。見：鄧志峰：《王學與晚明的師道復興運動》，北京：社會科學文獻出版社，2004 年，第 121 頁；《王學與晚明的師道復興運動（增訂本）》，上海：復旦大學出版社，2020 年，第 95 頁。

〔註20〕鄧艾民：《朱熹王守仁哲學研究》，上海：華東師範大學出版社，1989 年，第84 頁。

物之學從此成為陽明學術的一個重要方向。第二年，陽明與他的堂兄弟一起學習儒家經典，特別是朱子的著作。到了 1492 年，陽明中舉，並與他父親王華一道再次回到北京。「王守仁很有可能就是在這時開始試圖通過調查外在事物（即格物）來檢驗朱熹（1130～1200）的理論，王守仁端坐在一片竹林前，試圖找出其原理（理），但是數天之後卻大病一場。此次失敗促使王守仁致力於文學創作，但是這一努力並未幫助其通過 1493 年和 1496 年的會試。此後王守仁轉而學習兵法，頗有心得；同時學習道教養生之術。由於學習朱熹不得，以及對於文學的喜好，加上身體虛弱，王守仁實際上轉而學習道教中的守弱之術，以期長生。」〔註 21〕《明代名人傳》用這種傳說故事來講明不同人的生涯，在其書中尚有它例。

　　上述學者講述的故事中，如果提到陽明格竹的話，無一例外地都繫年於弘治五年，也即陽明二十一歲時。《中國哲學大辭典》也將弘治五年的陽明格竹作為中國哲學大事繫於年表中。〔註 22〕之所以如此，乃是因為他們都採信

〔註 21〕富路特、房兆楹：《明代名人傳》，北京：北京時代華文書局，2015 年，第 1409 頁。《王守仁》一條由陳榮捷先生撰稿，收入氏《宋明理學之概念與歷史》，略有不同：翌年（十八歲），攜夫人歸餘姚，舟過廣信，謁婁諒（1422～1491）。諒與語宋儒格物之學，謂聖人必可學而至，遂益慕聖學。年二十一（1492）中舉人，旋侍龍山公於京師，遍求朱子遺書讀之。一日與友錢氏坐於其父官署竹樹之前考索，不得其理。錢友三日而疾，陽明亦到七日以勞思之病，乃退而致力於詞章之學。弘治五年（1493）、八年（1496）兩會試均下第。仍寓京師，學兵法，談養生。二十七歲（1496）詞章儒學均覺失意而舊病復發，乃由遺世之想。（陳榮捷：《宋明理學之概念與歷史》，臺北：秀威信息科技股份有限公司，1996（2004）年，第 277 頁。）陳榮捷還在其《中國哲學文獻選編》中提及了格竹故事：「陽明幼年，即深思好問。據說在成親之日，因聞養生之說，遂相與道士對坐忘歸，翌晨始還。他先是習兵法，在 1492 年，遍求朱子遺書讀之。為奉行朱子格物之說，陽明與友人坐格窗前竹子之理，七日而得病。在嘗試華麗的詞章之學以後，返而學兵法以及道家養生之術，終悟以前所有從學門徑俱是籤弄精神，無益於道，乃重歸於儒。」（陳榮捷：《中國哲學文獻選編》，南京：江蘇教育出版社，2006 年，第 549 頁。）陳榮捷將陽明格竹故事繫於陽明中舉之後。在《王陽明傳習錄詳注集評》一書中，陳氏注《傳習錄》下卷第 318 條時，將陽明謂初年與錢友格竹云云之「初年」與《年譜》相聯繫，說：「初年，《年譜》係為弘治五年（1492）。陽明侍其父龍山公於北京。官署中多竹，即取竹格其理。」又說，佐藤一齋認為錢友即是錢德洪，但東敬治認為那時錢德洪還沒有與陽明會面，也不可能是錢德洪，所謂錢子則是某位錢姓學人。（陳榮捷：《王陽明傳習錄詳注集評》，重慶：重慶出版社，2017 年，第 301 頁。）

〔註 22〕張岱年：《中國哲學大辭典》（修訂本），上海：上海辭書出版社，2015 年，第 932 頁。

了陽明《全書》中附錄的《年譜》。勞思光曾說：「王守仁之生平，當以錢德洪等門人所編之《年譜》為主要資料。《年譜》原由各門人分任纂輯，以鄒守益總其事。至嘉靖四十一年鄒死，錢德洪乃以所得材料與羅洪先商定，於是在次年書成，距王氏之卒已三十五年。然此《年譜》仍屬同時人之作品，遠勝日後《明史》中之傳文也。」〔註23〕錢德洪等編纂的《年譜》對於後世理解陽明學術有著至關重要的意義，也就不辯而明瞭。

關於格竹的故事雖然出自《年譜》「弘治五年條」，可原文並未說就是本年故事。對此，細讀《年譜》的學者就將這一故事做了重新的處理。比如馮友蘭《中國哲學史》下冊，論及此事時說：陽明「年十八時（弘治二年，1489），過廣信謁婁一齋諒，語格物之學，先生甚喜，以為聖人必可學而至也。後遍讀考亭遺書，思諸儒謂眾物表裏精粗，一草一木，皆具至理。因見竹而格之，沉思不得，遂被疾。」〔註24〕張君勱《王陽明》也持同樣的看法。他說：「西元 1489 年（弘治二年），陽明先生攜同夫人，由江西返浙江餘姚故里，舟行至廣信，謁見婁一齋諒，語宋儒格物之學，謂聖人必可學而至，遂深契之。後來，為印證格物之理，剛好其父官署中多竹，即取竹格之，因為朱子曾謂眾物必有表裏精粗，一草一木皆涵至理，可是他始終沉思其理不得，遂遇疾。此後他隨世就辭章之學，希望能通過科第取士的功名。」〔註25〕格竹故事發生在拜訪婁諒之後，而具體的年歲則可以模糊處理。

又如，岡田武彥《王陽明大傳》第四章「五溺時代」專列「格竹失敗」一節，用四頁篇幅論述此事。岡田武彥據陳來《有無之境》一書之考證，將此事發生時間置於陽明十七歲，並考察了陽明格竹失敗的原因，即陽明沒有按照朱熹的教誨去格物窮理，陽明格物的方法類似禪學，雖然違背了朱熹之道，但和陸九淵的窮理之道如出一轍。岡田認為如果陽明能像陳獻章所說「窗外

〔註23〕勞思光：《新編中國哲學史（三上）》，北京：生活・讀書・新知三聯書店，2015年，第 298 頁。

〔註24〕馮友蘭：《中國哲學史下》，北京：生活・讀書・新知三聯書店，2009 年，第419 頁。其後所著《中國哲學簡史》亦云：陽明「早年曾追隨程朱理學，並決心依照朱熹的思想，從格竹子之理開始。為此，他七天七夜專心致志地求竹子之理，結果並無所悟。他被迫放棄格物這條路。」（馮友蘭：《中國哲學簡史》，趙復三譯，北京：生活・讀書・新知三聯書店，2009 年，第 338～339頁。）

〔註25〕張君勱：《王陽明：中國十六世紀的唯心主義哲學家》，江日新譯，臺北：東大圖書股份有限公司，1991 年，第 3 頁。

竹青青，窗間人獨坐。究竟竹與人，原來無兩個」這樣放棄可以格竹之心，以平常心去格竹子，他或許能達到詩中所描述的那種境界，但這對一個十幾歲的孩子來說，實在太難了。〔註 26〕

又如，張岱年《中國哲學大綱》說，陽明也曾作過朱子所講的格物窮理工夫，但沒有走通就轉向內心了。陽明只注意到程頤（1033～1107）所說的：「一草一木皆有理，須是察」〔註 27〕（《河南程氏遺書》卷十八），卻沒有注意到程頤還說過「格物窮理，非是要盡窮天下之物，但於一事上窮盡，其他可以類推。……窮理如一事上窮不得，且別窮一事，或先其易者，或先其難這，各隨人深淺，如千蹊萬徑，皆可適國，但得一道入得便可。所以能窮者，只為萬物皆是一理，至如一事一物，雖小，皆有是理。」〔註 28〕（《河南程氏遺書》卷十五），陽明放棄格物，並認為天下之物本無可格，提倡只在身心上做，是「避繁難而就簡易」。〔註 29〕

又如，北京大學哲學系中國哲學教研室著《中國哲學史》第八章說，年輕的陽明曾是程朱的信徒，並且有意要按照朱子的學說實行。在《傳習錄》下卷有這樣的故事：陽明與一個朋友談到做聖賢的問題，陽明說聖賢是要「格天下之物」的，但朱子並沒有明確說怎麼去格天下之物。他和朋友恰好看到了竹子，於是商量一起把竹子格來看看。陽明的那個朋友從早到晚地想要「窮格竹子的道理」，不過三天下來，也沒見到竹子的道理，反倒得了病。陽明自己白天黑夜沒有看到什麼道理，過去了七天，也病倒了。於是，兩位想要通過格竹子做聖賢的人同病相憐，歎息說：「聖賢是做不得的，無他大力量去格物了。」其後陽明還對格竹子進行了反思，認為天下的事物沒有什麼好格的，格物其實應該是在身心上努力。接下來，《中國哲學史》的作者評論道：從哲

〔註 26〕〔日〕岡田武彥：《王陽明大傳：知行合一的心學智慧（上卷）》，重慶：重慶出版社，2014 年，第 75 頁。

〔註 27〕〔宋〕程顥、程頤：《二程集》，王孝魚點校，北京：中華書局，2006 年，第 193 頁。張岱年說，程頤的格物致知方面，看起來像是科學的，或者是接近科學的方法，但與科學並不相關。因為科學是觀察特例獲得通則，是用感官和儀器對外物做精密的觀察與檢測，用的是歸納法則，而程頤的觀察特例卻只是用思維和體會，不是由特例歸納通則，不是由精密歸納得到結論，而只是恍然的覺悟，是把即物的直覺和理智的思辨結合起來的一種方法。（張岱年：《中國哲學大綱（增訂版）》，北京：中華書局，2017 年，第 689～690 頁。）

〔註 28〕〔宋〕程顥、程頤：《二程集》，第 157 頁。

〔註 29〕張岱年：《中國哲學大綱》（增訂版），第 695 頁。

學史的視野來看，程朱所謂的「格物」的確有從一草一木、一事一物著手的意思，但主要內容並不在於一草一木，而是要通過格物來認識天理，也就是說格物所指在於社會的道德原則，而非科學知識。如果把格物理解為具體的科學知識，那就不是程朱學說的主要內容。陽明所謂格物，當然也不是要得到科學的知識，因為他根本就沒有對竹子的科學觀察，更沒有對竹子培植的經驗總結，他所做的無非是「面對竹子進行主觀的冥想苦思，當然不可能得到任何竹子之理。」不僅如此，陽明得出的探求外物之理不可能，是「完全否認了客觀規律」，其結論必然是「主觀唯心論的」。〔註30〕

　　哲學史家認為，陽明相信「心外無理」「心外無物」「心外無事」的主觀唯心主義，格竹的故事恰恰就能說明這個問題。而，這個故事卻發生在陽明「早年曾經信仰程朱」的時期，似乎所謂的信仰成了一個說辭。同樣的，我們看到勞思光《新編中國哲學史》中也存在這樣的自我矛盾。勞思光按照《年譜》的記載挑出陽明的重要年曆，其中就有：「1492 年，廿一歲。據朱熹之說，以從事格物之學；格竹不得其理而遘疾，即在是年。」〔註31〕勞氏說，觀此及陽明十八歲拜訪婁諒與二十七歲慕道士養生術等可知，「王氏自十八歲聞婁一齋論程朱之學，至二十七歲止，皆致力於程朱格物窮理工夫，但未能有得。」〔註32〕勞思光認為，陽明探求朱子學不得只是在「聖賢有分」的才性限制觀念上，並不是對程朱之學的內在理論缺陷有認識，更沒有觸及心性問題，真正觸及心性與真性關係要到他三十七歲的龍場悟道之時。

　　按照勞氏所闡釋的陽明的格物觀念，格竹故事似乎又恰恰可以用來說明朱子學與陽明學的差異。勞氏云：「陽明所謂格物即是正行為。此點不待贅述。因物非外在事物之義，故若與朱熹之說比較，則可說陽明之物亦屬內，而朱說之物方屬外。但若就陽明自己之思想系統看，則說到格物時，方涉及此心面對世界之決定；亦可說，只到格物，方涉及對外也。」〔註33〕勞氏認為，將格竹所代表的外的格物，正是陽明思想成熟時對朱子學的理解。勞氏說，陽明《大學問》明言：「物者，事也。凡意之所發，必有其事。意所在

〔註30〕北京大學哲學系中國哲學教研室：《中國哲學史（第二版）》，北京：北京大學出版社，2015 年，第 324 頁。

〔註31〕勞思光：《新編中國哲學史（三上）》，北京：生活・讀書・新知三聯書店，2015年，第 298 頁。

〔註32〕勞思光：《新編中國哲學史（三上）》，第 301 頁。

〔註33〕勞思光：《新編中國哲學史（三上）》，第 322 頁。

之事謂之物。格者，正也；正其不正，以歸於正之謂也。正其不正者，去惡之謂也；歸於正者，為善之謂也。夫是之謂格。」這是陽明界定的「格」與「物」的意義，不僅與《大學》本文不同，與宋儒的解釋也有差異，這才是陽明立說的特色之一，「落到日常工夫之下手處，便說格物」「格物重在具體活動上之實踐」。〔註34〕顯然，勞氏一方面對陽明的學術思想進行了哲學的分殊，而一方面卻將其分殊的陽明學術與陽明生平故事分離開來，也就是說，陽明本人的學術不能用來解釋他的生活故事。這顯然是哲學家闡釋中的一個矛盾處。

綜上，關於陽明格竹故事，有若干不同的版本，不僅有繫年的差異，也有判斷的異同。各種繫年都有其歷史資料的來源，都指向《年譜》。何種《年譜》的何種版本會造成這樣不同的繫年呢？民國以來，上述著述於陽明學之理解及其哲學思想之初步瞭解頗具影響，從中我們可以看到，無論在事實的確認還是在義理的辨析上，都存在差異。特別是，從哲學史家的論述中，我們會看到了如果把這個故事看成一種哲學的隱喻的話，它就與哲學史家的論述相矛盾，故事的敘述反對了哲學的話語。因此，我們有必要對它再做進一步的考察。

二、天生豪傑：群傳中的陽明像

我們所見，即我們所知。「當我們對世界進行描述的時候，我們就會看到，語言是怎樣像篩子一樣只允許現實中那些與我們已有的概念或詞語對應的特徵進入它的摹本。」〔註35〕我們不僅用語言來塑造我們的世界，也用語言講述歷史的故事，而這種講述本身就是一種語言世界的運轉和世界形象的流轉。世界不能靜止，語言不會停歇，故事也必然不斷更新。但是，當過往的故事成為陳跡的時候，我們又如何看待歷史的摹本？當過去的故事成為笑談的時候，我們又如何去追跡歷史的榮耀？當新秩序看起來牢不可破的時候，我們又如何去欣賞過去的藝術？或許，它將不僅僅是一種語言的問題，更是一個生活世界的形象問題。這種形象，不僅決定了我們如何把握我們的過去，也指引我們如何進入歷史的秩序。

〔註34〕勞思光：《新編中國哲學史（三上）》，第 322 頁。
〔註35〕范景中：《附庸風雅和藝術欣賞》，杭州：中國美術學院出版社，2009 年，第 12 頁。

　　毫無疑問的，歷史故事是我們瞭解過去的一種方式，它同時也是一種我們瞭解世界的隱喻。如果我們相信那些曾經在同一片天空下生活過的那些古人和我們一樣為生活、為未來、為藝術而殫精竭慮過，迷茫過，那麼，我們重新檢視那些故事的時候，就會不僅僅用一種「高人一等」的「俯視眼光」去嗤笑我們不知所云的細節，而是要用一種「感同身受」的「交流眼光」去嘗試理解他們所述的語言。

　　陽明的生活世界是何等樣貌？胡塞爾認為，生活世界的一般結構由兩部分構成，其一是事物（人物與事件）與世界，其二是對事物（人物與事件）的意識。前者對我們而言是被給予的對象，後者則是我們所意識到的世界中的某物。〔註36〕歷史的存在，也是因為我們意識到了它的存在。而我們之所以意識到它，乃是因為借助於歷史的典籍，我們對它有所體驗，「人是被具體體驗到的。」〔註37〕就此而言，我們所知的陽明的生活世界，實際上是通過文本、想像和體驗共同建構起來的。我們可以通過陽明本人的文字、他同時代人的記錄，以及陽明的傳記作品來瞭解。

　　從宋代到明代，有一種類型的書籍是知識人瞭解歷史人物的重要來源，即《言行錄》。最為名著者為朱子《五朝名臣言行錄》十卷和《三朝名臣言行錄》十四卷（兩書合成《八朝名臣言行錄》或《朱子名臣言行錄》）。四庫館臣曾對朱子編纂《言行錄》有所批評。余嘉錫《四庫提要辯證》卷六提出了反批評，認為提要初稿作者看過書，而改定者紀昀或未觀書：「蓋原提要者尚知略觀本書，紀氏則僅稍一涉獵，即捉筆疾書，以快其議論，而前後皆未寓目也，是亦難免果哉之誚矣。」〔註38〕他還說：「《言行錄》之體，皆採自群書，直錄其文，無一事為朱子所自記。凡採錄前人之文，有可刪者，有不可刪者，繁辭贅語，擘拇駢枝，去之而文省詞潔，此可刪者也；其詞與事雖無甚關係，而去之則事蹟遂無首尾，文義不相聯屬，譬之鶴頸雖長，斷之則悲，此不可刪者也。」〔註39〕按照書史專家的看法，《言行錄》這一類別的書籍，從朱子開始就是以收集所見書籍，將其中人物言論與故事材料抄錄，

〔註36〕胡塞爾：《歐洲科學的危機與超越論的現象學》，北京：商務印書館，2017年，第179～180頁。
〔註37〕胡塞爾：《歐洲科學的危機與超越論的現象學》，第284頁。
〔註38〕余嘉錫：《四庫提要辯證》，北京：中華書局，2007年，第330頁。
〔註39〕余嘉錫：《四庫提要辯證》，第335～336頁。

彙集為一部書。作者以所能見到的材料為依據編訂書籍，決定了這類書從一開始就具有人物傳記資料彙編的性質。至於書中文字略有改動，那也是在一定限度內進行的。

中國傳統的學問和思想體現在行事之中。也就是說，具體的人和事，構成了思想的主線，離開了具體的人和事，思想無以安放。錢穆說，這樣的傳統是從《論語》發源的，即便是宋明性理學家談論義理，「其實也只緊扣具體的人和事上來討論其義理之所在。」「我們可以說：中國思想，尤其是儒家思想，主要是從具體的實人實事人思人的」〔註40〕讀書，也是要讀傳記；而編纂書籍，其中的一項重要內容就是人物的傳記，通過傳記顯示實人實事。所以朱子說：「予讀近代文集及記事之書，觀其所載國朝名臣言行之跡，多有補於世教者。然以其散出而無統也，既莫究其始終表裏之全，而又汨於虛浮怪誕之說，予嘗病之。於是掇取其要，聚為此錄，以便記覽。尚恨書籍不備，多所遺闕，嗣有所得，當續書之。」（《五朝名臣言行錄自敘》）〔註41〕從朱子的《自敘》可見，撰寫《言行錄》的目的對撰述者本人而言就是為了記覽，而對社會而言則有補於世教。其必要的條件是有大量可參考的書籍，朱子如此，後世亦是如此。朱子之後，學者多有續補之作。《書目答問‧史部‧傳記類》分孔孟傳記、漢至唐、宋元明和國朝四類。宋元明以來以朱子《名臣言行錄》為典範，其後多種群傳，如宋李心傳《道命錄》十卷、元蘇天爵《元朝名臣事略》十五卷、徐開仕《明名臣言行錄》九十五卷、王世貞《嘉靖以來首輔傳》八卷、陳鼎《東林列傳》《國朝滿漢名臣傳》八十卷、《國朝先正事略》六十卷等「義例雅飭考證詳覈」之書。〔註42〕《中國古籍善本書目》著錄的存世的

〔註40〕錢穆：《孔子與論語》，長沙：嶽麓書社，2020年，第113頁。

〔註41〕〔宋〕朱熹：《朱子全書》第12冊，朱傑人等主編，上海：上海古籍出版社，2010年，第8頁。朱子此書尚有宋版存世，詳：李致忠：《昌平集》，上海：上海古籍出版社，2012年，第457～458頁。

〔註42〕〔清〕張之洞撰、范希增補正：《書目答問補正》，北京：中華書局，2018年，第110～113頁。舒大剛《儒學文獻通論》稱：「由於朱熹的影響，後世學者也十分重視言行錄的編纂，作者繼踵，比較重要的有：《皇朝名臣言行續錄》8卷，（宋）李幼武撰；《四朝名臣言行錄》26卷，（宋）李幼武撰；《皇朝道學名臣言行外錄》17卷，（宋）李幼武撰；《名賢氏族言行類稿》60卷，（宋）章定撰；《南宋名臣言行錄》16卷，（明）尹直撰；《皇明名臣言行錄前集》12卷《後集》12卷《續集》8卷，（明）徐咸撰；《皇明名臣記》30卷，（明）鄭曉撰；《名臣言行錄新編》34卷，（明）沈庭奎撰；《皇朝理學名臣言行錄》3卷，（明）崔銑撰；《皇明理學名臣言行錄》2卷《續》1卷，（明）楊廉撰；

明代人編集的人物群傳很多，比如尹直《皇朝名臣言行通錄》、彭韶《皇明名臣言行錄繹》、黃金《皇明開國功臣錄》、楊廉《新刊皇明名臣言行錄》《皇明理學名臣言行錄》、徐紘《皇明名臣琬琰錄》以及明徐咸《近代名臣言行錄》《皇明名臣言行錄》等。〔註43〕這些群傳「除參照歷朝正史、實錄資料之外，主要以諸家文集、墓誌、行狀、碑銘、家傳、遺事、語錄等作為第一手材料。」〔註44〕晚清以後，《言行錄》這類著作多不太為作家和讀者看重，存世的諸多刻本藏於圖書館善本室，更多地成了歷史考證的資料或者古籍版本的研究對象。

　　宋以後是書籍雕版的成熟發展期，因此《言行錄》的撰寫也大量使用了流通的官私著述，包括國史實錄、別史雜史、文集筆記、碑誌行狀等等。從朱子的《名臣言行錄》開始，這一類的群傳主要是抄錄所見名臣的相關資料彙編成書，那麼這類書就為我們考察某些人物的特定事件提供了比較可靠的資料。我們可以從不同時代的故事從無到有，從有到無的演變中看到不同時代的讀者所關心的故事內容，甚至可以見到某個特點時代的閱讀特點。陽明是有明一代重要的理學名臣，在這類名臣的群傳中就有他的傳記。從我們研究的陽明來說，明清以來的多位作者所創作的明代《名臣言行錄》就具有了這一典型的意義。我們首先要關注的是陽明在中進士之前的一段探索，因為這是陽明成為陽明的起點。

　　陽明以名臣的身份進入歷史，是嘉靖朝的故事。因此，他在明代人所編輯的《名臣言行錄》中最早出現的時代當是在此一時期。我們看到，明嘉靖

《皇明名臣言行錄》，（明）王宗沐撰；《國朝名臣言行略》，（明）劉廷元撰；《戰國人才言行錄》10卷，（明）秦論撰；《漢名臣言行錄》8卷，（明）姜綱撰；《漢名臣言行錄》12卷，（清）夏之芳撰；《臨江先哲言行錄》2卷，（清）龔守愚撰；《明名臣言行錄》95卷，（清）徐開任撰；《明儒言行錄》10卷《續錄》2卷，（清）沈佳撰；《國朝臣工言行錄》26卷，（清）梁章鉅撰；《國朝名臣言行錄》30卷，（清）王炳燮撰；《歷代名臣言行錄》24卷，（清）朱桓撰；《二十二史言行錄》42卷，（清）過元歐撰；《粵東名儒言行錄》24卷，（清）鄧淳撰。」（舒大剛：《儒學文獻通論 下》，福州：福建人民出版社，2012年，第2073～2074頁。）

〔註43〕中國古籍善本書目編輯委員會：《中國古籍善本書目·史部》，上海：上海古籍出版社，1991年，第428～429頁。以上諸書，除了徐紘《明名臣琬琰錄》外，在版本學家而言或許不為善本，如《增訂四庫簡明目錄標注》收錄徐氏書，言有明刊本；收錄徐開任《明名臣言行錄》，有康熙初崑山徐氏刊本，「四庫未見」。（邵懿辰：《增訂四庫簡明目錄標注》，第260頁）

〔註44〕俞樟華等：《古代假傳和類傳研究》，哈爾濱：黑龍江人民出版社，2015年，第291頁。

二十八年（1549）施漸刻本徐咸《皇明名臣言行錄後集》卷十有《尚書王公守仁傳》。徐咸根據陽明的《文集》和黃綰撰寫的《行狀》等文獻，從陽明為兵部主事談起，講述他的一生功業與言行。至於陽明的青年時代，徐咸在書中只提到他十五歲的故事：

> 公十五歲時，夢中嘗得句云：「卷甲歸來馬伏波，早年兵法鬢毛
> 皤。」莫知其謂。至是，舟至烏蠻灘。舟人指曰：「此伏波廟前灘也。」
> 公呀然，登廟禮拜如夢中所見，因讀夢中詩，且歎：「人生行止不偶」
> 云。〔註45〕

這一故事出自黃綰的《陽明先生行狀》。〔註46〕後來，錢德洪編纂的陽明年譜中亦有這一一此事。他說：陽明「夢謁伏波將軍廟，賦詩曰：『卷甲歸來馬伏波，早年兵法鬢毛皤。雲埋銅柱雷轟折，六字題文尚不磨。』」〔註47〕又在嘉靖七年「謁伏波廟」條說：「先生十五歲時嘗夢謁伏波廟，至是拜祠下，宛然如夢中，謂茲行殆非偶然。」〔註48〕錢德洪等人編纂陽明年譜時也參考了黃綰為陽明撰寫的生平簡歷，抑或者黃綰撰寫的陽明生平資料就出自錢德洪等陽明身邊的門人弟子，所以他們所講述的故事幾乎完全相同。

作者接著又抄錄黃綰所撰《行狀》一段評論，其文為：

> 公天資絕倫，少喜任俠，長好詞章，壯好仙釋。既而好學，以
> 斯道為己任，以聖人為必可學而至。雖處富貴，常有煙霞物表之思。
> 視棄千金猶如土芥；藜羹珍鼎，錦衣縕袍，大廈窮廬，視之如一。
> 真所謂天生豪傑，挺然特立於斯世，近古誠未見有其人如公者也。
> 〔註49〕

黃綰《行狀》中說：

> 公生而天資絕倫，讀書過目成誦。少喜任俠，長好詞章、仙
> 釋。既而以斯道為己任，以聖人為必可學而至。實心改過，以去
> 己之疵；奮不顧身，以當天下之難。上欲以其學輔吾君，下以其

〔註45〕〔明〕徐咸：《皇明名臣言行錄》，《續修四庫全書》第520冊，上海：上海古
　　　　籍出版社，2002年，第316頁。
〔註46〕〔明〕王守仁：《王陽明集》，第1212頁。
〔註47〕〔明〕王守仁：《王陽明集》，第1026頁。
〔註48〕〔明〕王守仁：《王陽明集》，第1115頁。
〔註49〕〔明〕徐咸：《皇明名臣言行錄》，《續修四庫全書》第520冊，上海：上海古
　　　　籍出版社，2002年，第316頁。

學淑吾民，惓惓欲人同歸於善，欲以仁覆天下蒼生。人有宿怨深仇，皆置不校。雖處富貴，常有煙霞物表之思，視棄千金猶如土芥；藜羹珍鼎，錦衣縕袍，大廈窮廬，視之如一。真所謂天生豪傑，挺然特立於世，求之近古，誠所未見者也。〔註50〕（《黃綰集》卷二十四）

編集進陽明《全書》的黃綰文字，與編集進《黃綰集》中的文字除了個別字的差異外，基本保持一致，我們有理由相信徐咸在抄錄史料時是做了加工處理的。至於徐咸何以要將「實心改過」云云刪去，他有何考量？我們並不清楚其中緣由。或許《言行錄》一類的著作在編纂時對原始材料都要經過類似的處理。

徐咸的《名臣言行錄》在嘉靖時廣為流傳，有多種不同的刻本傳世。《中國古籍善本書目》著錄《近代名臣言行錄》有明嘉靖十一年刻本（4679）、明萬曆十六年張程刻本（4680）兩種版本；《皇明名臣言行錄前集十二卷後集十二卷續集八卷》有明嘉靖三十九年侯東、何思刻本（4681、4682）。〔註51〕該書又有一由陽明後學王宗沐資助刊行的嘉靖三十二年（1553）刻本，即《皇明名臣言行錄》十四卷。王氏云：「廣西臬臺舊刻《本朝名臣言行錄》，自徐武寧王而下，凡一百人。至嘉靖癸丑（三十二年，1553）六月，宗沐得海鹽本，復益以郭威襄公而下四十三人。蓋始具備，使觀者得詳考焉。臨海後學王宗沐識。」〔註52〕這一版本中，王陽明傳記在最末一卷。兩種不同版本的《皇明名臣言行錄》中的《王守仁傳》文字基本上是一致的。該書標記了陽明傳記所引資料出處：黃綰撰《行狀》、門人徐愛序（即《傳習錄序》）、《文集》（即《陽明先生文錄》）、《狀志略》。可見，基本上都是陽明本人著述及後人撰寫的碑傳記錄等。

四庫館臣將徐咸的這部書做「存目」處理。四庫館臣說：「《名臣言行錄前集》十二卷《後集》十二卷。浙江范懋柱家天一閣藏本。明徐咸撰。咸，海鹽

〔註50〕〔明〕王守仁：《王陽明集》，第 1213 頁；〔明〕黃綰：《黃綰集》，張宏敏編校，上海：上海古籍出版社，2014 年，第 482 頁。《黃綰集》中：「誠所未見者也」作「誠所未有者也」。「惓惓欲人同歸」作「惓惓欲人同歸」。

〔註51〕中國古籍善本書目編輯委員會：《中國古籍善本書目‧史部》，上海：上海古籍出版社，1991 年，第 429～430 頁。

〔註52〕國家圖書館藏有此本。又見：沈津：《美國哈佛大學哈佛燕京圖書館中文善本書志》，上海：上海辭書出版社，1999 年，第 178 頁。

人，正德辛未進士，官至襄陽知府。先是，豐城楊廉本彭韶《名臣錄贊》撰《名臣言行錄》四卷，所載凡五十五人。咸亦纂《近代諸臣言行錄》凡四十八人。餘姚魏有本官河南巡撫時，嘗合刻之。及咸歸里之後，病其未備，重為纂輯。於楊錄增十六人，於己所錄者亦增二十五人，分為前後二集，自為序，記其始末，而仍以魏有本初刻之序弁於書首云。」〔註53〕（《四庫全書總目》卷六十一）《續修四庫全書總目提要》說：「明代名臣言行錄之作，先有謝鐸《名臣事略》、彭韶《名臣錄贊》，復有楊廉《名臣言行錄》、徐紘《名臣琬琰錄》等，徐咸仿之，於嘉靖十年（1531）編纂《近代諸臣言行錄》，收英宗、憲宗、孝宗、武宗四朝人物四十八人，以為皆足士君子立身立朝之法程。徐錄成書後，與楊《錄》分別梓行。嘉靖二十年，魏有本巡撫河南，以楊、徐二錄合刻為一書，一遍觀覽，且撰書序述其源流。徐咸致仕後，或謂二錄均有可續錄者，於是稽之傳志，參之野史，質之輿議，重加纂輯。楊《錄》原收五十五人，徐為增補十六人，作為《前集》，於楊《錄》所遺之事則增入之，文字繁蕪之處則刪削之；而於己錄四十八人外復增二十五人，作為《後集》，總名《皇明名臣言行錄》。書成後，又得鄭曉商権訂正，嘉靖二十八年由無錫施漸刊刻行世。」〔註54〕

徐咸編纂《名臣言行錄》有幾個階段。起初，他編纂《近代名臣言行錄》十卷，錄明英宗、憲宗、孝宗和武宗四朝明人四十八人，「雖其事功所就不無大小之差，然志行風節，才猷學識，充養磨礪，卓爾不群，皆足為士君子立身立朝法程也。」（嘉靖十年徐咸《近代名臣言行錄序》）這時尚未選錄陽明。之後，他撰集該書《續集》，將陽明的故事收入其中。徐咸的這篇陽明傳記文字，也成為較早的關於陽明的生平及其學術思想的群傳記錄。〔註55〕後來，雷禮（1505～1581）《國朝列卿紀》卷五十〔註56〕、過庭訓（1574～1625）《本朝

〔註53〕〔清〕永瑢等：《四庫全書總目》，北京：中華書局，2003年，第552頁。

〔註54〕傅旋琮：《續修四庫全書總目提要 史部》，上海：上海古籍出版社，2014年，第219頁。

〔註55〕作者還提到了陽明的遺言：「公屬纊之際，家童問何所囑。公曰：『我它無所念，平生學問，方才見得數分，猶未能與吾黨共成之，為可恨耳。』」這是關於陽明的另一重要傳奇故事。（〔明〕徐咸：《皇明名臣言行錄》，《續修四庫全書》第520冊，上海：上海古籍出版社，2002年，第316頁。）

〔註56〕雷禮云：守仁天資絕倫，讀書過目成誦。少喜任俠，長好詞章，壯好仙釋。既而好學，以斯道為己任。以聖人為必可學而至，實心改過，以去己之疵。奮不顧身，以當天下之難。上欲以其學輔吾君，下欲以其學淑吾民。惓惓欲人同歸於善，欲以澤覆天下蒼生。人有宿怨深仇皆能忘之而不較，雖處

分省人物考》卷五十等晚明人撰寫的史籍中關於陽明的傳記文字皆受徐咸《皇明名臣言行錄》的影響。

其中，《國朝列卿紀》卷五十用了六百餘字講述青年陽明的故事：

> 王守仁字伯安，浙江紹興府餘姚縣人。父華，成化辛丑狀元，仕至南京吏部尚書，封新建伯。母鄭氏，孕十四月而生。將誕之夕，祖母岑氏夢天仙抱一赤子乘雲而來，導以天樂，至屋簷呼岑與之。岑失手墮地，蹶不能啼。岑以生氣噓口，少頃而啼。岑驚寤，即其初誕啼聲。既誕，果蹶。少頃，岑以生氣噓之而蘇。鄭自乳之。忽乳竭，夢神女為乳，乳遂溢。父華以夢雲之祥，故名之曰雲。生六歲不能言。一日出戲於門，有老僧過，以手摩其頂曰：「有此寧馨兒，卻被名字叫壞了。」鄭語華，改今名，遂能言，而穎異頓發。年十一，大父攜之上京，過金山，作詩曰：「金山一點大如拳，打破維揚水底天。醉倚妙高臺上月，玉簫吹徹洞龍眠。」已而，從塾師讀書。出遊市上，與鬻雀者爭。有相者見而異之，以錢買其雀與之，送歸書館，謂塾師曰：「此子他日官至極品，當立異等功名。」因遍閱同館諸小生，第其官階崇卑顯晦，後皆悉驗。年十三，父為會試考官，隨入試場，即能閱卷，評品高下皆當。性豪邁不羈，喜任俠。畿內有石英、王勇之亂，久不能撲，欲以計令俠侶往擒之。又湖廣有石和尚、劉千斤之亂，輒為書，欲獻於朝，請往征之。父華皆力止之。年十七，至江西成婿於外舅養和諸公官舍。明年，謁一齋婁先生，異其質，語以所當學，而又期以聖人為可學而至。由此，遂毅然有學為聖人之志，然任俠之氣未能遽除。弘治壬子年二十一，中浙江鄉試。會試二科不第，乃學兵往塞外，觀山川學騎射。己未登進士第，觀政工部。乃與太原喬宇，廣信江俊，河南李夢陽、何景明，姑蘇顧璘、徐禎卿，山東邊貢諸公，以才名爭馳騁，學古詩文。〔註57〕

富貴常有煙霞物表之思，視棄千金猶如土芥，藜羹珍鼎、錦衣縕袍、大廈窮廬，視之如一。真所謂天生豪傑，挺然特立於斯世者，近古誠未見其比云。

〔註57〕〔明〕雷禮：《國朝列卿紀》，《四庫全書存目叢書 史部》第93冊，濟南：齊魯書社，1995年，第479頁。

　　我們看到，雷禮盡可能地將陽明自出生至中進士的這一段經歷中獨特的故事記錄下來。既有夢中送子、改名能言等傳聞，也有官至極品預言，還有早期任俠的故事等。雷禮書中並沒注明這些傳聞從何而來，但按照雷禮的這種喜歡記錄奇聞的習慣，並沒有《年譜》中記錄的陽明早期趣聞，當是未曾經眼陽明《年譜》一書。

　　雷禮之所以要編纂該書，是出於一種士人職業自覺。他說：「予叨祿於朝，思景前修以盡職守，因查自國初啟運至嘉靖四十五年終，凡文臣歷任中書省、御史臺及殿閣部院府司寺監各堂上官，並各處總督、巡撫，循世系錄為年表，俾居其官者鑒已往之得失，知所以勸懲焉。」〔註58〕顧起元《國朝列卿紀序》說：「豐城司空雷公在肅皇帝朝，與海鹽鄭公同以練習掌故著聲一代，垂意典述，既總本朝因革用捨之大政，次而為記。又取開國以來中書省輔臣六曹諸司以下，其人與事，論而列之。取材於志錄，稽世於譜牒日月，批尋排續成集，係牽繩貫，比事屬詞，正纂而外，旁及群書，凡有所關，悉採掇。其或事無可考，亦具存其姓名。名曰：《國朝列卿紀》。」「隆慶而後，公謝政家居，所紀第書名目以俟後之君子，而尋逝矣。」〔註59〕《四庫全書總目》云：

　　　　《列卿紀》一百六十五卷。浙江巡撫採進本。明雷禮撰。禮有《六朝索隱》，已著錄。是書臚列明代職官姓名，起自洪武初，終於嘉靖四十五年。凡內而內閣、部院以至府、司、寺、監長官，外而總督、巡撫，皆以拜罷年月為次。上標人名，而各著其出身、里籍於下為《年表》。又於《年表》之後附載其居官事蹟為《行實》。《年表》但以次題名，不用旁行斜上之例。《行實》略仿各史《列傳》，而又不詳具始末，止書其事之大者而已。惟第八卷至十三卷為《內閣行實》，頗為詳備，論斷亦多持公道。如謂解縉等盡忠納誨，而責其不能死建文之難；謂陳山存心險刻，臨事乖方，《明史》頗採之。獨史謂陳文猥鄙無所建白，而禮稱其政體多達，勳德未昭。文，廬陵人，與禮同鄉。蓋曲徇桑梓之私，非公論矣。〔註60〕（《四庫全書總目》卷六十一）

〔註58〕〔明〕雷禮：《國朝列卿紀》，第434頁。
〔註59〕〔明〕雷禮：《國朝列卿紀》，第425～426頁。
〔註60〕〔清〕永瑢等：《四庫全書總目》，第554頁。

如果我們讀到的是這些群傳，我們所見的陽明形象是一代豪傑。當然，這兩部明代名臣的群傳從清乾隆年間編纂《四庫全書》時就已經成為「存目」類書籍，這兩部書的價值也就不太為古籍研究者所重視，當然也更不為陽明學者所熟悉了。然而，我們從上述兩部書關於陽明的事蹟記載來看，其特點是很明顯的，即他們都保存了在嘉靖時代士人對於陽明的形象的看法。如果我們要瞭解這一時期的陽明形象，從這兩部書可窺一斑。更為重要的是，兩部書的陽明傳記和後來的其他版本陽明傳記有著故事內容的差異，說明了書籍的製作與傳播對於陽明形象有著至為關鍵的影響。

這時，陽明門人尚未完成《年譜》的編集，群傳作者在編訂陽明生平事蹟時，所依據的有傳聞和所傳聞兩部分。其中，所傳聞的主要資料來源是陽明本人的著作，以及他的朋友們所撰寫的各種文字，比如黃綰所撰《行狀》等等。以上可見，晚明學人，特別是撰寫名臣群傳的那些作家們，他們蒐羅逸事時尚未記錄格竹的陽明。他們不像民國以來的學者那樣，能夠看到不同版本不同內容的陽明《年譜》。

三、物理轉向：《年譜》的邏輯

《全書》附錄《年譜一》所記錄的王陽明「官署格竹」故事如下：

> 五年（1492）壬子，先生二十一歲在越。舉浙江鄉試。……○是年為宋儒格物之學。先生始待龍山公於京師，遍求考亭遺書讀之。一日，思先儒謂「眾物必有表裏精粗，一草一木皆涵至理」，官署中多竹，即取竹格之。沉思其理，不得，遂遇疾。先生自委聖賢有分，乃隨世就辭章之學。明年春，會試下第。〔註61〕（《全書》卷三十二）

《全書》之《年譜》出自陽明門人錢德洪、王畿和羅洪先等人之手。現存兩部嘉靖刻本，即天真書院刻本和贛州刻本《陽明先生年譜》與《全書》係於同年，但有文字上的細微差別。天真書院本是胡宗憲資助，錢德洪主持的刊本，其文為：

> 五年壬子，先生二十一歲。舉浙江鄉試。是年先生為宋儒格物之學。始，龍山公如京師，先生在侍。至則遍求考亭遺書讀之，欲通其源。一日，思先儒謂「眾物必有表裏精粗，一草一木皆涵至理」，

〔註61〕〔明〕王守仁：《王陽明集》，第 1027 頁。

官署亭中多竹，乃取竹格之。求其理不得，即沉思不止，遂遇疾。
先生自委聖賢有分，非吾人所及，乃隨世就辭章之學。明年春，會
試下第。（天真書院本《陽明先生年譜》卷一，第5～6頁）

江西贛州刻本是周相資助，羅洪先主持的刊本，其文為：

五年壬子，先生二十一歲在越。舉浙江鄉試。○始，在京師遍
考亭遺書讀之，因思先儒謂「眾物必有表裏精粗，即一草一木皆涵
至理，不可不察」，官署前多竹，乃取竹格之。苦求其理不得，病作
而止。乃貶志為辭章之習。明年春，會試下第。（周相序江西刻本《陽
明先生年譜》卷一，第5～6頁）

三部《年譜》都說陽明格竹故事與他讀朱子著作有關，是陽明在北京是
發生的故事，是他思考朱子一草一木函有至理時進行的試驗，試驗的結果是
陽明從格物轉向了辭章，最終導致了會試的落榜。三部年譜中的竹子都取自
官署，但有官署前、官署中和官署亭中的差異。

天真書院本和《全書》本又指出陽明是在弘治五年開始探索格物之學。
而所謂格物之學，年譜編纂者皆認為就是朱子之學，也就是可以在「眾物」
中尋「至理」之學。其後，施邦曜《陽明先生集要》所附《年譜》則將格竹事
係於弘治二年（1489），並去掉了竹子來源地：

二年己酉，先生十八歲。十二月，以夫人諸氏歸餘姚，舟過廣
信，謁婁一齋諒，語格物之學，先生甚喜，以謂聖人必可學而至也。
後遍讀考亭遺書，思諸儒謂「眾物有表裏精粗，一草一木皆具眾理」，
因見竹，取而格之，沉思不得，遂被疾。〔註62〕

亦有其他作者編集陽明全集或年譜時取消了格竹故事者。比如李贄重新
編纂的《陽明先生年譜》無此故事。李氏《年譜》在弘治二年條說：「二年己
酉，先生十八歲。十二月，夫人諸氏歸餘姚。舟至廣信，謁婁一齋諒，語格
物，謂聖人必可學。」〔註63〕清康熙癸丑（十二年，1673）俞嶙刻本《王陽

〔註62〕〔明〕施邦曜：《陽明先生集要》，北京：中華書局，2008年，第4頁。點校
者已經注意到了《全書》本與《集要》本之間的差異：「更有甚者，關於陽明
年輕時那件最為可笑的『格竹之舉』的記載，《全書》年譜載為弘治五年，《集
要》年譜則記在弘治二年。」「《集要》與《全書》的這些差異，正反映其具
有不可忽視的史料價值。」（王曉昕《陽明先生集要·前言》，第19頁）
〔註63〕李贄：《陽明先生年譜》，北京圖書館：《北京圖書館藏珍本年譜叢刊》第43
冊，北京：北京圖書館出版社，1998年，第84頁。

明先生全集・凡例》說：「先生年譜，自穉齒而強壯，自窮約而通顯，一生之功名事業，統備於斯。當日猛人簪筆而紀之，鏤板而傳之，欲以《年譜》不朽先生，而其實先生自足不朽也。但刻於江州之匡山書院者，僅有專書而不及文集，予並文集匯為一書，使學者開卷遞閱知其先時立志者若何，後來立業者若何，纖悉俱詳，庶無遺憾。」俞嶙編集的這部《王陽明先生全集》首有《年譜》，亦與李贄所輯《年譜》類似，沒有格竹故事，只是在弘治二年條說：「二年己酉，先生十八歲。十二月以夫人諸氏歸餘姚。舟過廣信，謁婁一齋諒，講格物之學。先生甚喜，以為聖人必可學而至也，遂深契之。」〔註64〕在不取格竹故事的傳記作者來說，陽明學的宗旨用他生平行事來表現，不需要用一些隱喻故事來表達。

　　陽明年譜編纂經過了漫長的收集資料、整理文獻和反覆校定的過程。陽明去世後即有薛侃等人主張編纂陽明年譜，以保存陽明事蹟，傳播陽明學術。《年譜》附錄說：「師既歿，同門薛侃、歐陽德、黃弘綱、何性之、王畿、張元沖謀成《年譜》，使各分年分地搜集成稿，總裁於鄒守益。越十九年庚戌（嘉靖二十九年，1550），同志未及合併。洪（錢德洪）分年得師始生至謫龍場，寓嘉義書院，具稿以復守益。」〔註65〕1529年到1550年，是陽明門人分頭收集資料的時間，到了1556年陽明門人聚會青原山，錢德洪建議《年譜》撰集者統稿。鄒守益《天真仰止祠記》說：「嘉靖丙辰（三十五年，1556），錢子德洪聚青原、連山之間，議葺《陽明先生年譜》。」〔註66〕隨後，鄒守益致書錢德洪，要他將龍場以後的部分的稿子也加以修飾，但撰稿及統稿進度都比較緩慢。「壬戌（嘉靖四十一年，1562）十月，至洪都而聞守益訃。」失去了鄒守益的主持，錢德洪隨即請求羅洪先的加入，最終在1562年完成了《年譜》初步統稿，最後錢德洪和王畿、張叔謙、王新甫、陳大賓、黃國卿、王健等校閱，並於嘉靖四十二年（1563）完成了《年譜》的首次刊刻。〔註67〕

　　關於《年譜》的編纂，錢德洪明確表示「其事則核之奏牘，其文則稟之師言，罔或有所增損。若夫力學之次，立教之方，雖因年不同，其旨則一。

〔註64〕〔清〕俞嶙輯：《王陽明先生全集・年譜》，國家圖書館藏清康熙十二年（1673）刻本，第3頁。索書號：91792。
〔註65〕〔明〕王守仁：《王陽明集》，第1141頁。
〔註66〕〔明〕王守仁：《王陽明集》，第1138頁。
〔註67〕〔明〕王守仁：《王陽明集》，第1141頁。

……後之讀譜者，尚其志逆神會，自得於微言之表，則斯道庶乎其不絕矣。」〔註68〕（錢德洪《陽明先生年譜序》）可見，《年譜》作者的本意並非刻意將陽明一生之事全部繫年安排，也不是要為世人提供一部可資證的陽明一生史證之書，他們寫作的主要目標是要弘揚陽明學之旨，知其旨則或有繫年之誤亦無妨也。羅蒂說：「通過把普遍項內在化來認知普遍真理的隱喻，正如身體的眼睛通過把個別項的顏色和形態內在化認識個別項一樣，一旦被提了出來，就會有力地成為農夫相信影中有生命的思想替代物。」〔註69〕就這樣，後世學人看待《年譜》在一定程度上將它視為「正史」，希望通過考據來重新確認陽明及其學術的歷史。因此，作者之旨和讀者之需存在著天然的區隔，考據家們從《年譜》中找到的一條條證據，會按照他們的設想填補他們所理解的陽明學（心學）體系的框架之中。對此，曾經參與《年譜》最後定稿，並且為它的出版積極奔走的陽明門人王畿（1498～1583），就在《年譜序》中提醒我們：

> 年譜者何？纂述始生之年，自幼而壯，以至於終，稽其終始之行實而譜焉者也。其事則仿於《孔子家語》，而表其宗傳，所以示訓也。《家語》出於漢儒之臆說，附會假借，鮮稽其實，致使聖人之學黯而弗明，偏而弗備，駁而弗純，君子病焉。求其善言德行，不失其宗旨，莫要於《中庸》，蓋子思子憂道學之失傳，發此以詔後世，其言明備而純，不務臆說；其大旨在於「未發之中」一言，即虞廷道心之微也。〔註70〕（王畿《刻陽明先生年譜序》）

年譜的寫作，稽考一人生活的事蹟，對人的一生進行文字的回顧。但對於一個學人而言，撰述他的年譜，更重要的是要通過他的一生揭示他的學術思想，要對他學術的緣起、發展和創造有一個時間的脈絡敘述。對於陽門弟子而言，陽明是孔子的門徒，是宗傳了儒學真諦的大儒，因此他的年譜必然要仿照孔子的年譜來製作。孔安國說：「《孔子家語》者，皆當時公卿士大夫及七十二弟子之所諮訪、交相對問言語者，既而諸弟子各自記其所問焉，與《論語》《孝經》並時。弟子取其正實而切事者，別出為《論語》，其餘則都集

〔註68〕〔明〕王守仁：《王陽明集》，第 1149 頁。

〔註69〕羅蒂：《哲學和自然之鏡》，李幼蒸譯，北京：商務印書館，2017 年，第 42 頁。

〔註70〕〔明〕王守仁：《王陽明集》，第 1150 頁；〔明〕王畿：《王畿集》，吳震編校整理，南京：鳳凰出版社，2007 年，第 339 頁。《王畿集》卷十二題《陽明先生年譜序》。

錄之，名之曰《孔子家語》。凡所論辨，流判較歸，實自夫子本旨也。」〔註71〕
（《孔安國後序》）對此，後世學人多以為是附會傳說，甚至以為這篇後序都
出自三國魏人王肅，是有名的「偽書」。〔註72〕但它的確是記錄孔門的重要史
料。孔安國還說：「竊懼先人之典辭遂泯滅，於是因諸公卿士大夫，私以人事
募求其副，悉得之。乃事類相次，撰集為四十四篇。」〔註73〕

　　《孔子家語》並非出自孔子門人，而是到了漢代才有儒者據傳聞加以編
訂，其中自然也就存在各種臆說、附會之處，特別是這部書成於孔子取得了
聖人宗師地位之後，極有可能還是出於王肅之手，無論是內容的準確性，還
是編排的合理性，都存在這樣那樣的問題，也就造成了後世的困惑。晚明時
代的知識人尚未以為之偽書。王畿雖然承認它是一部後世學人的再製作，但
它為後世的《年譜》寫作提供了正反兩方面的示範。反面的教訓是，年譜寫
作要盡可能地傳遞學人的學術宗旨，要如《中庸》一般，將學人的學術主張
明白無誤地表達出來，不能如《孔子家語》一般做附會臆說，讓人生疑，甚至
認為製造許多困惑。正面的經驗是，年譜的寫作應該要呈現學人的事蹟，要
將他一生的學術在事的世界中呈露出來，見諸行事的學問，才是真正意義上
的儒者之學。

　　就《孔子家語》這部書而言，它在儒學史上有著很重要的地位，但是書
籍本身和後世的爭議存在直接的關聯，甚至給儒學帶來了不良的影響，因此
這一著作除了它的經典價值之外，還有書籍編纂的啟示，即編集聖賢的著作，

〔註71〕〔魏〕王肅：《孔子家語》，北京大學《儒藏》編纂與研究中心：《儒藏精華編
　　　　一八○》，北京：北京大學出版社，2014年，第207頁。
〔註72〕張心澂：《偽書通考》，上海：上海書店出版社，1998年，第607～654頁。
　　　　張心澂認為儒家類的古書中，《晏子》《孔子家語》《曾子》《子思子》《荀子》
　　　　《孔叢子》《新語》《賈誼新書》《新序》《說苑》《女誡》《忠經》《文中子》《千
　　　　秋金鑒錄》《漁樵問答》《潛虛》《伊川粹言》《浩齋語錄》《玉溪師傳錄》《性
　　　　理字訓》《研幾圖》《言子》《薛子道論》《性理綜要》《性理標題匯要》等26
　　　　部書皆為偽書。要麼不是所題作者的自撰，要麼直接就是偽書，要麼是後人
　　　　編輯，要麼有增添部分，要麼是疑偽，要麼非原本，要麼把作者寫錯，要麼
　　　　是從其他書中摘錄而來，要麼編者不清楚，要麼是其他書改了名字等。《孔子
　　　　家語》《孔叢子》《文中子》等他認定必是偽書，原因是從唐代以來就有很多
　　　　人說這部書只是王肅編纂的，是王肅為了特殊的目的，即攻擊經學家鄭玄而
　　　　假託孔子及其後裔孔安國而作的一部書。既然有很多史料談及此書有問題，
　　　　定是王肅編輯的偽書。此書偽與不偽不是我們所關注的問題，也不是王畿在
　　　　其文中所關心的問題。
〔註73〕〔魏〕王肅：《孔子家語》，第207～208頁。

必須要有一種審慎的態度，這既是對學術負責，更是對後人負責。由此，我們也可以確定一個問題，即心學家們，特別是陽明及其門人對於著作本身是持一種相當謹慎的心態的。這也就是為何陽明一眾門人編定的《傳習錄》《陽明年譜》《全書》等受後世推重的一個原因。

王畿還說：

> 友人錢洪甫氏與吾黨二三小子，慮學脈之無傳而失其宗也，相與稽其行實終始之詳，纂述為譜，以示將來。其於師門之秘，未敢謂盡有所發；而假借附會，則不敢自誣，以滋臆說之病。善讀者以意逆之，得於言詮之外，聖學之明，庶將有賴，而是譜不為徒作也已。故曰所以示訓也。〔註74〕（王畿《刻陽明先生年譜序》）

可見，王畿認為年譜之作匪易，一不小心即成為臆說；年譜之實乃在示訓，所謂示訓者，則在人以之為訓可也，其得在於言詮之外也。倘若不以之為訓，不以意逆之，考據起來，可能就會存在一些免不了的麻煩。

在上述有陽明格竹故事的傳記文字中，格竹是科舉考試相關的。「格物之學」和「詞章之學」，對晚明學人來說，是不言而喻的詞彙。明初洪武三年（1370）開科舉，朱元璋的詔書說：「朕聞成周之制，取材於貢士，故賢者在職，而其民有士君子之行，是以風淳俗美，國易為治，而教化彰顯也。漢唐及宋，科舉取士，各有定制，然但貴詞章之學，而未求六藝之全。……自洪武三年八月為始，特設科舉，以取懷材抱德之士，務在經明行修，博古通今，文質得中，名實相稱。」〔註75〕（王世貞《弇山堂別集卷八十一·初設科舉條格詔》）這裡「詞章之學」是「六藝」的一部分，也是科舉考試重點考察的科目。顯然，「詞章之學」並非我們所理解的詩詞寫作之類的學問，也不單是文學及其創作。

鄭樵在《原學篇》中說：「何為三代之前學術如彼，三代之後學術如此。漢微有遺風，魏晉以降日以陵夷。非後人之用心，不及前人之用心，實後人之學術，不及前人之學術也。後人學術難及，大概有二：一者義理之學，二者辭章之學。義理之學尚攻擊，辭章之學務雕搜。耽義理者，則以辭章之士為不達淵源；玩辭章者，則以義理之士為無文采。要之，辭章雖富，如朝霞晚

〔註74〕〔明〕王守仁：《王陽明集》，第1152頁；〔明〕王畿：《王畿集》，吳震編校整理，南京：鳳凰出版社，2007年，第341頁。

〔註75〕〔明〕王世貞：《弇山堂別集》，北京：中華書局，1985年，第1539頁。

照，徒焜耀人耳目；義理雖深，如空谷尋聲，靡所底止。二者殊塗而同歸，是
皆從事於語言之末，而非為實學也。所以學術不及三代，又不及漢者，抑有
由也。」〔註76〕（鄭樵《通志·圖譜略》）鄭樵把義理與詞章對舉，認為不管
是義理之學，還是詞章之學，都與讀書寫作有關，是一種以語言創作為主的
學術。這兩者是三代以後的學術分裂孳乳的結果，但兩者皆非實學，因此不
如三代之學。鄭樵所謂的「義理之學尚攻擊，詞章之學務雕搜」，說明了前者
所追求的是講明道理的精細和探求意義的深入，以及淵源有自的傳承；後者
追求的是文辭的華麗和知識的廣博，以及繁富的說明。這是知識生產的不同
路徑。

陽明說，戰國以後，儒者蒐集先聖王的典章法制，希望能夠挽回先王之
道，但是長期以來的霸術積習，儒者早已經習染其中，「於是乎有訓詁之學，
而傳之以為名；有記誦之學，而言之以為博；有詞章之學，而侈之以為麗。若
是者紛紛籍籍，群起角立於天下，又不知其幾家，萬徑千蹊，莫知所適。……
記誦之廣，適以長其敖也；知識之多，適以行其惡也；聞見之博，適以肆其辨
也；辭章之富，適以飾其偽也。」〔註77〕（《傳習錄》中，第143條）陽明一
如鄭樵，也把後世的知識生產與道德人心想對舉，認為作為知識生產的學術，
在三代以後分化成了訓詁、記誦和詞章等不同的方向。而知識的生產進步，
並不見得就是道德秩序的進步。在陽明看來，知識不等於道德；同樣，道德
也不等於知識。所謂心學，所謂致良知是重建道德秩序，而不是建構一種知
識秩序。但是，當陽明學成為一門學說之後，它必然被收納到知識的秩序體
系之中，心學的力量也就變成了知識秩序的力量。這也是儒家學術之所以能
夠維繫數千年而不滅的精神所在。焦竑《澹園集卷四·原學》：「夫學，何為者
也？所以復其性也。人之為性，無舜跖，無古今，一也，而奚事乎學以復之
也？曰：性自明也，自足也，而不學則不能有諸己。故明也而妄以為昏也，足
也而妄以為歉也，於是美惡橫生而情見立焉。……其流有四，離性則一，故
有清虛之學焉，有義理之學焉，有名節之學、詞章之學焉。其蔽也，日疲於學
而不知所學為何事，此豈學者之罪哉。知學而不知其所以學故耳。」〔註78〕
曾國藩在家書中談到：「窮經必專一經，不可泛騖。讀經以研尋義理為本，考

〔註76〕〔宋〕鄭樵：《通志二十略》，北京：中華書局，1995年，第1827頁。
〔註77〕〔明〕王守仁：《王陽明集》，第52頁。
〔註78〕〔明〕焦竑：《澹園集》，李劍雄整理，北京：中華書局，1999年，第18頁。

據名物為末。」〔註79〕他認為之所以要如此，是因為：「經以窮理，史以考事。捨此二者，更別無學已。蓋自西漢以至於今，識字之儒，約有三途：曰義理之學，曰考據之學，曰詞章之學。各執一途，互相詆毀。兄之私意，以為義理之學最大。義理明則躬行有要，而經濟有本。詞章之學，亦所以發揮義理者也。考據之學，吾無取焉。此三途者，皆從事經史，各有門徑。」〔註80〕（道光二十三年（1843）正月十七日《致澄弟溫弟沅弟季弟》）

「格物之學」，也就是所謂的格致之學。對格物之學最經典的論述出自朱子《大學章句》，即「所謂致知在格物者，言欲致吾之知，在即物而窮其理也。蓋人心之靈莫不有知，而天下之物莫不有理，惟於理有未窮，故其知有不盡也。是以《大學》始教，必使學者即凡天下之物，莫不因其已知之理而益窮之，以求至乎其極。至於用力之久，而一旦豁然貫通焉，則眾物表裏粗精無不到，而吾心之全體大用無不明矣。此謂格物，此謂知之至也。」〔註81〕（《四書章句集注·大學章句》）這是有名的朱子「格物補傳」。除了在《大學章句》中有格物說之外，《朱子語類》中也有相關的記載，如朱子門人賀孫記：「『致知，則理在物，而推吾之知以知之也；知至，則理在物，而吾心之知已得其極也。』或問：『理之表裏精粗無不盡，而吾心之分別取捨無不切。既有個定理，如何又有表裏精粗？』曰：『理固自有表裏精粗，人見得亦自有高低淺深。有人只理會得下面許多，都不見得上面一截。這喚做知得表，知得粗。又有人合下便看得大體，都不就中間細下工夫，這喚做知得裏，知得精。二者都是偏。故《大學》必欲格物致知，到物格知至，則表裏精粗無不盡。』」〔註82〕（《朱子語類》卷十六）作為道統所繫的朱子，他的學說在元代以後成為士人標準教科書，他的相關論述也就成了當時知識階層的共識。我們也就有理由相信，陽明門人在撰集陽明年譜時，自覺使用的話語就是當時知識人所熟悉的話語。在這一話語體系中，格物之學也就有了它的特殊意涵。

〔註79〕〔清〕曾國藩：《曾國藩全集第20冊　家書之一》，長沙：嶽麓書社，2011年，第48頁。

〔註80〕〔清〕曾國藩：《曾國藩全集第20冊　家書之一》，第49頁。

〔註81〕〔宋〕朱熹：《四書章句集注》，北京：中華書局，2011年，第8頁。

〔註82〕〔宋〕朱熹：《朱子全書》第14冊，朱傑人等主編，上海：上海古籍出版社，2010年，第512頁。

陽明在弘治五年參加了浙江鄉試，並且成為舉人。他寫的考試文字如何呢？可以從他寫的一道《中庸》題「《詩》云『鳶飛戾天』」見其一斑：

《中庸》即《詩》而言一理充於兩間，發費隱之意也。（破題）

蓋天地間皆物也，皆物則皆道也，即《詩》而觀，其殆善言道者，必以物歟。（承題）

今夫天地間惟理氣而已矣，理御乎氣，而氣載於理，固一機之不相離也。奈何人但見物於物，而不能見道於物；見道於道，而不能無物不在於道也。嘗觀之《詩》而得其妙矣，其曰：「鳶飛戾天，魚躍于淵。」（起講）

言乎鳶魚，而意不止於鳶魚也；即乎天淵，而見不滯於天淵也。（起比）

為此詩者，其知道乎？（出題）

蓋萬物顯化淳之跡，吾道溢充周之機。（入講）

感遇聚散，無非教也；成象效法，莫非命也。際乎上下，皆化育之流行；合乎流行，皆斯理之昭著。（中二小比）

自有形而極乎其形，物何多也，含之而愈光者，流動充滿，一太和保合而已矣；自有象而極乎其象，物何賾也，藏之而愈顯者，彌漫布濩，一性命各正而已矣。（中比）

物不止鳶魚也，舉而例之，而物物可知；上下不止於天淵也，擴而觀之，而在在可見。（後比）

是蓋有間不可遺之物，則有無間不容息之氣；有無間不容息之氣，則有無間不可乘之理。（束比）

其天機之察於上下者，固如此乎。（收結）〔註83〕

對陽明的這篇製義文字，俞長城《可儀堂一百二十名家製義》評論說：「道理明瑩，文境揮灑，不待修琢自然精到。」〔註84〕方苞輯錄李光地評語：「不從『飛』『躍』兩字著機鋒，是前輩見理分明處。」方氏評論：「清醇簡脫，理境上乘。陽明制義，謹遵朱注如此。」〔註85〕這樣的制義文字，我們

〔註83〕〔清〕方苞編、王同舟等校注：《欽定四書文校注》，武漢：武漢大學出版社，2009年，第41頁；束景南：《陽明佚文輯考編年》，上海：上海古籍出版社，2012年，第21頁。此處的八股文破題、承題等標注是筆者所注。

〔註84〕田啟霖：《八股文觀止》，海南：海南出版社，1996年，第293頁。

〔註85〕〔清〕方苞編、王同舟等校注：《欽定四書文校注》，武漢：武漢大學出版社，

今天已經很難欣賞。「文字能清楚地看見，但變成了我不懂的語言。」〔註86〕但它卻是明代文學最典型的文體，也是最流行的文體，甚至可以說是有明一代最有代表性的文學樣式，是明代文學的主幹。〔註87〕陽明在這個文學體裁中的嘗試也是相當突出的，被後來的八股文選家當作範文。〔註88〕

　　此文可見陽明對於朱子學之格物說是熟稔於胸，此篇中所提及的萬物皆道、天地惟理、理氣關係等皆本朱子《四書章句集注·中庸章句》。朱子云：「子思引此詩，以明化育流行，上下昭著，莫非此理之用，所謂費也；然其所以然者，則非見聞所及，所謂隱。」〔註89〕錢德洪年譜以為陽明是在中舉那年開始究心宋儒格物之學，若以陽明制義文字觀之，則他對宋儒特別是朱子之格物說至少記憶深刻，且已靈活運用並能闡發之，故能脫穎而出。陽明曾與他的學生談論過舉業文字工夫：「問：『舉業必守宋儒之說，今既得聖賢本意而勘破其功利之私見，文義又不可通，則作文之時一從正意，乃為不欺。』曰：『論作聖真機，固今所見為近。然宋儒之訓乃皇朝之所表章，臣子自不敢悖。且如孔顏論為邦，行夏時、乘殷輅，豈即行其言乎？故師友講論者，

2009 年，第 41 頁；束景南：《陽明佚文輯考編年》，上海：上海古籍出版社，2012 年，第 21 頁。

〔註86〕〔日〕多和田葉子：《和語言漫步的日記》，金曉宇譯，鄭州：河南大學出版，2017 年，第 184 頁。

〔註87〕田啟霖：《八股文觀止》，海南：海南出版社，1996 年，第 1179～1180 頁；龔鵬程：《中國文學史（下）》，北京東方出版社 2015 年，第 200～209 頁。方苞編《欽定四書文》中收錄陽明制義文章有：《論語》「志士仁人」、《中庸》「詩云鳶飛戾天」和《孟子》「子噲不得與人燕」等三篇。

〔註88〕陽明所作制義文字有清康熙時俞長城所編《可儀堂一百廿名家制藝·王陽明稿》傳本。俞氏選錄陽明制義文字有：「所謂大臣」「子擊磬於衛」「志士仁人」「彼為善之」「詩云鳶飛」「舜其大孝」「齊明盛服」「河東凶亦然」「老吾老以」「子噲不得」「周公之過」「禹思天下」等 12 篇。俞長城說：「士之立於天下，曰氣節、曰事業、曰文章，三不朽備而人以傳。陽明先生始拒劉瑾，氣節者著矣；繼定宸濠，事業隆矣；所作古今文，久而益新，文章可謂升矣。而後世少之曰道學，偽也。夫道學，竟在三者之外哉？良知之說，發於孟氏，陽明以此教人，亦高明者。所見太偏，以云盡非，殆未也。論者見其門人不類，追咎厥師。夫卜子之篤實，而田、莊變為虛無；荀卿之正大，而韓、李變為名法。周無曾、孔，宋無程、朱，鮮有得其傳者，豈可獨罪陽明哉。呂晚村善論時文，而攻陽明者太過，予故錄其文而辨之。至其文謹守傳注，極醇無疵，此又不待辨而自傳者矣。」（俞長城《可儀堂一百廿名家制藝解題》，《古代文學理論研究》（第四十輯），上海：華東師範大學出版社，2015 年，第 577 頁。）

〔註89〕〔宋〕朱熹：《四書章句集注》，北京：中華書局，2011 年，第 24 頁。

理也；應舉之業，制也。德位不備，不敢作禮樂；吾從周，無意必也。惟古訓以自修，可也。』〔註90〕（《稽山承語》第39條）考試有考試的規則，科舉考試更有它的制度，學者如果要想通過考試，就必須在其規則制度中達成，否則既要考試的成績和它帶來的好處，又要不按照規則辦事，那就不是儒學學問。況且，講論時所談的是「理」，講明道理是為了修養的提高；應舉時所遵守的是「制」，因制而行方是正常社會所需的常人。所以陽明又說：「舉業只是日用間一事，人生一藝而已。若自能覺破得失外慕之毒，不徒悅人而務自慊，亦遊藝之一端也。」〔註91〕（《稽山承語》第38條）陽明鼓勵聞人詮兄弟應舉說：「求祿仕而不工舉業，卻是不盡人事，而徒責天命，無是理矣。但能立志堅定，隨事盡道，不以得失動念，雖則勉習舉業，亦無妨聖賢之學。若原無求為聖賢之志，雖不業舉，日談道德，亦成就得務外好高之病而已。」〔註92〕（《全書》卷四）所以，當他聽說門人弟子應舉成功後，寫信說「喜不自勝」，因為他覺得登第後，即便以後窮居野處，也將為「野夫異日山中」的「良伴」。〔註93〕

　　《年譜》作者也明確地提醒我們，在參加科舉考試前的某一段時間，陽明曾思考過朱子《四書章句集注》所涉及到的哲理學問，但他的思考似乎並未奏效，以至於花了很長時間去嘗試另外一種學問，即詞章之學。年譜的編纂者記錄的史實是陽明通過浙江鄉試。鄉試以後即是會試，這是士人為學的必由之路，但陽明沒能一次性通過。為何沒能順利地高中進士呢？年譜編纂者提出了一種解釋，那就是他之前因為格竹失敗，放棄了朱子之學，志向轉移到辭章上面了。而科舉考試所看重的並非是辭章，因此他沒有成為進士也就在情理之中了。當然，年譜還提供了另外一種解釋，那就是人事上的關係，即「忌者曰」云云。陽明本人的學術轉向，加上外在的人為壓力，導致了陽明在科舉道路上走了彎路。但不管怎麼樣，陽明最終通過了考試，並開始在仕途上繼續探索人生與社會的問題。

　　據以上可知，錢德洪等編纂陽明年譜，將陽明格竹故事寫進傳記，是為了說明青年陽明在追尋學術的道路上曾經遇到過挫折，特別是為了說明他在

〔註90〕陳來：《中國近世思想史研究》，北京：生活・讀書・新知三聯書店，2010年，第729頁。
〔註91〕陳來：《中國近世思想史研究》，第729頁。
〔註92〕〔明〕王守仁：《王陽明集》，第152頁。
〔註93〕〔明〕王守仁：《王陽明集》，第151頁。

科舉道路上所遇到麻煩。這是《年譜》通過故事隱喻來塑造的陽明形象，這種故事隱喻在傳播過程中成了單純的傳聞故事，被群傳作者所採納。

四、官署格竹：《年譜》的影響

　　人生是故事，是一個譬喻。年譜的製作就是為了將這種人生故事以文字的形式將他們的一生表達出來。而我們閱讀年譜故事，也是為了讓這種故事與我們的經驗相關聯。事實上，「多數人往往通過人生是故事譬喻來理解人生經驗，慣於敘述這樣的故事並由此敘述人生，當人生環境改變是，總是修改我們的人生故事，並尋找新的整體相合性。」〔註94〕晚明學人張萱（1558～1641）《西園聞見錄》卷七《道學》所記文字上述徐咸本的陽明傳記相同。〔註95〕而在該書卷九《志向》中有了格竹故事：

　　　　初，先生侍龍山公於京師，遍求考亭遺書讀之。一日，思先師謂眾物必有表裏精粗，一草一木皆涵至理，官署中多竹，即取竹格之。沉思其理不得，遂遇疾。先生自委聖賢有分，乃隨世就辭章之學。逾冠，舉試，其經術藝文益大進，而益好為兵。凡三舉而為會試第二人，遂登甲榜。〔註96〕

　　據阮元《〔道光〕廣東通志》卷一百九十《藝文略二》提要稱：「《西園聞見錄》一百八卷，明張萱撰，存，鈔本。萱自序略曰：『歲戊戌，余通籍西省，時有正史之役，謬為當事推擇，竊幸獲窺金匱石室之藏。視草之暇，節略累朝實錄，自洪武迄隆慶，凡三百卷，私名之曰《西省日鈔》。竊以己意詮次之，凡十之三卷。凡一百，亦名之曰《西省識小錄》。書成而徙官版曹分司吳關，以八年纍筆，撰著凡十五簏。寓舊館人，忽為鄰居祝融奪去。《西省日鈔》及《識小錄》皆付秦焰矣。辛亥罷歸，交絕途窮，桑榆雖迫，筆硯未荒。家稍藏書，尚可詮次。乃復採摭前言往行，自洪武以迄萬曆，為《西園聞見錄》，則

〔註94〕雷可夫、詹森：《我們賴以生存的譬喻》，臺北：聯經出版事業股份有限公司，2006年，第266頁。
〔註95〕王公守仁天資絕倫，少喜任俠，長好詞章，壯好仙釋。既而好學，以斯道為己任，以聖人為必可學而至。江西羅欽順嘗寓書守仁，謂其名實盡已出人，只除卻講學一事足觳一生。守仁笑答之曰：「諸皆餘事，守仁平生唯有講學一節耳。」故其屬纊之際，家童問何所囑？乃應之曰：「我他無所囑，平生學問，方才見得，猶未能與吾黨共成之為可恨耳。」（〔明〕張萱：《西園聞見錄》，《續修四庫全書》第1168冊，上海：上海古籍出版社，2002年，第150頁。）
〔註96〕〔明〕張萱：《西園聞見錄》，第217頁。

大小皆識以俟後之謀野者。錄凡一百卷，而以言分類，自別於史也。」謹案，
是書分《內編》《外編》《雜編》，編各分子目，每目分前言、往行二類。萱自
序云一百卷，明志作一百六卷，今存本則一百八卷，蓋輾轉傳鈔，析卷互異
耳。」（《〔道光〕廣東通志》卷一百九十《藝文略二》）可見，《西園聞見錄》
也是鈔撮群書而來，只不過該書傳本未見著錄所引資料來源，我們就不知道
他所採擷的這些故事是所聞抑或是所傳聞了。

其後，晚明清初的徐開任（1600～1684）《明名臣言行錄》卷五十《新建
伯王文成公守仁》云：

> 初，先生侍龍山公於京師，遍求考亭遺書讀之。一日，思先儒
> 謂眾物必有表裏精粗，一草一木皆涵至理，官署中多竹，即取竹格
> 之。沉思其理不得，遂遇疾。先生自委聖賢有分，乃隨世就辭章之
> 學。逾冠，舉鄉試。明年春，會試下第。縉紳知者咸來慰諭。閣下
> 李西涯戲曰：「汝今歲不第，來科必為狀元，試作來科狀元賦。」先
> 生懸筆立就。諸老驚曰：「天才，天才。」退有忌者曰：「此子取上
> 第，目中無我輩矣。」及丙辰會試，果為忌者所抑。同舍有以不第
> 為恥者，先生慰之曰：「世以不得第為恥，吾以不得第動心為恥。」
> 識者服之。歸餘姚，結詩社龍泉山寺。致仕方伯魏瀚，平時以雄才
> 自放，與先生登龍山，對奕聯詩，有佳句輒為先生得之，乃謝曰：
> 「老夫當退數舍。」凡三舉而登甲榜。〔註97〕

我們看到，徐開仁書中的陽明傳記文字與張萱《西園聞見錄》中的文字
極為接近，兩書這一部分是否同出一源呢？徐氏書中多了陽明兩次科舉考試
不得第的傳聞，這是否是原始資料的本來樣貌呢？上述徐書文字，除了「逾
冠，舉鄉試」和「凡三舉而登甲榜」外，其他與《全書》中附錄《年譜》文字
保持了一致，是否出自《全書》呢？《全書》中的「先生始侍龍山公」在張萱
和徐開仁的書中變成了「初，先生侍龍山公」，這一改動又出自誰人之手筆？
《續修四庫全書總目提要》云：「開任於明亡之後，留心明代史事，仿朱熹《名
臣言行錄》義例，纂輯是書。所收諸人，自明初徐達、常遇春、李文忠、湯和
等開國功臣直至明末史可法、劉宗周、黃道周等殉國者，凡七百二十一人，
又附見十人，內容較前此各家諸錄更為詳備，人物分題節行、經濟、理學、

〔註97〕〔清〕徐開任：《明名臣言行錄》，《續修四庫全書》第521冊，上海：上海古
　　　籍出版社，2002年，第209～210頁。

忠烈、循良、文學等類。於諸人之學派門戶、學術邪正皆精心梳理，更廣稽
奏議、譜牒、書信等文獻資料，入錄書中，於明代史料多有保存。……是書
詳定凡例十七則，謂重在別偽存真，於人止論品行，不論官爵高低，其人品
行卓有可觀，雖小吏布衣亦予收錄；所錄諸人行事，則舉其長而略其短，人
物祗辨淄澠，不爭黨派門戶，凡貽禍國家者皆視為罪人。於徐咸等錄未能記
錄者，如建文殉節及王守仁等，均詳加記載，全書僅王守仁一人占一卷篇幅，
足見重視程度，而於明末忠烈義士，亦大書特書，故較以前諸錄更有價值。」
〔註98〕顯然，徐氏的《明名臣言行錄》收集的關於陽明的資料是有所依據的，
特別是與張萱《西園聞見錄》對比可知，兩者所據史料當來自某一個陽明傳
記文字。只不過，兩部書均未注明出處，我們尚不知其所自。

　　與徐開任所見故事類似，清人沈佳編纂的《明儒言行錄》十卷亦有陽明傳
記，有格竹故事：「壬子，年二十一，舉鄉試。是年欲為朱子格物之學，不得
其方。取亭前竹格之，七日不得，勞思致疾而止。兩試不第，曰：世以不得第
為恥，吾以不得第動心為恥。」（《明儒言行錄》卷八）沈佳似乎是讀書不太認
真，至少是抄書不經心的。格竹故事的年歲，直接被他放在了陽明二十一歲
時，而上述晚明清初的故事皆有「初」字或「始」字，即尚不能確定是何年何
月。要麼是沈佳抄錄時有漏字，要麼他所見資料就已經有問題，也即沈氏所據
陽明事蹟別有所出。從朱子的《五朝名臣言行錄》開始的群傳，基本上都是採
用他書整齊排比而成，張萱、徐開任、沈佳等人所作群傳也不例外。不過，他
們皆未注明所採文字出自何書。我們只能通過文字的比對，見其異同而已。

　　總之，我們看到陽明年譜的編纂刊行，為其後的群傳提供了比較便利的
文獻。群傳中的陽明形象，在《年譜》出現之後也有了新的變化，這種變化的
來源當是出自《年譜》文字。

五、傳習之道：《遺言錄》敘事

　　陽明格竹故事出自陽明門人的記錄。陽明生前出版的著述不多，《傳習錄》
是其中之一；陽明去世後，其門人弟子對陽明的著述做了進一步的搜集、整
理和加工，《傳習錄》亦是其中之一。陽明格竹的故事就出自陽明門人在陽明
去世後重新整理的版本。目前所見最早的記載出自錢德洪纂集、曾才漢校輯

〔註98〕傅旋琮：《續修四庫全書總目提要 史部》，上海：上海古籍出版社，2014 年，
　　　第 219～220 頁。

《陽明先生遺言錄上》第2條和《陽明先生遺言錄下》第49條。其後，《傳習續錄》《陽明先生年譜》《全書》本《傳習錄》收錄其中一條。

　　《陽明先生遺言錄》分上下二卷，是黃直（黃以方，55條）與錢德洪（55條）記錄和收集的陽明語錄，由曾才漢校定刊行。錢德洪說：「嘉靖戊子冬，德洪與王汝中奔師喪，至廣信，訃告同門，約三年收錄遺言。」陽明去世後，錢德洪和王畿等人就有意識地收集陽明遺言，得到了陽明門人弟子的響應，但因為各種原因，他們蒐集的遺言稿子並沒有刊行，直到嘉靖三十四年（乙卯，1555）才有曾才漢首次刊刻。「去年（1555），同門曾子才漢得洪手抄，復傍為採輯，名曰《遺言》，以刻行於荊。洪讀之，覺當時採錄未精，乃為刪其重複，削去蕪蔓，存其三之一，名曰《傳習續錄》，復刻於寧國之水西精舍。」〔註99〕在《遺言錄》刊行之後，錢德洪又做了進一步的編輯加工，將這部分與此前已經刊行的《傳習錄》相關聯，構成了《傳習續錄》。之後，錢德洪又應湖北黃梅縣令張某之邀，對《續錄》和《傳習錄》做了整理，完成了新的《傳習錄》的文本。這個版本的《傳習錄》之湖北黃梅刊本未見傳本。但有明嘉靖刻本存世，即天真書院本。而《遺言錄》的相關刊刻情形則並不清晰。該書傳本稀見，藏書家鄧邦述（1869～1939）群碧樓曾收藏有刻本，〔註100〕日本早稻田大學圖書館等存有抄本。陳來已撰文詳考，〔註101〕水野實、永富青

〔註99〕　〔明〕王守仁：《王陽明集》，第116～117頁。

〔註100〕　鄧邦述《群碧樓善本書錄》卷四著錄為：《陽明先生文錄》五卷《外集》九卷《別集》十四卷。明王守仁撰，嘉靖刻本。前有嘉靖乙未黃綰序，又嘉靖丙申鄒守益序，又嘉靖庚戌閻東重刻序。《文錄》一至三為書，四為序、為記、為說，五為雜著；《外集》一為賦、為騷、為詩，二至四皆為詩，五為書，六為序，七為記，八為說、為雜著，九為墓誌、傳、碑、贊、箴、祭文，又《陽明遺言》《稽山承語》；《別集》為奏疏、文移，與鄒序詮次者相合。閻序則云「盡取先生《文錄》，附以《傳習錄》並《則言》，共若干卷刻之」，與此刻不侔矣。《文錄》刊本，據邵位西（邵懿辰，1810～1861）云以嘉靖刻為最舊，其所記卷數與此刻同，是此本固舊本也。《別錄》雖是配入，而寬大精潔，印尚在前，致可珍異。陽明道德功業，炳然千古，學者固當盥手誦之。丙辰十月，正闇謹記。（鄧邦述：《群碧樓善本書錄》，金曉東整理，上海：上海古籍出版社，2014年，第147～148頁。）

〔註101〕　陳來：《遺言錄》與《傳習錄》，《中國文化》，1994年第1期，第97～99、101～103頁；陳來：《遺言錄》《稽山承語》與王陽明語錄佚文，葛兆光主編：《清華漢學研究（第一輯）》，北京：清華大學出版社，1994年，第176～193頁。收入陳來：《中國近世思想史研究·遺言錄與傳習錄》，北京：商務印書館，2003年，第589～613頁；北京：生活·讀書·新知三聯書店，2010年，第682～699頁。陳氏以為《陽明先生遺言錄》的發現，對於陽明

地等有校注。〔註102〕鄧氏舊藏後歸「中央研究院」歷史語言研究所傅斯年圖書館。〔註103〕

據陳氏文，《陽明先生遺言錄》刊刻於明嘉靖三十四年（1555），早於錢德洪所編《傳習續錄》和天真書院本《傳習錄》，當然也早於《全書》。在《遺言錄》之後，錢德洪編纂的《傳習續錄》〔註104〕保留了後面這一條格竹故事，而刪去了前一面那一條語錄，而這一條語錄是錢德洪本人記錄的。

據鄧邦述《群碧樓善本書錄》，他收藏的這部嘉靖本《陽明先生文錄》是閭東本《陽明先生文錄》所附之本。他查閱邵懿辰《增訂四庫簡明目錄標注》曾著錄過嘉靖本《文錄》：「《王文成公全書》三十八卷，明王守仁撰。初刻《正錄》五卷《外錄》九卷《別錄》十四卷，共二十八卷。明嘉靖中刊本。隆慶二年新建謝廷傑刊本。康熙癸丑俞氏刊本二十二卷，入《存目》。葉紹容編《陽

學研究有著至為關鍵的作用，特別是對於《傳習錄》的形成過程有著不可忽視的文獻價值。該書不僅有助於破除今本（主要是《全書》本《傳習錄》）錢德洪序文的錯誤，更有助於我們瞭解陽明晚年學術思想的變化。問題是，日本所存抄本是否忠實於《遺言錄》原刻本？該書本身又有何種編輯故事等事關古籍版本的關鍵信息缺失，由此推論相關書籍的版本情況，尚有風險。比如關於《傳習續錄》的條目數，今據天真書院本，錢氏所錄為 26 條，較於《遺言錄》110 條，說「存其三之一」當是可信。《全書》本將錢德洪「嘉靖戊子冬，錢德洪與王汝中奔師喪」云云放在了《傳習錄》最末，讓人誤以為這一則把握《傳習錄》下卷的 115 條的跋文。實際上，錢氏此文原在《傳習錄》下卷三之首，即今本「黃以方問博學於文」（第 316 條）前。

〔註102〕水野實、永富青地、三澤三知夫校注、張文朝譯：《陽明先生遺言錄解題》，《中國文哲研究通訊》第 8 卷第 3 期，1998 年，第 3～52 頁。

〔註103〕1927 年，鄧氏將其部分藏書精品售予中央研究院歷史語言研究所，即今傅斯年圖書館藏本。該館著錄為：《陽明先生文錄》五卷《外集》九卷《別錄》十四卷《傳習錄》三卷《續錄》二卷《遺言錄》二卷《稽山承語》一卷，明嘉靖間（1522～1566）刊本。36 冊。索書號：846 033。有「半窗明月」「寧靜致遠」「群碧樓」「百靖齋」「嘉靖刻本」諸印。見：傅斯年圖書館珍藏善本圖籍書目資料庫，http://www.ihp.sinica.edu.tw/ttscgi/ttsweb?@@680619597。永富青地說，這部《陽明先生遺言錄》是他所知的唯一一部早期刻本。見：永富青地：《王守仁著作的文獻學研究》，東京：汲古書院，2007 年，第 76 頁。

〔註104〕今未見《傳習續錄》的單刻本，能見到的較早的《續錄》刻本是天真書院本《傳習錄》十一卷（上三卷、中五卷、下三卷）。此本《傳習錄》下卷之三第 5 頁即為陽明格竹故事。而今所見另外一種明刻本《傳習錄》三卷《續錄》二卷本則沒有收錄這一條。《續錄》包括三個部分，前兩個部分是錢德洪先編定的一個版本，而第三部分則是錢德洪在曾才漢刊刻《陽明先生遺言錄》之後再刪訂的新版本。

明要書》八卷附錄五卷，入《存目》。」〔註105〕按邵懿辰書中所說，《全書》刊定之前有一種二十八卷本的陽明文集嘉靖刊本。鄧邦述收藏的這部嘉靖本恰好也是總共二十八卷（按他的算法），故而他認為他收藏的這部陽明文集是最早的本子。因此，鄧氏雖然注意到了書中有《陽明先生遺言錄》和《稽山承語》，但並未發現它的價值。這是前代藏書家重最古、重版本，但忽視文獻本身價值風氣的一個顯例。

《遺言錄》第 49 條謂：

> 先生云：「某十五六歲時，便有志聖人之道，但於先儒格致之說若無所入，一向姑放下了。一日寓書齋，對數筥竹，要去格他理之所以然，茫然無可得。遂深思數日，卒遇危疾，幾至不起。乃疑聖人之道恐非吾分所及，且隨時去學科舉之業。既後，心不自己，略要起思，舊病又發。於是又放情去學二氏，覺得二氏之學比吾儒反覺捷徑，遂欣然去究竟其說。後至龍場，又覺二氏之學未盡。履險處危，困心衡慮，又豁然見出這頭腦來，真是痛快，不知手舞足蹈。此學數千百年，想是天機到此，也該發明出來了。此必非某之思慮所能及也。」〔註106〕（《王陽明全集卷四十·陽明先生遺言錄下》）

這是錢德洪記錄的陽明晚年講學語錄。水野實等人注意到，這一條記錄與《全書》附錄《年譜》「弘治五年（守仁二十一歲）條有名的格竹故事多有共通點，應是對同一體驗的記事。」他們又指出《全書》本《傳習錄》《傳習錄拾遺》等書沒有與之相似的段落。〔註107〕也就是說，他們和大多數陽明研究者一樣認為格竹故事是真實故事，是陽明進行格竹試驗的真實記錄，或者至少是陽明對曾經做過這樣的事情的一個回憶性記錄。問題是，他們並沒有注意到格竹故事中哲學邏輯的問題。

從文本內容來看，陽明的這一段語錄旨在說明他對聖人之學的不斷體驗過程。首先，他說他年輕時就有學聖人之道的志向，但如何學卻並不知道入手

〔註105〕邵懿辰：《增訂四庫簡明目錄標注》，上海：中華書局，1959 年，第 840～841 頁。

〔註106〕〔明〕王陽明：《王陽明全集（新編本）》第 5 冊，第 1606 頁；陳來：《中國近世思想史研究》，第 682～699 頁；水野實、永富青地、三澤三知夫校注、張文朝譯：《陽明先生遺言錄解題》，《中國文哲研究通訊》第 8 卷第 3 期，1998 年，第 3～52 頁。「先生云」，傅斯年圖書館藏嘉靖刻本作「先生曰」

〔註107〕〔日〕水野實、永富青地、三澤三知夫校注，張文朝譯：《陽明先生遺言錄解題》，《中國文哲研究通訊》第 8 卷第 3 期，1998 年，第 50 頁。

處。特別是對所謂通過格物而進入聖人境域的說法，他是有困惑的。在困惑的解決過程中，他先試圖對竹子這樣具體的事物格物實驗，希望格出個理之所以然來。經過好幾天的深思，並沒有想出個所以然來，如果不能通過日常的具體事物格出「理」來，要麼是聖人之道有問題，要麼自己的思路有問題。陽明並沒有懷疑前者，而是對後者產生了很強烈的質疑，於是放棄這方面的努力，去在釋道方面尋找捷徑，並且在學的過程中真切地感受到了他們所講述的故事更簡捷明瞭，也更有吸引力。其次，到了龍場之後，在艱難困苦面前，陽明又發現釋道的這種簡捷的方法不能解決現實面對的問題，至少不能滿足陽明本人面對現實的需要。現實困難的解決所依靠的正是聖人之道，即良知之道。最後，他認為這並非是他要獨創一套新的理論或者學說，而是儒家學說發展到這裡當有此種新的認識了，如果是換作另外一人有同樣的遭遇和思考，也當有同樣的認識。

《陽明先生遺言錄上》第 2 條即今本《傳習錄》第 318 條。〔註108〕此條語錄，《全書》本《傳習錄下》注明是黃以方錄。黃直（1489～1559）字以方，號卓峰，嘉靖二年（1523）進士，《明史》卷二○七有傳。〔註109〕而《傳習錄》下卷之三則僅標注錢德洪編。其文為：

> 先生曰：「眾人只說格物要依晦翁，何曾把他的說去用？我著實曾用來。初年與錢友同論做聖賢，要格天下之物，如今安得這等大的力量？因指亭前竹子，令去格看。錢子早夜去窮格竹子的道理，竭其心思，至於三日，便致勞神成疾。當初說他這是精力不足，某因自去窮格。早夜不得其理，到七日，亦以勞思致疾。遂相與歎：聖賢是做不得的，無他大力量去格物了。及在夷中三年，頗見得此（些）意思，乃知天下之物本無可格者。其格物之功，只在身心上做，決然以聖人為人人可到，便自有擔當（帶）了。這裡（等）意思卻要說與諸公知道。」〔註110〕（《傳習錄》下，第 318 條）

〔註108〕陳來：《中國近世思想史研究》，第 714 頁。

〔註109〕鄒建鋒：《陽明夫子親傳弟子考》，北京：中國社會科學出版社，2017 年，第 154～155 頁。

〔註110〕〔明〕王守仁：《王陽明集》，第 111 頁；水野實、永富青地、三澤三知夫校注、張文朝譯：《陽明先生遺言錄解題》，《中國文哲研究通訊》第 8 卷第 3 期，1998 年，第 7～8 頁。注：天真書院本《傳習錄》下三卷「見得些」作「見得此」，「擔當」作「擔帶」，「這裡」作「這等」。《陽明先生遺言錄》除「見得些」外，其餘同天真書院本。郭朝賓本《全書》「這裡」作「這等」。

　　這裡，陽明重在說明如何獲致知識及如何使知識與自身相契合的問題。「何曾用？」即是強調一種自我的反省和對某些人僅僅習得一口號即以之為真理在握的諷刺。對於格物則提出了三重問題：第一，天下之物是一種實指的全體之物還是其他？如果是實指的全體，人以有限之精力如何能達致？第二，如果不是實指之全體而是具體的實在之物，那麼其具體的路徑是什麼？比如如何格竹子或者從竹子（具體）上能抽離出理（非實指）？顯然不能。第三，既然前述有誤，則可說明，格物並非在具體的事物上格出抽象的天理而是落實在心即理之上。

　　格竹故事的起源，如張岱年所指出的，是與程頤所講的「一草一木皆有理，須是察」〔註111〕的說法有著很密切的關係。朱子《近思錄》引用了程頤的這一條語錄，並將其作為「格物窮理」的重要言論：

　　　　問：觀物察己，還因見物反求諸身否？曰：不必如此說。物我一理，才明彼即曉此，此合內外之道也。又問：致知先求之四端如何？曰：求之情性，固是切於身。然一草一木皆有理，須是察。又曰：自一身之中，以至萬物之理，但理會得多，胸次自然豁然有覺處。〔註112〕（陳榮捷《近思錄詳注集評》卷三，第12條）

　　陳榮捷注意到，《朱子語類》卷十五中也有類似的話：「朱子曰：上而無極太極，下而至於一草一木一昆蟲之微，亦各有理。一書不讀，則闕了一書道理。一事不窮，則闕了一事道理。一物不格，則闕了一物道理。須著逐一件與他理會過。」〔註113〕「（朱子）曰：蓋天下之事，皆謂之物，而物之所在，莫不有理，且如草木禽獸，雖是至微至賤，亦有理。」〔註114〕（陳榮捷《近思錄詳注集評》卷三）

〔註111〕〔宋〕程顥、程頤：《二程集》，王孝魚點校，北京：中華書局，2006年，第193頁。張岱年說，程頤的格物致知方面，看起來像是科學的，或者是接近科學的方法，但與科學並不相關。因為科學是觀察特例獲得通則，是用感官和儀器對外物做精密的觀察與檢測，用的是歸納法則，而程頤的觀察特例卻只是用思維和體會，不是由特例歸納通則，不是由精密歸納得到結論，而只是恍然的覺悟，是把即物的直覺和理智的思辨結合起來的一種方法。（張岱年：《中國哲學大綱（增訂版）》，北京：中華書局，2017年，第689～690頁。）

〔註112〕陳榮捷：《近思錄詳注集評》，上海：華東師範大學出版社，2007年，第107頁。

〔註113〕陳榮捷：《近思錄詳注集評》，第107頁。

〔註114〕陳榮捷：《近思錄詳注集評》，第107頁。

　　錢德洪和黃直所記錄的陽明格竹故事中都只提到了朱熹，並沒有提及程頤。他講述格竹故事的起因時，要麼說的是「先儒格致之說」，要麼說的是「眾人只說格物要依晦翁」。我們當然可以認為，這裡的先儒就是朱子，更可以進一步如施邦曜所說，陽明這裡想要討論的文本是基於朱子《大學章句》的《格物補傳》。〔註115〕劉宗周說：「朱子云：『讀書是格物一事。』予謂：讀書便有讀書之物可格，句句讀在自身上，便是知本處。」〔註116〕

　　陽明所講的格物與學者們所追究的文本意義上的格物並不相同。劉宗周說：「問：格物之說，朱、王異同何如？曰：朱子格物之說，置身於此而窮物於彼，其知馳於外，故格致之後，又有誠正工夫。陽明格物之說，置身於此而窮物於此，其知返於內，故格致之時，即是誠正工夫。要之，格致工夫原為誠正而設，誠正工夫即從格致而入，先後二字，皆就一時看出，非有節候。是一是二，自可理會。」〔註117〕陽明格竹，就是朱子格物之說的窮物於彼，而致良知的格物則是要置身於此。用陽明本人的話來說就是：「我這裡言格物，自童子以至聖人，皆是此等工夫。但聖人格物，便更熟得些子，不消費力。如此格物，雖賣柴人亦是做得。雖公卿大夫以至天子，皆是如此。」〔註118〕（《傳習錄》下，第319條；《陽明先生遺言錄》上，第3條）又說：「知者，良知也。天然自有，即至善也。物者，良知所知之事也。格者，格其不正以歸於正也。格之，斯實致之矣。」〔註119〕（《陽明先生遺言錄》下，第55條）也就是說，陽明晚年已經將格物說完全融入到致良知說裏面，將格物說從純粹的性理學學術問題轉移到了「覺民行道」的政治理想上來，即「要通過每一個人的良知的方式，來達成治天下的目的。這可以說是儒家政治觀念上的一個劃時代的轉變。」〔註120〕從得君行道轉向覺民行道，從卿大夫轉向賣柴人，陽明學終於

〔註115〕陳榮捷：《王陽明傳習錄詳注集評》，重慶：重慶出版社，2017年，第301頁。

〔註116〕〔明〕劉宗周：《劉宗周全集》第2冊，吳光主編，杭州：浙江古籍出版社，2012年，第618頁。

〔註117〕〔明〕劉宗周：《劉宗周全集》第2冊，第617頁。

〔註118〕〔明〕王守仁：《王陽明集》，第111頁；水野實、永富青地、三澤三知夫校注、張文朝譯：《陽明先生遺言錄解題》，《中國文哲研究通訊》第8卷第3期，1998年，第8頁。

〔註119〕水野實、永富青地、三澤三知夫校注、張文朝譯：《陽明先生遺言錄解題》，第52頁。

〔註120〕余英時：《宋明理學與政治文化》，桂林：廣西師範大學出版社，2014年，第47頁。

完成了它的真正突破。但這種轉向的存在並不是說陽明就是二者擇其一，而是說他在原來的學術思想框架之外發現了新的天地，並將前者融入到後者。

何以《遺言錄》兩則格竹故事，而《傳習續錄》和《全書》本《傳習錄》只保留了其中一則呢？我們看到，錢德洪保留的這一則格竹故事未談及學科舉、學二氏、天機等等，僅僅就格物之用而言，所談論的問題集中於格物是在身心上用功的陽明學核心主張。對於刪述的理由，錢德洪說的很清楚：「洪讀之，覺當時採錄未精，乃為刪其重複，削去蕪蔓。」保留後者的原因也很簡單：錢德洪認為「師門致知格物之旨，開示來學，學者躬修默悟，不敢以知解承，而惟以實體得，故吾師終日言是，而不憚其煩；學者終日聽是，而不厭其數。」〔註121〕

格竹故事確為陽明本人講述，講了幾次，每次皆有所異。這是不是譬喻？《傳習錄》中的譬喻故事很多，這是他講學風格的特點之一。程頤曾說：「今人之學，如登山麓，方其易處，莫不闊步，及到難處便止，人情如此。山高難登，是有定形，實非難登也；聖人之道，不可形象，非實難也，人弗為耳。顏子言『仰之彌高，鑽之彌堅』，此非言聖人高遠實不可及，堅固實不可入也，此只是譬喻，卻無事，大意卻是在『瞻之在前，忽焉在後』上。」〔註122〕（程頤《語錄》）陽明也說：「顏淵喟然歎曰：『始吾於夫子之道，但覺其高堅前後，無窮盡無方體之如是也。繼而夫子循循善誘，使我由博返約而進。至於悅之深而力之盡，如有所立卓爾。』謂之『如』者，非真有也；謂之有者，又非無也。卓然立於有無之間，欲從而求之則無由也已。所謂無窮盡無方體者，曾無異於昔時之見。蓋聖道固如是耳，非是未達一間之說。」〔註123〕（《陽明先生遺言錄》上，第41條）

一旦故事流傳開來，其原義究竟如何是一個問題，而更重要的問題是如何將故事編織進入新的故事集。

六、儒門公案：格物致知與格竹

有生命力的學問是一種延續的智慧之學。「格物之說，有七十二家之歧異，實則無一得當。試問物理學之說，與誠意、正心何關？故陽明闕之，不可謂

〔註121〕〔明〕王守仁：《王陽明集》，第117頁。

〔註122〕〔宋〕程顥、程頤：《二程集》，第193頁。

〔註123〕水野實、永富青地、三澤三知夫校注、張文朝譯：《陽明先生遺言錄解題》，第24頁。

之不是。」〔註124〕（章太炎《國學之統宗》，1933）章太炎所謂「七十二家」格物說，並非他的首創，劉宗周就曾這樣說過：「格物之說，古今聚訟有七十二家，約之亦不過數說。」〔註125〕（劉宗周《大學雜言》）而不管是章太炎，還是劉宗周，他們所謂「七十二家」並非真正的數目字的 72，而是表示關注此事者人數眾多，相關議論繁雜。〔註126〕這是語言的譬喻，也是我們賴以生存的譬喻。那麼，陽明「官署格竹」是否也如「七十二家」一樣是一種語言的譬喻呢？前人又如何看待這樣的譬喻呢？首先，我們看到陽明及其門人實際上就是將它視為譬喻來看的。陽明門人王畿《格物問答原旨》說：

> 格物是聖門第一段公案。致知在格物，謂不離倫物感應以致其知也。天生烝民、有物有則，良知是天然之則，物是倫物感應之實事，如有父子之物，斯有慈孝之則；有視聽之物，斯有聰明之則。倫物感應實事上，循其天則之自然，則物得其理矣，是之謂格物。
> 〔註127〕（王畿《格物答問原旨》）

公案就是譬喻，是將前輩言行作為判斷依據的話頭。〔註128〕陽明講學語錄慣常使用譬喻，這樣的能夠讓人有一種更加生動的認識。比如說到格物時，陽明云：「隨物而格是致知之功，即佛氏之常惺惺亦是常存他本來面目耳。體

〔註124〕章太炎：《章太炎全集·演講集》，上海：上海人民出版社，2015 年，第 482 頁。
〔註125〕〔明〕劉宗周：《劉宗周全集》第 2 冊，第 618 頁。
〔註126〕七十二家、七十二人和七十二的說法出自古代經典，如《管子·封禪》：「管仲曰：古者封泰山、禪梁父者七十二家，而夷吾所記者十有二焉。」《六韜》：「將有股肱羽翼七十二人，以應天道。」《莊子外篇·天運》：「以奸者七十二君，論先王之道而明周召之跡。」《史記·孔子世家》：「孔子以《詩》《書》《禮》《樂》教，弟子蓋三千焉，身通六藝者七十有二人。」這些典籍中的七十二大都有數量多且有代表性的意思。聞一多、馮友蘭皆有專文考證。聞一多認為，七十二這個數字值得注意，因為：「它是一種思想——一種文化運動態的表徵。」馮友蘭認為七十二為虛數是從三標示虛數多而來，六、九、十八、三十六、七十二皆如此。見：聞一多：《神話與詩》，上海：上海人民出版社，2005 年，第 169～179 頁；馮友蘭：《南渡集》，北京：中華書局，2017 年，第 237～241 頁。
〔註127〕〔明〕王畿：《王畿集》，吳震編校整理，南京：鳳凰出版社，2007 年，第 142 頁。
〔註128〕佛教用語。禪宗用以指前輩祖師的言行範例，並用來判斷是非迷悟。《碧巖錄·序》：「嘗謂祖教之書謂之公案者，倡於唐而盛於宋，其來尚矣。二字乃世間法中吏牘語。」《靈峰宗論》卷三：「若緣木求魚，守株待兔，三藏十二部是拭瘡疣紙，千七百公案亦陳腐葛藤。」（張岱年：《中國哲學大辭典》（修訂本），上海：上海辭書出版社，2015 年，第 259 頁。）

段工夫，大略相似。……孟子說夜氣，亦只是為失其良心之人指出個良心萌動處，使他從此培養將去。今已知得良知明白，常用致知之功，即已不消說夜氣；卻是得兔後不知守兔，而仍去守株，兔將復失之矣。」〔註129〕（《傳習錄》中，第 162 條）這裡就是將守株待兔的譬喻活用了。

公案的譬喻使用，會根據不同的情境加以靈活運用，也就有了常規隱喻和新隱喻的區分。「譬喻基本上上針對理解的策略，就算確實有客觀真實存在，譬喻也與客觀真實扯不上什麼關係。以下這些都是事實：我們的概念系統原本就是譬喻性的，我們運用譬喻性字眼來理解世界、思維並且運作，譬喻不只是能用於理解，還可以有意義並且為真的。這些事實提示，對意義與真理的恰當解釋必須以理解為基礎。」〔註130〕如何讓人理解呢？那就是以前言往行，也就是公案作為依據。我們看到，陽明及其門人在講學時，更多的是將舊的公案話頭創造性使用，這就是通過理解來解釋意義和真理的一種方式。對此，王畿說：「予舊曾以持話頭公案質於先師，謂此是古人不得已權法。釋迦主持世教無此法門，只教人在般若上留心。」〔註131〕（王畿《答五臺陸子問》）王畿很睿智地告訴我們，陽明及其門人對於禪宗公案相當熟悉。並且，陽明很明確地表示，用公案只是「不得已權法」，也就是在教學過程中所使用的隱喻故事。但這種隱喻離開了具體的情境，很容易被後來者視為「義學」，也就是傳承其學說的範例。那麼，陽明格竹故事是否出自公案？如果是的話，從何而來？侯外廬等《宋明理學史》說，格竹子的故事出自《五燈會元》卷九《溈山祐禪師法嗣》，故事的主角叫香嚴智閑。

> 智閑「參溈山。山問：『我聞法汝在百丈先師處，問一答十，問十答百，此是汝聰明伶俐。意解識想，生死根本，父母未生時，試道一句看？』師（智閑）被一問，值得茫然。歸僚，將平日看過底文字從頭要尋一句酬對，竟不能得。乃自歎曰：『畫餅不可充饑。』……師遂將平昔所看文字燒卻，曰：『此生不學佛法也，且做長行粥飯僧，免役心神。』乃泣辭溈山。直過南陽，睹忠國師遺跡，遂息止焉。一日，芟除草木，偶拋瓦礫，擊竹作聲，忽然省悟。遽歸沐浴焚香，遙

〔註129〕〔明〕王守仁：《王陽明集》，第 62 頁。
〔註130〕雷可夫、詹森：《我們賴以生存的譬喻》，臺北：聯經出版事業股份有限公司，2006 年，第 278 頁。
〔註131〕〔明〕王畿：《王畿集》，吳第 147 頁。

禮潙山。贊曰：『和尚大慈，恩逾父母。當時若為我說破，何有今日之事？』乃有頌曰：『一擊忘所知，更不假修持；動容揚古路，不墮悄然機。處處無蹤跡，聲色處威儀；諸方達道者，咸言上上機。』潙山聞事，謂仰山曰：『此子徹也。』」〔註132〕（《五燈會元》卷九）

這段禪宗故事重點在於說明香嚴智閑如何省悟禪意，如何傳承潙山之法。智閑並沒有一見面就悟道，相反他與潙山的第一次見面充滿了緊張，造成了智閑參禪悟道方面的巨大困境，他不得不承認自己無法回應潙山的看似簡單的問題。即便是他翻遍典籍，也不得一句恰到好處的回應文字。既然文字工夫無法解決疑惑，在苦思冥想中也沒有發現真理，那就只能在生活經驗中去尋找答案。於是智閑開始了僧人的日常生活，並且在有一天聽到瓦片擊打竹子發出聲音時，突然想明白了潙山的問題，也就有了所謂的徹悟。《宋明理學史》的作者引用了智閑的故事之後評論說，智閑所謂的徹悟其實是從竹子的空空作響中明白了空無的道理。陽明格竹故事，無非也是他依樣畫葫蘆罷了。結果，按照《傳習錄》的記載，陽明沒有徹悟。那麼是否真的如此呢？

　　這裡，王守仁故意繞了個彎，似乎格竹子失敗了。其實，這只是反其意而用了智閑的徹悟故事。他的體悟，還是智閑的體悟。試看，「格本無可格者」與「一擊忘所知」何異？「只在身心上做」與

〔註132〕〔宋〕普濟：《五燈會元》，北京：中華書局，1981 年，第 536～537 頁。此公案亦見《景德傳燈錄》卷十一：鄧州香嚴智閑禪師青州人也。厭俗辭親，觀方慕道，依潙山禪會。祐和尚知其法器，欲激發智光。一日謂之曰：「吾不問汝平生學解，及經卷冊子上記得者，汝未出胞胎，未辨東西時，本分事試道一句來。吾要記汝。」師懵然無對，沉吟久之，進數語陳其所解。祐皆不許。師曰：「卻請和尚為說。」祐曰：「吾說得，是吾之見解，於汝眼目何有益乎。」師遂歸堂，遍檢所集諸方語句，無一言可將酬對，乃自歎曰：「畫餅不可充饑。」於是盡焚之，曰：「此生不學佛法也，且作個長行粥飯僧，免役心神。」遂泣辭潙山而去，抵南陽，睹忠國師遺跡，遂憩止焉。一日，因山中芟除草木，以瓦礫擊竹作聲，俄失笑間，廓然省悟，遽歸沐浴焚香，遙禮潙山。贊云：「和尚大悲，恩逾父母。當時若為我說卻，何有今日事也。」仍述一偈云：「一擊忘所知，更不假修治。動容揚古路，不墮悄然機。（「動容揚古路，不墮悄然機。」此句舊本並福、邵本並無。今以《通明集》為據）。處處無蹤跡，聲色外威儀。諸方達道者，咸言上上機。」（〔北宋〕道原：《景德傳燈錄譯注》，顧宏義譯注，上海：上海書店出版社，2010 年，第 733～734 頁。）《景德傳燈錄》景德中進呈，宋真宗詔翰林學士楊億等刊定，於大中祥符二年（1009）上呈，命刻板宣布並編入大藏頒行，是有史以來第一部官修禪籍，並成為中國歷史上流傳最廣、影響最大的一部燈錄。（同前書，第 4 頁。）

「更不假修持」何別？「聖人人人可到」又何嘗不是「上上機」？
〔註 133〕

　　不管陽明是否學智閑格竹，也不管他們的格竹之悟是否具有前後的一致性。我們要這裡得到的結論是：透過馬克思主義學者對陽明的主觀唯心主義批判，我們看到《宋明理學史》作者提出了一個非常有見地的資料，即所謂亭前格竹如禪宗公案一般，既有其出處，也有其活用處。或許這也可以解釋後世學者何以認定陽明學實際上是二氏學（或者禪學）的一個原因。

　　除了這則香嚴智閑格竹子公案之外，另外一段佛門公案值得一提，陽明曾在其詩中提到過：「岩頭有石人，為我下嶙峋。腳踏破履五十兩，身披舊衲四十斤。任重致遠香象力，餐霜坐雪金剛身。夜寒雙虎與溫足，雨後禿龍來伴宿。手握頑磚鏡未光，舌底流泉梅未熟。夜來拾得遇寒山，翠竹黃花好共看。同來問我安心法，還解將心與汝安。」〔註 134〕（《全書卷二十·江西詩·無題》）又，「從來不知光閃閃氣象，也不知圓陀陀模樣。翠竹黃花，說甚麼蓬萊方丈。看那九華山裏金地藏，好兒孫，又生個實庵和尚。噫，那些兒妙處，丹青莫狀。」〔註 135〕（《王陽明全集卷四十三·石庵和尚像贊》）這兩首詩都提到了「翠竹黃花」，為陽明格竹故事提供了重要的線索。日人忽滑谷快天注意到「翠竹黃花」可能是出自禪宗語錄「青青翠竹，盡是真如；鬱鬱黃花，無非般若。」〔註 136〕這是《祖堂集》中的故事。羅欽順《困知記·續卷上》中有較為詳細記錄，其中第 14 條云：

〔註 133〕侯外廬、邱漢生、張豈之：《宋明理學史下》，北京：人民出版社，1997（1987）年，第 257～258 頁。

〔註 134〕〔明〕王守仁：《王陽明集》，第 684 頁。

〔註 135〕〔明〕王陽明：《王陽明全集（新編本）》第 5 冊，第 1762～1763 頁。束景南將此詩繫年於弘治十四年（1501），見：束景南：《陽明佚文輯考編年》，上海：上海古籍出版社，2012 年，第 109 頁。

〔註 136〕〔日〕忽滑谷快天：《王陽明與禪學》，李慶保譯，長春：時代文藝出版社，2018 年，第 228 頁。《祖堂集》中提到「翠花黃竹」有多處，其中卷三有：「問：『古德曰：「青青翠竹盡是真如，鬱鬱黃花無非般若。」有人不許，是邪說；亦有人信，言不可思議。不知若為？』師曰：『此蓋是普賢、文殊大人之境界，非諸凡小而能信受。皆與大乘了義經意合。故《華嚴經》云：「佛身充滿於法界，普現一切群生前，隨緣赴感靡不周，而恒處此菩提座。」翠竹既不出於法界，豈非法身乎？又《摩訶般若經》曰：「色無邊，故般若無邊。」黃花既不越於色，豈非般若乎？此深遠之言，不省者難為措意。」（張美蘭：《祖堂集校注》，北京：商務印書館，2009 年，第 99 頁。）

大慧禪師宗杲者，當宋南渡初，為禪林之冠，有語錄三十卷。頃嘗遍閱之，直是會說，左來右去，神出鬼沒，所以能聳動一世。渠嘗拈出一段說話，正餘所欲辨者，今具於左。

僧問忠國師：「古德云：『青青翠竹，盡是法身；鬱鬱黃華，無非般若。』有人不許，云是邪說；亦有信者，云不思議。不知若為？」國師曰：「此是普賢、文殊境界，非諸凡小而能信受，皆與大乘《了義經》合。故《華嚴經》云：『佛自充滿於法界，普現一切群生前，隨緣赴感，靡不周而恒處此菩提座。』翠竹既不出於法界，豈非法身乎？又《般若經》云：『色無邊，故般若亦無邊。』黃華既不越於色，豈非般若乎？深遠之言，不省者難為措意。」

又，華嚴座主問大珠和尚云：「禪師何故不許『青青翠竹盡是法身，鬱鬱黃華無非般若』？」珠曰：「法身無像，應翠竹以成形；般若無知，對黃華而顯相。非彼黃華翠竹，而有般若法身。故經云：『佛真法身猶若虛空，應物現形，如水中月。』黃華若是般若，般若即同無情，翠竹若是法身，翠竹還能應用？座主會麼？」曰：「不了此意。」珠曰：「若見性，人道是亦得，道不是亦得，隨用而設，不滯是非；若不見性，人說翠竹著翠竹，說黃華著黃華，說法身滯法身，說般若不識般若。所以皆成諍論。」宗杲云：「國師主張翠竹是法身，直主張到底，大珠破翠竹不是法身，直破到底，老漢將一個主張底破底，收作一處，更無拈提，不敢動著他一絲毫，要你學者具眼。」

對於這兩則禪宗公案，羅欽順評論道：「彼所謂般若法身，在花竹之身之外；吾所謂天命率性，在鳶魚之身之內。在內則是一物，在外便成二物。二則二本，一則一本，詎可同年而語哉？且天命之性，不獨鳶魚有，花竹亦有之。程子所謂『一草一木，亦皆有理，不可不察』者，正惟有見於此也。〔註137〕（《困知記續卷上》第 14 條）從羅欽順的記載可知，黃花翠竹的故事就是禪宗的故事。而且，生活在性理學時代的羅欽順很自然地將這個故事和程朱理學中一草一木皆有理的格物說關聯起來。既然羅欽順能夠有這樣的想法，陽明會不會也有同樣的想法呢？更重要的是，羅欽順記錄的他所讀之書在陽明

〔註137〕〔明〕羅欽順：《困知記》，閻韜點校.北京：中華書局，2013 年，第 75～77 頁。

那個時代雖然未必是方便獲取之書，不然他也不會如此鄭重其事的詳細記錄
了，但陽明讀書極多，既可遍讀朱子之書，想來讀到幾部禪宗公案語錄當不
會是難事。而且，王畿很明確說過他曾向陽明請教過禪宗公案，想來陽明一
定看過相關的書籍了。

　　無論是香嚴智閒格竹子公案，還是宗杲黃花翠竹公案，都在說明同一件
事情，即禪宗早已將竹子格了若個遍，從竹子中格出了禪宗的義理。如果按
照諸多研究者的說法，陽明本人對於二氏之學極為熟稔，甚至是如陳榮捷先
生所說：「宋明理學均有禪宗色彩，王學為理學中心學之極高峰，其禪宗思想
色彩更濃厚。」〔註138〕舉凡陽明之重要概念、修省方法、提點法門無不與禪
宗有密切關係，王傳龍博士徑下定論：「陽明用禪，正是取其理論核心，而將
其導入儒家之功用，說得誇張一點，謂陽明心學從概念、內容到修行方法，
皆取自佛教，也不會偏離事實太遠。」〔註139〕那麼，我們將陽明亭前格竹事
置於其年少無知時代似乎更加不合理。因為至少從上述兩公案來看，這格竹
子的可都是高僧大德，一個無知幼童或者放蕩不羈少年能格出來麼？實際上，
陽明門人對此亦有評論，如黃綰說：

　　　　今日君子於禪學見本來面目，即指以為孟子所謂良知在此，以為
　　　學問頭腦。凡言學問，惟謂良知足矣。故以致知為至極其良知，格物
　　　為格其非心。言欲致知以至極其良知，必先格物以格其非心；欲格物
　　　以格其非心，必先克己以去其私意；私意既去，則良知至極，故言工
　　　夫，惟有去欲而已。故以不起意、無意必、無聲臭為得良知本體。良
　　　知既足，而學與思皆可廢矣，而不知聖門所謂志道據德、依仁遊藝為
　　　何事。又其說以為良知之旨，乃夫子教外別傳，惟顏子之資能上悟而
　　　得之。顏子死而無傳，其在《論語》所載，皆下學之事，乃曾子所傳，
　　　而非夫子上悟之旨。以此鼓舞後生，固可喜而信之，然實失聖人之旨，
　　　必將為害，不可不辨。〔註140〕（《久庵日錄》卷一）

〔註138〕陳榮捷：《王陽明與禪》，臺北：臺灣學生書局，1984年，第73頁。
〔註139〕王傳龍：《陽明心學流衍考》，廈門：廈門大學出版社，2015年，第101頁。
　　　　該書為王傳龍博士論文修訂稿。本書的主要觀點為：陽明學之核心體系更傾
　　　　向於佛教而非儒家，陽明吸取大乘佛教義理及方法並進行了再詮釋，批判小
　　　　乘教義即其排佛的主張；陽明以佛入儒的二元路徑直接導致了陽明後學的分
　　　　裂。
〔註140〕〔明〕黃綰：《黃綰集》，張宏敏編校，上海：上海古籍出版社，2014年，第
　　　　656頁。

　　黃綰很明確地說，陽明學與禪學有著密切關係，將禪學中的若干話語與儒家經典相印證，從而形成了良知之學。所以，糾結於陽明亭前格竹之事件為真實事件，並在此基礎上進一步考證發生的具體時間，根本就是脫離了歷史的學術想像力的發揮，無關乎陽明本人亦無關乎陽明學。若按《傳習錄》所記錄的陽明亭前格竹說來詮釋，我們只能說，陽明在此實際上是在說明應如何去格物，若是以格竹的那種方法（或者考據的）那可能導致的結局是吐血致疾，與聖賢之學無緣。

　　關於格物，用心學的義理來說，我們可以用楊簡的說法見其一斑。楊氏說：

> 此心在道則不在物，在物則不在道。恥惡衣惡食，是墮在事物中，為事物移換，未能格物而欲致知，是無理也。格物不可以窮理言。文曰格耳，雖有至義，何為乎轉而為窮？文曰物耳，初無理字義，何為乎轉而為理？據經直說，格有去義，格去其物耳。程氏倡窮理之說，其意蓋謂物不必去，去物則反成偽。既以去物為不可，故不得不委曲遷就，而為窮理之說。不知書不盡言，言不盡意，古人謂欲致知者在乎格物，深病學者之溺於物，而此心不明，故不得已為是說。豈曰盡取事物屏而去之耶？豈曰去物而就無物耶？有去有取，猶未離乎物也。格物之論，論吾心中事耳。吾心本無物，忽有物焉，格去之可也。物格，則吾心自瑩；塵去，則鑒自明；滓去，則水自清矣。天高地下，物生之中，十百千萬，皆吾心耳，本無物也。天下同歸而殊塗，一致而百慮。天下何思何慮。事物之紛紛起於慮念之動耳。思慮不動，何者非一，何者非我。思慮不動，尚無一與我，孰為衣與食？必如此而後可以謂之格物。格物而動於思慮，是其為物愈紛紛耳，尚何以為格。若曰今日格一物，明日又格一物，窮盡萬理，乃能知至，吾知其不可也。程氏自窮理有得，遂以為必窮理而後可，不知其不可以律天下也。〔註141〕（《慈湖先生遺書》卷十）

　　楊簡說按照程子所謂格物窮理的方法來格物是不可能完成的任務，這也並非真正意義上的《大學》格物。格物從一開始就是為了讓人明瞭心的道理，所論並非如何去觀察、思考外在的一草一木，而是為了應對心中之事。楊簡

〔註141〕〔宋〕楊簡：《慈湖先生遺書》，《儒藏精華編二三七》，北京：北京大學出版社，2014 年，第 834 頁。

說：「聖賢立言，不必以一定論。執言語以求聖人之道，非但聖人所望於學者。」〔註142〕對此，陽明也是贊同的。他說：「先儒解格物為格天下之物。天下之物如何格得？且謂一草一木皆有理，今如何去格？縱格得草木來，如何反來誠得自家意？……故欲修身在於體當自家心體，常令廓然大公，無有些子不正處。」〔註143〕（《傳習錄》下，第317條）亭前格竹的故事與其說是真正發生過的事，還不如說是王陽明提出的類似禪宗的公案，即並不一定發生過格竹子七天之後發現聖人做不了。這則故事更多的是想要說明，格物要著實去做，格物的最關鍵的地方在於物並非是客觀對象之事物，而是真切發生之事件。事物與事件的區別在於，事件是人參與其中並且人在其中發揮了重要作用的事。格物乃在於事之發見，在事之發見中，人自可格物致知，即依照天理去行事，勉力而為，順乎天理，可以真正的致知。

王陽明不想將格物理解為對（事物中）秩序原則（理）的達及，而想通過對本己的心的秩序原則（心即理）而對實踐事物（行為）的糾正。〔註144〕事物的表象有無窮盡的名義和指稱（辭），乃事物複雜性的具體表現，無可辯駁，此為事之無窮或物之無窮特性，「義理無定在，無窮盡」（《傳習錄》上，第22條）。這也是對於事物的解說無窮盡的根源，即繁文日盛，不可勝窮。若以此為道，則會迷失在事物或語言叢林之中而不自知。故所謂的修道並不在於窮盡事物之理，而在於將諸表象的義理歸結於道本身的純潔性和一致性，道一而已。學的真義並非在物（辭）的世界中迷失方向，而在於通過學的過程，讓人不斷充實擴展，即心獲得歸屬。所以讀經明理的要義在於不泥於文字，「不必泥著文句」（《傳習錄》上，第14條），而在於明瞭名義所蘊含的理的統一性，不知變通就是執。「明道者使其返樸還淳而見諸行事之實」（《傳習錄》上，第11條），即要跳出表象世界而進入實在世界。實是實實在在，而非虛文。

總之，陽明格竹，只能是哲理式的敘事，而非事實意義的敘事，或者可以理解為一段公案和一則譬喻。〔註145〕公案故事能否作為真實的歷史去考據

〔註142〕〔宋〕楊簡：《慈湖先生遺書》，第827～828頁。

〔註143〕〔明〕王守仁：《王陽明集》，第110頁。

〔註144〕〔瑞士〕耿寧：《人生第一等事：王陽明及其後學論致良知》，第139頁。

〔註145〕《中國哲學大辭典》（修訂本）：公案，佛教用語。禪宗用以指前輩祖師的言行範例，並用來判斷是非迷悟。《碧巖錄・序》：「嘗謂祖教之書謂之公案者，

是一回事，公案故事能否用於理解學術思想是另外一回事。我們的確可以將它當作某種意義上的歷史真實，並用現代人的思維來予以科學的定位；我們也可以將它視為一種講學的譬喻方法，並用歷史的思維來予以學術的定位。何者為陽明學所重，何者為陽明學所輕，對於我們而言或許有多重的考量。

　　吾人之所以能斷定格竹子這個只能是一個公案故事有如下論據：第一，吾人所據之陽明格竹資料不足，僅有錢德洪參與編輯的話語，無其他旁證，且當時即有陽明門人提出過反對意見。第二，陽明格竹事被今日哲學家、小說家所重視，但前人之記載中關注反而不多，特別是小說家，如在最早的陽明傳記小說馮夢龍《陽明出身靖亂錄》中間亦未加以重視，若此事為真，小說家似不應放過。第三，即便在陽明論敵中，我們也未見有人以此攻擊之，若真有其事，其論敵似不應放過。第四，從我們的文獻考察可知，格竹故事的流傳出現在陽明去世後他的學生講述，不同版本有不同的情節。故我們認為，亭前格竹可作為禪宗公案，或譬喻修辭。從此基礎上再加以詮釋，或為理解陽明學之一可行路徑。正如杜維明先生所說的，現代學者以陽明格竹故事來說明他因為沒有經驗科學的觀察技術，是天真幼稚的嘗試，是不懂得歸納法的盲目嘗試。杜氏認為，這樣的指責是無的放矢的現代哲學論斷，因為無論是朱子，還是陽明，他們所謂的格物都不是要從認識論意義上來討論格物，而是要從倫理—宗教的方面去探尋如何才能通往聖賢之路。不過，杜氏也受到了現代學者的影響，將陽明格竹作為一個曾經發生過的真切事件，並且是困擾了陽明的哲學事件。他說：「按照朱熹的教導，格一物，不論是自然現象還是人的活動，都是內在的自我覺悟的前提。因此當守仁去格竹子的時候，他實際上是在進行一種精神上的探索：如何把一種具體的自然現象的客觀理解同自我實現的內心關懷聯繫起來。」〔註146〕杜氏認為，陽明格竹所反映的是一種哲學的困境，即如何解決自我知識與外部知識之間的張力。由於

倡於唐而盛於宋，其來尚矣。二字乃世間法中吏牘語。」《靈峰宗論》卷三：「若緣木求魚，守株待兔，三藏十二部都是拭瘡疣紙，千七百公案亦陳腐葛藤。」（張岱年：《中國哲學大辭典（修訂本）》，上海：上海辭書出版社，2014年，第259～260頁。）公案的內容與實際生活密切相關，禪師或用問答，或用動作，或兼用，啟迪眾徒，以使頓悟。公案是禪宗的血脈，其作用在於解除情識的虛妄束縛，而達到無分別智，即悟境（禪境）。（陳繼生：《禪宗公案》，天津：天津古籍出版社，2008年，第2頁。）

〔註146〕杜維明：《青年王陽明》，朱志方譯.北京：生活‧讀書‧新知三聯書店，2013年，第50頁。

陽明信奉朱子學，他沒有想過要背離朱子的思想路線，「這部分地解釋了格物實踐的失敗何以會給守仁造成如此嚴重的迷失。他真誠地相信他本人在某個基本的方面不夠格。」〔註147〕杜氏的這一解釋，可以在一定程度上來理解《年譜》作者的設想，即他們認為陽明學術的成就是通過對朱子的反對而實現的，他曾經作為朱子學的信徒，卻未能從那裡尋找到成為聖賢的方法，最後通過他本人不懈的努力，終於依靠致良知的新方法優入聖域了。

　　陽明的立足點、工夫模式較之朱子更接近禪，這是不爭的事實。在朱子學者的眼中，陽明披著儒家的外衣，隱藏其禪家的真面目，賦予知行等術語以源於私意的概念性規定那一套東西，以此炫耀繼承了儒家正統，卻恰恰暴露出破綻百出的醜態，然而，陽明如此狂熱地醉心於事物概念、古典術語的詮釋，尊重和包容理論與規範，難道僅僅是出於欲於儒宗篡位的狼子野心嗎？〔註148〕或者說僅僅是出於年幼無知的幼稚之舉嗎？或許，陽明的真正用意在於超越對知行的對象性觀察，知的真切篤行處，那就是本來人的棲身之地。對本來人而言，知的限定即是行的限定；行的明覺警察之處，即是本來人的棲身之地，對本來人而言，行的限定即是知的限定。〔註149〕「知之真切篤實處，即是行；行之明覺精察處，即是知，知行工夫本不可離。」〔註150〕（《傳習錄》中，第133條）陽明格竹所具有的意涵應該從此來詮釋方能無礙。更為重要的是，我們要真正理解陽明格竹故事的意涵，就需要對宋明以來的學術思想有深入的理解，不僅要在朱子學和陽明學那裡尋找問題的答案，更要在整個學術的環境中找尋這一故事的背景。

七、心學義理：聚訟的話頭公案

　　學術發展過程中，宗師的講法往往會出現意想不到結果，這是學術史常見的情況。對此，王畿說：「般若所謂智慧也。嗣後，傳教者將此事作道理知解理會，漸成義學。及達磨入中國，不立文字，直指人心，見性成佛，從前義學，盡與刊下。傳至六祖以後，失去源流，復成義學。宗師復立持話頭，頓在八識田中，如嚼鐵酸餡，無義路可尋討，無知解可湊泊，使之認取本來面目、

〔註147〕杜維明：《青年王陽明》，第50頁。
〔註148〕〔日〕荒木見悟：《佛教與儒教》，杜勤等譯.鄭州：中州古籍出版社，2005年，第274頁。
〔註149〕〔日〕荒木見悟：《佛教與儒教》，第274頁。
〔註150〕〔明〕王守仁：《王陽明集》，第6頁。

圓滿真心，因病施藥，未嘗有實法與人，善學者可以自悟矣。」〔註151〕（王畿《答五臺陸子問》）學術之所以發展，正是在於不同時代的人將前賢的學說加以重新闡釋，這種闡釋首先要有所依據。就中國傳統學術思想而言，孔夫子及其門人弟子所確定的六藝經典成為一切學術創新發展的淵源所在。而後世的朱子、陽明被視為一代宗師之後，他們的學術觀點被各自的門人弟子以及擁護者、反對者不斷討論，一方面是增進了朱子學和陽明學本身的體系化和精緻化，也就在這一過程中讓義理本身呈現出打動人心的學術吸引力；一方面也為學者進入經典、進入思想世界提供了門徑，也就在這一思考過程中讓義學本身成為可能。

我們看到，陽明門人弟子紛紛討論格物問題，將這一課題變成了當時知識人所面對的「第一公案」。王畿《致知議略》回應了聶豹、鄒守益和羅洪先等人關於致知的觀點，他認為：「三公言若人殊，無非參互演繹，以明師門致知之宗要。」〔註152〕王畿認為，致良知是人人皆能的：「若謂愚夫愚婦不足以語聖，幾於自誣且自棄矣。」〔註153〕其實，王畿《格物問答原旨》一文對陽明的格物說有更加細緻的說明。他說：

> 格物之物，是意之用處，無意則無物矣。後儒格物之說，未有是意，先有是物，必須用持敬工夫以成其始，及至反身而誠，又須用持敬工夫以成其終。《大學》將此用功要緊字義失下，待千百年後方才拈出，多見其不自量也已。夫實心謂之誠，誠則一，一心之謂敬，一則誠，非兩事也。既說誠意，則不須復說持敬，而敬在其中矣，故曰「合之以敬而益綴」。《大學》誠意以下皆有傳，而不傳致知格物，非有缺也。誠意之好惡即是物，如好好色、如惡惡臭即是格物；毋自欺也，不自欺其良知也，慎獨即是致知。慎獨工夫在好惡上用，是謂致知在格物。知是寂然之體，物是所感之用，意是寂感相乘之機。非即其物而格之，則無以致其知。致知格物者，誠意之功也。《大學》之要，誠意盡之矣，故曰「補之以傳而益離」。〔註154〕（王畿《格物答問原旨》）

〔註151〕〔明〕王畿：《王畿集》，第147頁。
〔註152〕〔明〕王畿：《王畿集》，第130頁。
〔註153〕〔明〕王畿：《王畿集》，第130頁。
〔註154〕〔明〕王畿：《王畿集》，第142頁。

很明顯，王畿這是在對陽明《大學古本序》的重新解釋。這是他所理解的陽明格物之說（「請先發明師門格物之說」）。陽明說：《大學》的要旨不過是誠意罷了。那麼，如何才能達到誠意呢？格物。誠意的目的何在呢？回到人心的本體，也就是止至善。什麼是格物呢？就是「即其事而格之」，也就是致良知。〔註155〕（《全書》卷六）王畿曾與他的學生反覆討論格物致知：

> 諸生請問格致之旨。先生曰：「《大學》之要，在於誠意。其機原於一念之微，意之所感為物。良知者，研幾之靈竅，所以揆物而使之正也。古之欲明明德於天下，大志也。致知格物以誠其意，實學也。所期不遠則淪於卑近，所履不真則流於虛妄，皆非所語於《大學》也。天下無心外之理，無心外之物。後儒以推極知識為致知，以窮至事物之理為格物，是為求助於外，或失則支。使人各誠其意，各正其心，為明明德於天下，是為取必於效，或失則誕。支於誕，其去道也遠矣。」〔註156〕（王畿《竹堂會語》）

如果把格物理解為知識的積累，那就容易陷入到知無涯的虛無主義；如果把格物理解為真理的頓悟，那就容易導致盲目的絕對主義。不管是虛無主義，還是絕對主義，都是陽明學所以破除的形而上哲學，因此陽明學人也就一再以各種不同的說辭、故事來講述其學理，格竹故事顯然就是為了說明心學格物說的一個公案。但這樣的公案故事，對於後學來說未必就是最佳的方案，因為譬喻的理解需要一定的知識背景，也需要特定的語境，將其語境轉移之後，那種譬喻甚至會變成不可理解的謎題。比如，東林黨領袖高攀龍（字存之，號景逸，1562～1626）就曾針對陽明格竹發表過議論。他說：

> 余觀文成之學，蓋有所從得。其初從鐵柱宮道士得養生之說，又聞地藏洞異人言周濂溪、程明道是儒家兩個好秀才，及婁一齋與言格物之學，求之不得其說，乃因一草一木之說，格及官舍之竹而致病，旋即棄去。則其格致之旨，未嘗求之；而於先儒之言，亦未嘗得其言之意也。後歸陽明洞習靜導引，自謂有前知之異，其心已靜而明。後謫龍場，萬里孤遊，深山夷境，靜專澄默，功倍尋常，故胸中益灑灑，而一旦恍然有悟，是其舊學之益精，非於致知之有悟也。特以文成不甘自處於二氏，必欲篡位於儒宗，故據其所得，

〔註155〕〔明〕王守仁：《王陽明集》，第215～216頁。
〔註156〕〔明〕王畿：《王畿集》，第109～110頁。

拍合致知，又妝上格物，極費功力，所以左籠右罩，顛倒重複。定眼一覷，破綻百出也。後人不得文成之金針，而欲強繡其鴛鴦，其亦誤矣。〔註157〕（《明儒學案》卷五十八）

高攀龍據《年譜》所云格物之事，推論出陽明實際上並未深入理解朱子學之格物，走到了二氏之路，故可說陽明是儒表佛裏。陽明後學若據此而格物，必將誤入歧途無疑。《明史‧高攀龍傳》：「初，海內學者率宗王守仁，攀龍心非之。與顧憲成同講東林書院，以靜為主。操履篤實，粹然一出於正，為一時儒者之宗。海內士大夫，識與不識，稱高顧無異詞。」〔註158〕（《明史》卷二百四十三）高攀龍不滿意於陽明後學，特別是混同三教的說法，進而認為陽明於先儒之說並未用心理會，只是用了非儒學的觀念來解釋儒學，故而破綻百出。如果我們認可了格竹故事的公案，則高攀龍的說法也是成立的。不僅是成立，而且他看到了陽明學人將禪宗思想引入到儒學討論中的情形。不過，我們今天並不贊同高攀龍所謂的正統觀念，因為這種觀念並非是儒學涵容特點所在，儒學的發展恰恰在於它能夠將不同的學術思潮引入到經典的問題域中展開細緻的討論，一旦它不再有這種涵容性，也就失去了它的發展動力。反對陽明學的高攀龍將格竹故事視為陽明不解格物的例證，而陽明學的支持者則將其作為陽明學產生的一大機緣。如劉宗周《大學雜言》說：

朱子格物之說，雖一草一木，亦須格得十分透徹。文成初學其學，遂就亭前竹子，用力數日，而不得其說，至於病，因反求之心，漸有悟於知行合一之旨，而《大學古本》出焉。自今觀之，朱子言一草一木亦格其切於身者，如周子庭前草，謂其與自家生意一般便是。文成本欲詆其說，故專就一草一木上用工夫，安得不困。〔註159〕

劉宗周提醒我們，陽明格竹如周子庭前草一樣，都是一種公案譬喻。《二程遺書》中記載的程顥語錄說：「周茂叔（周敦頤）窗前草不除去。問之，云：

〔註157〕 〔清〕黃宗羲：《明儒學案》（修訂本），沈芝盈點校，北京：中華書局，2013年，第1427頁。

〔註158〕 〔清〕張廷玉等撰：《明史》，北京：中華書局，2011年，第6314頁。萬斯同《明史稿》云：「先是，海內學者率宗王守仁，其流至恣肆混釋老為一，攀龍心非之，故其學一本濂洛，以靜為主。」（《明史稿》卷三百四十四）

〔註159〕 〔明〕劉宗周：《劉宗周全集》第2冊，吳光主編，杭州：浙江古籍出版社，2012年，第617～618頁。

與自家意思一般。子厚觀驢鳴，亦謂如此。」〔註160〕（《二程遺書》卷三）自程顥以後，周敦頤的庭前草或者窗前草故事也就成了性理學的公案。朱子就曾以之作為講學的譬喻：

> 問：「周子窗前草不除去，云與自家意思一般。此是取其生生自得之意邪？抑於生物中欲觀天理流行處邪？」曰：「此不要解。得那田地，自理會得。須看自家意思與那草底意思如何是一般。」〔註161〕（《朱子語類》卷九十六）

> 問：「周子窗前草不除去，即是謂生意與自家一般。」曰：「他也只是偶然見與自家意思相契。」又問：「橫渠驢鳴，是天機自動意思。」曰：「固是。但也是偶然見他如此。如謂草與自家意一般，木葉便不與自家意思一般乎？如驢鳴與自家呼喚一般，馬鳴卻便不與自家一般乎？」問：「程子觀天地生物氣象，也是如此。」曰：「他也只是偶然見如此，便說出來示人。而今不成只管去守看生物氣象。」問：「觀雞雛可以觀仁，此則須有意，謂是生意初發見處。」曰：「只是為他皮殼尚薄，可觀。大雞非不可以觀仁，但為他皮殼粗了。」〔註162〕（《朱子語類》卷九十六）

我們看到，朱子在解釋窗前草故事時，雖然有劉宗周所理解的那樣把它視為是格物的一種譬喻，但朱子更強調的是偶然性，也就是強調了公案故事的情境特點。公案之所以成為公案，一方面是它具有言行故事的特點，能夠給人一種可親近、可理解的形象，一方面是因為它具有情境發生的特點，給人多種理解的可能。這也是宋代以來性理學家將日常生活的所見所謂與性理學的義理相結合的一個特徵。義理不再只是書籍經典中的文字，也不再只是聖經典故，它能夠與常人的日用常行重新結合起來，義理也就從抽象的哲理辯論回歸到士人的生活世界，從政治哲學的主張回到到了知識人的生活世界。當我們的生活中能夠無處不在的與之相遇時，這門學術也就重新有了智慧的價值，這也是性理學在宋代產生以來，成為宋明學術主色調的一個原因。在這種學術氛圍之下，我們的思想家們才會有這種語言文字和生活故事的運用。朱子如此，陽明如此。

〔註160〕〔宋〕程顥、程頤：《二程遺書》，潘富恩導讀，上海：上海古籍出版社，2000年，第112頁。

〔註161〕〔宋〕朱熹：《朱子全書》第17冊，朱傑人等主編，上海：上海古籍出版社，2010年，第3255～3256頁。

〔註162〕〔宋〕朱熹：《朱子全書》第17冊，第3256頁。

至於當代學者中，明確將陽明格竹視為譬喻的學者，大概是熊十力。1926
年熊十力在北京大學講授因明學，其講義《因明大疏刪注》謂：「常人但觀一
一實物，而鮮能作共相觀。維孩稚亦然，叩以所知，必舉實物對。雖在學人，
亦或如此。王伯安因《大學》言格物，而去竹園格竹，七日不得其理，遂致大
病。以其觀物而不知取共相故也。」〔註163〕熊十力認為，格物之事，重要的
是從物看到共相，也就是所謂的辨義，觀共相才能夠「舉其物，陳取那義」。
值得注意的是，熊氏這裡講的是「喻體」問題，也就是通過譬喻來凸顯學術宗
旨。他所引用陽明格竹故事，顯然也是認為此為譬喻。為何要以竹子為喻體？

八、性理象徵：茂叔草與陽明竹

竹子與中國文化有著密切關係，從《詩經》的《淇奧篇》「瞻彼淇奧，
綠竹猗猗。有匪君子，如切如磋」開始，歷代詠竹詩篇極為豐富。〔註164〕
將竹子與庭前草聯繫起來，則為性理學興起以後的故事。嚴粲《慈湖墨竹》
詩：「先生萬慮盡空時，元氣渾淪可得窺。還有發生消息在，揮毫煙雨一枝
枝。戲筆偶然成此耳，直將造化論錙銖。不知茂叔庭前草，有此風煙一段
無。」〔註165〕（《兩宋名賢小集》卷三百二十九，《全宋詩》卷三一二九）
嚴粲將楊簡墨竹與周敦頤庭前草的故事關聯起來。此詩或為楊簡（字敬仲，
1141～1226）墨竹畫作所寫。簡是陸九淵的弟子，是性理學中心學一系的代
表人物之一。他也是繪畫史上墨竹題材的名家。〔註166〕楊氏主張「此心即
道」。〔註167〕他高倡「德之在人心，人皆有之，非惟君天下者獨有也。聖人先

〔註163〕熊十力：《因明大疏刪注》，上海：上海書店出版社，2008年，第183頁。
〔註164〕成乃凡：《增編歷代詠竹詩叢》，太原：山西人民出版社，2010年。該書收錄
　　　　自先秦至晚清詠竹詩7000餘首。
〔註165〕北京大學古文獻研究所：《全宋詩》第59冊，北京：北京大學出版社，1995
　　　　年，第37402頁；成乃凡：《增編歷代詠竹詩叢》，太原：山西人民出版社，
　　　　2010年，第549～550頁。
〔註166〕陳師曾謂：「墨竹蓋始於五代。南唐後主以金錯書法寫墨竹，自竿至葉皆以
　　　　勾勒，謂之鐵鉤鎖，此猶是雙鉤者也。……至於大暢厥旨，左右一世者，則
　　　　神宗朝之文同與可為首屈一指。蘇東坡親炙其風，波瀾益廣。如李時雍、趙
　　　　士表、謝堂、張昌嗣、趙世安、林泳、楊簡、丁權、單煒、田逸民、徐履、
　　　　艾淑等皆有名當時。」（劉夢溪主編：《中國現代學術經典・陳師曾卷》，石
　　　　家莊：河北教育出版社，1996年，第784頁。）
〔註167〕楊氏說：「孔子曰心之精神是謂聖，孟子亦曰仁人心也，此心即道，故舜曰
　　　　道心。」「人心即道，自靈自明。」（楊簡《慈湖先生遺書》卷十，第810、
　　　　811頁）

得我心之所同然耳，得其所同然者謂之德。同然者，天下同此一心，同此一機。」〔註168〕（《慈湖先生遺書》卷十）按照嚴粲的《慈湖墨竹》所講，楊簡的心學其實是延續了周敦頤的學說。也就是說，雖然我們今天認為楊簡是心學的代表人物，而宋人則認為他們所延續的是北宋性理諸子的學風，也即將心與道關聯起來，將格物與道理關聯起來。這樣一來，竹子就不單單是一個自然的物，墨竹也不單單是一個繪畫的意象，它所呈現的是士人所構建的一種天理與人生的性理世界。

　　陽明對竹子的情感有家族傳承。其祖父王天敘，人稱竹軒先生。魏瀚《竹軒先生傳》說：「先生名倫，字天敘，以字行。性愛竹，所居軒外環植之，日嘯詠其間。視紛華勢利，泊如也。客有造竹所者，輒指告之曰：『此吾直諒多聞之友，何可一日相捨耶？』學者因稱曰竹軒先生。」〔註169〕（《全書》卷三十七）而陽明與其祖父關係極為密切，陽明年譜中，陽明兒時的故事與王天敘有關的有改名、記誦竹軒公書、從遊賦詩等多條。〔註170〕（《全書》卷三十二）因此，竹的形象對陽明而言是十分熟悉且親切的。

　　更為重要的是陽明亦愛竹。在貴州龍場時，陽明建了何陋軒、君子亭，君子亭前栽種的就是竹子：「陽明子既為何陋軒，復因軒之前營，駕楹為亭，環植以竹，而名之曰君子。曰：竹有君子之道四焉：中虛而靜，通而有間，有君子之德；外節而直，貫四時而柯葉無所改，有君子之操；應蟄而出，遇伏而隱，雨雪晦明無所不宜，有君子之時。清風時至，玉聲珊然，中采齊而協肆夏，揖遜俯仰，若洙泗群賢之交集；風止籟靜，挺然特立不撓不屈，若虞廷群后，端冕正笏，而列於堂陛之側，有君子之容。竹有是四者，而以『君子』名，不愧於其名；吾亭有竹焉，而因以竹名，名不愧於吾亭。……陽明子曰：嘻！小子之言過矣，而又弗及。夫是四者，何有於我哉。抑學而未能，則可云爾耳。昔者夫子不云乎『汝為君子儒，無為小人儒』，吾之名亭也，則以竹也。人而嫌以君子自名也，將為小人之歸矣，而可乎？小子識之！」〔註171〕（《全書》卷二十三《君子亭記》）

　　很明顯，這篇文字與其格物之說一致，非以求理於事事物物之中，而是

〔註168〕　〔宋〕楊簡：《慈湖先生遺書》，第 814 頁。
〔註169〕　〔明〕王守仁：《王陽明集》，第 1173～1173 頁。
〔註170〕　〔明〕王守仁：《王陽明集》，第 1024～1025 頁。
〔註171〕　〔明〕王守仁：《王陽明集》，第 756～757 頁。

以內在吾心之理去感通事物，事物所具有的理以就超越了其作為一般意義上的事物之意涵，也即事物本身的物之理（或者說現代意義上的所謂的物理之理）與心相合為一之後，方才能夠體驗到人生之意義，即是島田虔次先生所說「主觀方面吞沒了那個根源性的、原理性的、規範性的事物」，「格物就是正自己意念的發動，而事物也就是全存在，最終亦即意念的發動，或者說是意念發動之後才存在的東西。」〔註172〕

在此文中，陽明認為竹子所表徵的君子之道包括德、操、時和容，〔註173〕此四德之核心乃在於陽明所認同的君子之道。施邦曜稱此乃陽明「以聖人自任」，〔註174〕所謂聖人即君子，正如陽明在文中所引孔子所說為君子儒，陽明之所以要以聖人自任，以君子自居，不在於其狂妄無知，而是一個人在感受到道統在握之後的一種聖賢情懷，一種儒者的誠心虔敬、反求諸己，以求精神上之明悟和操行上之奮發，即如方東美所云：「肯定普遍生命大化流行，於大宇長宙中一脈貫通，周運不息，萬物一切，沉潛涵蘊其間，現為天地萬物氣象，而生機盎然，淋漓充沛；天地間任何生命個體存在皆可契會神明，澈通無礙」。〔註175〕

從竹子抽離出來的君子之德操時容，是王陽明對自我的一種期許，所以他的門人就說這是陽明先生自謙之語實為夫子自道。所謂的德操時容，歸結起來是要做一個作為君子的儒者。所謂格物不是我去格個外在的物，而是以物來格我，物我一體，從物體貼出我之知。從竹子得到的關於我的認知進一步將我的認識進行提升，反諸經典則是所謂的「敬以直內」。從這個意義上說，敬為身心之根。

〔註172〕〔日〕島田虔次：《中國近代思維的挫摺》，甘萬萍譯，南京：江蘇人民出版社，2005年，第15頁。

〔註173〕杜維明的詮釋是：首先，竹子是謙虛的，因為竹子是中空的，而且竹子長得越高，它就彎得越低。比如松是挺拔的，越高越挺拔，但竹子上去之後會下來。其次，竹子是長青的，竹子是有節的，代表著持久、正直。再次，一般不會看到一根竹子，竹子總是一批，所以它是合群的。最後，古人非常喜歡聽風吹竹子的聲音，如果能夠在竹林下面下棋，就感到很愉快。如此等等，總之有很多君子所欣賞的特性。（杜維明：《儒家心性之學的當代意義》，《開放時代》，2011年，第4期，第106頁。）

〔註174〕〔明〕王守仁原著、〔明〕施邦曜輯評：《陽明先生集要》，王曉昕、趙平略點校，北京：中華書局，2008年，第872頁。

〔註175〕方東美：《中國哲學精神及其發展》，孫智燊譯，北京：中華書局，2012年，第70頁。

天理之萬物得其妙用者為人，人心乃一身之主宰，故存心之道，在於誠敬（誠意），誠敬（誠意）為涵養工夫，所以收心乃是一種工夫，然而這種工夫，不是致虛靜，而是心專於一，以天理應萬事。這就是孟子所說的「君子所以異於人者，以其存心也。君子以仁存心，以禮存心。」〔註176〕（《孟子・離婁下》8.28）倘若對此不能究心，或者以邏輯的考據的方式來應對，則必然出現類似亭前格竹之事，直至吐血致疾，但一旦明瞭也就自然澄明，自然自得，故陽明說：「惟天下至聖，為能聰明睿智，舊看何等玄妙，今看來原是人人自有的。耳原是聰，目原是明，心思原是睿智，聖人只是一能之爾。能處正是良知，眾人不能，只是個不致知，何等明白簡易！」〔註177〕（《傳習錄》下，第283條）

在此意義上說，宋明理學家繼承了早期思想家們的各種思想，並根據時代進行了新的詮釋，正如前述陽明之制義所揭示的，在理學家看來，理在天地之間，而一心主之，故須存心，存心即是存其良知，因為「人的良知，就是草木瓦石的良知。若草木瓦石無人的良知，不可以為草木瓦石矣。豈惟草木瓦石為然，天地無人的良知，亦不可為天地矣。蓋天地萬物與人原是一體，其發竅之最精處，是人心一點靈明。風雨露雷、日月星辰、禽獸草木、山川土石，與人原只一體。故五穀禽獸之類，皆可以養人；藥石之類，皆可以療疾：只為同此一氣，故能相通耳。」〔註178〕（《傳習錄》下，第274條）

故此，我們方能理解為何陽明要說，「知是心之本體，心自然會知：見父自然知孝，見兄自然知弟，見孺子入井自然知惻隱，此便是良知，不假外求。若良知之發，更無私意障礙，即所謂『充其惻隱之心，而仁不可勝用矣』。然在常人不能無私意障礙，所以須用致知格物之功。勝私復理，即心之良知更無障礙，得以充塞流行，便是致其知。知致則意誠。」〔註179〕（《傳習錄》上，第8條）唯有在此意義上方能知行合一。這裡所謂的本體，就是心體（本心），也即良知本身。原本合一的良知心體何以知行不合一呢？其原因是有了私意的隔斷，若能去處私意則能復其本體，也就實現了自性合一。〔註180〕知

〔註176〕〔宋〕朱熹：《四書章句集注》，北京：中華書局，2011年，第278頁。
〔註177〕〔明〕王守仁：《王陽明集》，第101～102頁。
〔註178〕〔明〕王守仁：《王陽明集》，第99～100頁。
〔註179〕〔明〕王守仁：《王陽明集》，第6頁。
〔註180〕蔡仁厚：《王陽明哲學》，北京：九州出版社，2012年，第37頁。

行合一併不意味著消解知行本身的複雜關係，即便合一，但也存在著多種樣態，如生知安行、學知利行和困知勉行，都是知行關係的不同表現形式，因此知行合一是統一的多樣性，而非一元的排他性。這與朱子的詮釋不同。在朱子試圖在動與靜、沉思與理性思維的關係上建立起一種統一，因為「學」含有兩個組元：其一是「敬畏凝神」（敬）的「沉思」組元，即在寧靜中，在「情感產生之前」（未發）、在與世界交遇前就啟動並且「滋養著心」的組元；其二是建基於對秩序原則的研究與認識的活動組元。〔註181〕而王陽明則直接認為知行關係在本體（本源）上就具有合一性，即其關係原初乃一體，即「心一也，未雜於人謂之道心，雜以人偽謂之人心。」〔註182〕（《傳習錄》上，第10條）心之本體屬性是一，這裡的一併非單純的數量上的一或者簡易化的一，而是在理的面向上的一。詮釋知行關係離不開對於心的理解，心知心行，離開心探究知行關係不是切已的真實學問，本於心來講求知行關係就需要將私欲（見聞）之遮蔽祛除，立足於心的堅實之基，知行也就理所當然的合一。心之所以一也，不在於其情慾多寡，不在於其氣質之純雜，不在於其動靜之貫徹，而在於心之本體是至善，是良知。但良知卻似乎無法得以統一，至少從聖賢之話語來看各有不同，如果良知為內在之一貫的話，如何詮釋其中的差異性？《傳習錄》中有這樣的對話：

> 問：「良知一而已：文王作《象》，周公繫《爻》，孔子贊《易》，何以各自看理不同？」先生曰：「聖人何能拘得死格？大要出於良知同，便各為說何害？且如一園竹，只要同此枝節，便是大同。若拘定枝枝節節，都要高下大小一樣，便非造化妙手矣。汝輩只要去培養良知。良知同，更不妨有異處。汝輩若不肯用功，連節也不曾抽得，何處去論枝節？」〔註183〕（《傳習錄》下，第293條）

竹子在此成為一種獨具象徵意義的事物。此乃是陽明學充滿激情活力之處，它不是一種枯槁的、無趣的、無生機的學問，而是融生命於世界之中的感通情理之學。但值得注意的是，陽明的思想背景中，除了儒者之學，君子之道之外，還有很強烈的禪宗之學，正如羅光所說：「王陽明思想的變遷，由

〔註181〕〔瑞士〕耿寧：《人生第一等事：王陽明及其後學論致良知》，第67頁。
〔註182〕〔明〕王守仁：《王陽明集》，第7頁。
〔註183〕〔明〕王守仁：《王陽明集》，第104頁。

儒入道和佛，由道和佛再轉入儒學，經過貴州龍場的流難困苦經歷，乃悟道致良知。禪學的祖師禪講直接體驗，反觀自心，直接體驗實相真如，由真如看到萬法平等。為能有直接體驗，先要使心虛空一切，無念無心。王陽明體驗到自心的本體為良知，良知即是天理。外面事物和心相感觸時，天理良知自然顯露，人乃由良知的直接體驗，外面的事物和良知相合為一。在內外相合為一之中，良知天理達到事物，便稱為致良知。然而在良知和事物之間，不能沒有私欲的障礙。心動為意，私欲而動，意若誠於天理，私欲的障礙便可消除。王陽明的修身論便在於誠意。天理在人心，心外面沒有天理，而且心外也沒有事物，因為宇宙萬物的意義都來自人心。」〔註184〕陽明的這一思想雖然有禪宗的影響，但這卻也是中國儒家思想之傳統，否則陽明學亦無法將其流暢之融於一體。

　　從《君子亭記》中的竹子所具有的君子之德，到格竹的禪宗公案，其間的跨越正可說明，陽明並不侷限於某一特定的教條，而是根據時代的特徵加以重新梳理，使之成為符合自己內心良知的生活之道，也才能使「日月風雷山川民物，凡有貌象形色，皆在太虛無形中發用流行，未嘗作得天的障礙。聖人只是順其良知之發用，天地萬物，俱在我良知的發用流行中，何嘗又有一物超於良知之外，能作得障礙？」〔註185〕（《傳習錄》下，第269條）。那麼我們應如何理解並詮釋良知？鑒於與陽明時代的抽離，我們需要首先以一種知識的理知（reason）態度來對其進行疏解，雖然陽明學更加重視的是體悟、感通和踐履，但絕非以為著陽明學是一種反理知的學說。〔註186〕但如果我們對其沒有一點邏輯性的把握，極有可能導致亭前格竹吐血致疾，為此，我們首先從知識的意義上分析之，因為「知識，就我們已知而言，必然是理性的。我們既沒有非理性的認知模式，也沒有一門非理性的科學。」〔註187〕陽明說：

〔註184〕　羅光：《羅光全書冊十二‧中國哲學史‧元明篇》，臺北：學生書局，1996年，第181～182頁。

〔註185〕　〔明〕王守仁：《王陽明集》，第98～99頁。

〔註186〕　余英時認為中國傳統中，特別是政治傳統中一直存在著反智主義，即「法家主張聖人除了勞動者之外，只需要戰士，此外對於一切有德行、學問、技能的人，政權的門則永遠是關閉的」；「焚書和坑儒這兩件大事便是法家反智論在政治實踐上的最後歸宿」；「儒家法家化之後，其所謂緣飾以儒術實際上是法律只能控制人的外在行動，經義斷獄才能深入人心。」（余英時：《中國思想傳統及其現代變遷》，沈志佳編，桂林：廣西師範大學出版社，2014年，第359、362、369頁。）

〔註187〕　〔奧〕米塞斯：《人的行為》，夏道平譯，上海：上海社會科學院出版社，2015年，第87頁。

「凡觀古人言語，在以意逆志，而得其大旨。若必拘滯於文義，則靡有孑遺者，是周果無遺民也。……在知道者默而識之，非可以言語窮也。若只牽文泥句，比擬仿像，則所謂心從法華轉，非是轉法華矣。」〔註188〕（《傳習錄》中，第157條）顯然，對於陽明格竹的故事，我們也需要如是觀。

九、隨物而格：致知之功及其他

陽明格物故事是陽明門人的記錄。陽明為了讓門人更好地明白什麼是格物致知，講述了這樣的故事。嘉靖三年甲申（1524），陽明門人周道通〔註189〕致書陽明請教：「但鄙心則謂與初學言之，還須帶格物意思，使之知下手處。本來致知格物一併下，但在初學，未知下手用功，還說與格物，方曉得致知。」陽明對此的回覆是：「格物是致知工夫，知得致知，便已知得格物。若是未知格物，則是致知工夫亦未嘗知也。」〔註190〕（《傳習錄》中，第148條）周道

〔註188〕〔明〕王守仁：《王陽明集》，第59～60頁。

〔註189〕周沖字道通，號靜庵，江蘇宜興人。《明儒學案》稱「南中之名王氏學者，陽明在時，王心齋、黃五嶽、朱得之、戚南玄、周道通、馮南江，其著也。」又說「周沖字道通，號靜菴，常之宜興人。正德庚午鄉舉。授萬安訓導，知應城縣，以耳疾改邵武教授，升唐府紀善，進長史而卒，年四十七。陽明講道於虔，先生往受業。繼又從於甘泉，謂『湛師之體認天理，即王師之致良知也。』與蔣道林集師說，為《新泉問辨錄》。暇則行鄉射投壺禮，士皆斂袵推讓。呂涇野、鄒東廓咸稱其有淳雅氣象。當時王湛二家門人弟子，未免互相短長，先生獨疏通其旨。故先生死而甘泉歎曰：『道通真心聽受，以求實益，其異於死守門戶以相訾而不悟者遠矣！』」（〔清〕黃宗羲：《明儒學案》（修訂本），第578、583頁。）

〔註190〕〔明〕王守仁：《王陽明集》，第56頁。陽明書信中有「近有一書與友人論此頗悉，今往一通，細觀之，當自見矣。」這裡的與友人論格物書究竟為何尚為疑案。佐藤一齋說：「文成論格物，檢《全書》，不止十數。本文『一書』，今未審的指何書，俟考。」（佐藤一齋《傳習錄欄外書》，上海：上海古籍出版社，2017年，第113頁）陳榮捷則認為陽明言及格致之書，雖有多通，然詳盡而堪作替代答道通者，厥為《答顧東橋書》（第130至143條）與《答羅整庵書》。尤其是《答顧書》之第134條與《答羅書》之第173與173條。然據《年譜》嘉靖三年（1524）正月道通方受業，道通書云「春間再承教益」，則必非指初受業之年而指以後一年或數年也。此書云「近有一書與友人」，《答羅整庵》在正德十五年（1520），至少在四年以前，似不能言近。異本《全書》題下之甲申（1524），必不可靠。諸本不採，非無故也。《答顧東橋書》收入《續刻傳習錄》。《年譜》係此錄於嘉靖三年。但《年譜》又係《答顧東橋書》於嘉靖四年（1525），是在《刻續錄》之後。《年譜》自相矛盾。三年四年，二者必有一誤。如《答顧東橋書》，果為嘉靖四年之春或夏，則《答周道通》在是年春夏以後，附《答顧書》，可云近也。道通三年正月受業。若四年春間

通認為，初學者要講格物，因為格物是下手用功之處。而陽明則告訴他，學者不分初學與否，終身要做的事只有修身誠意，即朝向聖賢努力這一件事。陽明說：「致知者，意誠之本也。然亦不是懸空的致知，致知在實事上格。如意在於為善，便就這件事上去為善；意在於去惡，便就這件事上去不為。……誠意工夫實下手處，在格物也。若如此格物，人人便做得，人皆可以為堯舜，正在此也。」〔註 191〕（《傳習錄》下，第 317 條）

　　陽明認為道即是良知，良知即是道，這即是良知學的根本立場，或者如耿寧先生所說者信仰者。在此立場下，格物就是循良知而隨物而格。「夫良知即是道，良知之在人心，不但聖賢，雖常人亦無不如此。若無有物慾牽蔽，但循著良知發用流行將去，即無不是道。但在常人多為物慾牽蔽，不能循得良知。……學者學循此良知而已，謂之知學，只是知得專在學循良知。」〔註 192〕（《傳習錄》中，第 165 條）所謂隨物而格實際上是為行為而知識，此是由周初以來，中國的學術基線，即是一種為己之學，追求知識的目的在於自我之發現、開闢陞進，以求自我的完成。〔註 193〕

　　王陽明與人論格物多據自身和日常而述說。如對門人陳九川（1494～1561）說：「耳目口鼻四肢，身也，非心安能視聽言動？心欲視聽言動，無耳目口鼻四肢亦不能，故無心則無身，無身則無心。但指其充塞處言之謂之身，指其主宰處言之謂之心，指心之發動處謂之意，指意之靈明處謂之知，

再承教益，夏間來書，陽明守喪之中草草作覆，順往答顧之書，亦至自然。然答顧書不提守喪。或在嘉靖五年陽明守足三年之喪以後耳。（陳榮捷：《王陽明傳習錄詳注集評》，重慶：重慶出版社，2017 年，第 166～167 頁。）其中云異本全書，不知何本。陽明《答周道通書》係嘉靖三年甲申（1524）應無誤，從今可見之聞人詮嘉靖十四年刻《陽明先生文錄》卷二（瞿鳳奎、向輝：《陽明文獻彙刊第 21 冊》，成都：四川大學出版社，2015 年，第 252 頁）、范慶嘉靖二十六年刻《陽明先生文錄》卷二（瞿鳳奎、向輝：《陽明文獻彙刊第 25 冊》，成都：四川大學出版社，2015 年，第 203 頁）、宋儀望刻《陽明先生文錄》卷二均係年為甲申。非陳榮捷先生所說諸書不採者，只是今本《傳習錄》中卷刪去所有書信時間，不繫年而已。且甲申陽明所書不少，其中被收入今本傳習錄者有《答陸原靜書》其中亦有論及下手工夫。《答顧東橋書》作於嘉靖四年乙酉（1525）亦不誤。此書中所說之論此者，《答陸原靜書》可能性較大。陽明此書中只說「近有一書與友人論此頗悉」，並未明指何書，不能因答羅顧二書論述更細緻即指此中之一，並由此推斷《年譜》繫年之誤也。

〔註 191〕〔明〕王守仁：《王陽明集》，第 111 頁。
〔註 192〕〔明〕王守仁：《王陽明集》，第 64 頁。
〔註 193〕徐復觀：《中國思想史論集續編》，北京：九州出版社，2013 年，第 529 頁。

指意之涉著處謂之物：只是一件。意未有懸空的，必著事物，故欲誠意則隨意所在某事而格之，去其人慾而歸於天理，則良知之在此事者無蔽而得致矣。此便是誠意的工夫。」〔註194〕（《傳習錄》第 201 條）所以但衡今說：「本節著重心意知物是一件，此陽明學術一手撑天處。謂之身，謂之心，謂之意，謂之知，謂之物，亦只是一件。一掃古今支離分別。」〔註195〕王陽明反覆強調的是理為一，道一而已，反對支離。王陽明法書還記錄了一段類似的對話：

> 生（白悅，字貞夫）又問：「聖賢之學，所以成身；科舉之業，將以悅親。二者或不能並進，奈何？」予（王陽明）曰：「成身悅親，道一而已。不能成身，不可以悅親；不能悅親，不可以成身。子但篤志聖賢之學，其緒餘出之科舉而有餘矣。」曰：「用功何如？」曰：「先定志向，立工程次第，堅持無失。循序漸進，自當有至。若易志改業，朝東暮西，將亦無成矣。」〔註196〕（《書四箴贈別白貞夫》）

在給後學的贈言中，王陽明將學與業的關係再次做了闡明，學生問學與業無法統一怎麼辦。王陽明說，學與業一於道，或者說道一而已，學和業之間並非矛盾不可分解，而是互為條件的，但最為重要的是篤志聖學，立定志向，循序漸進，如此則學日進而業可期。王陽明強調需要皈依聖賢之學，而聖賢之學在當時士人看來即為孔孟之學，即道學理學，在陽明這裡即是良知之學。良知必然是一種內在於我之生命中的道德精神狀態和永不停歇地實際追求，格物當然是聞見之知，但經過體認、體得的工夫，將客觀之理，內在化而與心性之理相符應、相融合，因而將心性之理加以充實、彰著，〔註197〕「聖人致知之功至誠無息，其良知之體皎如明鏡，略無纖翳。妍媸之來，隨物見形，而明鏡曾無留染。所謂情順萬事而無情也。無所住而生其心，佛氏曾有是言，未為非也。明鏡之應物，妍者妍，媸者媸，一照而皆真，即是生其心處。妍者妍，媸者媸，一過而不留，即是無所住處。病瘧之喻，既已見其精切，則此節所問可以釋然。病瘧之人，瘧雖未發，而病根自在，則亦安可以其瘧之未發而遂忘其服藥調理之功乎？若必待瘧發而後服藥調理，則既晚矣。

〔註194〕〔明〕王守仁：《王陽明集》，第 85 頁。
〔註195〕陳榮捷：《王陽明傳習錄詳註集評》，重慶，重慶出版社，2017 年，第 231 頁。
〔註196〕束景南：《陽明佚文輯考編年》，上海：上海古籍出版社，2012 年，第 438 頁。
〔註197〕徐復觀：《中國思想史論集續編》，北京：九州出版社，2013 年，第 536 頁。

致知之功無間於有事無事，而豈論於病之已發未發邪？」〔註198〕（《傳習錄》中，第167條）

　　仁是儒家道德精神的總持，即是修己以敬的歸結。〔註199〕陽明建立之事功，闡發其學說，皆由此而來，所以陽明說，「在孟子言『必有事焉』，則君子之學終身只是『集義』一事。義者宜也，心得其宜之謂義。能致良知，則心得其宜矣，故集義亦只是致良知。君子之酬酢萬變，當行則行，當止則止，當生則生，當死則死，斟酌謂停，無非是致其良知，以求自慊而已。故『君子素其位而行，思不出其位』，凡謀其力之所不及而強其知之所不能者，皆不得為致良知；而凡『勞其筋骨，餓其體膚，空乏其身，行拂亂其所為，動心忍性以增益其所不能』者，皆所以致其良知也。」〔註200〕（《傳習錄》中，第170條）良知乃是本心或者說良知之心自證自知，因此良知工夫就成為一種易簡的、體證的、親切的工夫，這是就其全部生命（你死我活）的決鬥模式的集約性、究竟性、整體性而言的，而不是讓人迴避繁雜紛呈的現實，枯竭性情斬除煩惱，走一條一蹴而就的捷徑。抵達同一目標，輕而易舉的方法與繁雜紛呈的方法並存，就簡避繁乃人之常情。但是如果從一開始就迴避應該承擔的義務，限制了實踐的範圍，忽略了自身力量的積攢，那麼就已經本來性的立場失足墮落，淪為功利打算之徒，於是也根本沒有什麼資格去理論什麼工夫的繁簡難易了。〔註201〕因此，試圖從竹子身上找到理的格物不是陽明的學術主旨，更不會是朱子學術的主旨，無論朱子學還是陽明學，其格物學說的根本目的在於大學之道，即修己以敬的成己成物。這種格物，既不是黃花翠竹的空無，也不是青青翠竹的詩情畫意，而是竹有君子之德的切己覺悟和著實用功的體驗，正是這種覺悟和體驗讓性理學成為提振士氣的精神支柱。

　　至於當代學人，對此的理解和解釋又有所不同。比如胡適《先秦名學史》說，以積蓄學問開始引導至豁然貫通的最後階段的方法，在明代王陽明加以反對之前，一直是新儒學的邏輯方法。王陽明說「初年與錢友」云云，因此，王陽明反對宋學的方法，創立他所認為是《大學》本義的新學。他的心學認為「天

〔註198〕〔明〕王守仁：《王陽明集》，第65頁。
〔註199〕徐復觀：《中國思想史論集續編》，第572～573頁。
〔註200〕〔明〕王守仁：《王陽明集》，第68頁。
〔註201〕〔日〕荒木見悟：《佛教與儒教》，第293頁。

下之物本無可格者，其格物之功只在身心上做。」（《傳習錄》下）離開心，即無所謂理，也無所謂物。「身之主宰便是心，心之所發便是意，意之本體便是知，意之所在便是物。如意在事親，即事親便是一物。」（《傳習錄》下）這樣，王陽明認為格物中的格字，並不是宋儒所主張的窮究，而是正的意思，有如孟子所說的「大人格君心」的格。所以，格物並不是指研究事物，而是「去心之不正，以全其本體之正」（《傳習錄》下）。簡單地說，就是心之良知，「知是心之本體，心自然會知，……用致知格物之功勝私復理，即心之良知更無障礙，得以充塞流行便是致其良知，知致則意誠。」〔註 202〕胡適認為：「程氏兄弟及朱熹給格物一語的解釋十分接近歸納方法：即從尋求事物的理開始，旨在借著綜合而得最後的啟迪。但這是沒有對程序作出詳細規定的歸納方法。上面說到的王陽明企圖窮究竹子之理的故事，就是表明缺乏必要的歸納程序的歸納方法而終歸於無效的極好例證。這種空虛無效迫使王陽明憑著良知的理論，把心看作與天理同樣廣大，從而避免了吃力不討好的探究天下事物之理。」〔註 203〕在胡適看來，無論是程朱，還是陸王，他們或者以探求事物之理來誠意以正心（宋學），或者直接說格物只在身心上做（王陽明），他們即便有各種不同，根本一點上是相通的，那就是他們把物當作事，用一種人文主義的哲學解釋來限制了哲學的範圍，即「它把哲學限制於人的事務和關係的領域」；他們用一種倫理與政治哲學的討論替代了對自然客體的研究。「因此，在近代中國哲學的這兩個偉大時期中，都沒有對科學的發展作出任何貢獻。可能還有許多其他原因足以說明中國之所以缺乏科學研究，但可以毫不誇張地說，哲學方法的性質是其中最重要的原因之一。」〔註 204〕顯然，陽明及其學說被胡適等現代科學主義者視為是進步的絆腳石，至少是他們認為應該拋棄的傳統學說。擁抱新的學說，展開新的討論，才是胡適等人所規劃的新時代課題。

胡適的看法，很長一段時間裏成為主流的意見。然而，當我們去閱讀同時代人的著作時，我們會發現，有人並不贊同這樣的意見，但也無可奈何。誠如章太炎說：「陽明生時罵朱文公為洪水猛獸，陽明讀書不多，未曾遍觀宋人之說，故獨罵朱子，實則伊川、象山均如此講。朱子治學，亦未身能窮知事

〔註 202〕 胡適：《先秦名學史》，歐陽哲生編：《胡適文集第 6 冊》，北京：北京大學出版社，2013 年，第 6 頁。
〔註 203〕 胡適：《先秦名學史》，第 7 頁。
〔註 204〕 胡適：《先秦名學史》，第 7 頁。

物之理，無可奈何，敷衍了事，而作此說。今之新學小生，誤信朱子之言，乃謂道德而不能根據科學者不是道德，夫所謂道德，將以反抗自然也，若隨順自然，則殺人放火，亦何不可以科學為之根據者？信斯言也，真洪水猛獸之比矣。朱子有知，不將自悔其言之孟浪乎？」〔註205〕（章太炎《國學之統宗》，1933）章太炎講述陽明故事時，所面臨的正是胡適等人所鼓動的新學成為主流的時代，傳統的學術成了國故，需要科學的整理，否則就毫無價值可言，甚至可以是阻礙社會進步的洪水猛獸。但，傳統並不因為曾經的正反意見而成為塵封的歷史，也並未因為學者在特定語境下的解讀而失去它的價值。它在新的時代又獲得了新生。正是在這種情況下，陽明格竹故事一再被人談及，只不過換了講法罷了。

小結

　　毫無疑問，格物在宋明理學中具有重要的意義。《傳習錄》中講述格物之理貫穿始終，從早期徐愛的記錄，到後期黃以方的記錄，這表明，格物的問題，並非一言可以解釋清楚，其含義具有多重性，根據不同的情境可能會做出不同的詮釋。王陽明晚年用了格竹故事這樣的譬喻來講述一個道理，即「物」非死物或者完全脫離人而存有之物，而是人所面對之「事」，即人在其中之生活世界，這是一個有人的萬物世界，事的意涵在於人的參與和人心的進入，這才是格。所謂的參與和進入並不意味著人直接完成了事物，或者事物的價值需要人才得以成立，而是說人如果要著實地生活在這個世界，就需要將其心投射到事物之中，即人在世間為人為學最為關鍵在於應事而作；不論什麼樣的人，都要生活在人事之中，不可能絕對孤立的存在，有事就有應對。人也只有在應世應事的過程中才能真正的實現自我，即有擔當。這種擔當就是將人作為人的本性發揮出來，能夠成己成物。至於陽明講述的故事，則要如王畿所提示的那樣：「言者，所由以入於道之詮。凡待言而傳者，皆下學也。學者之於言也，猶之暗者之於燭，跛者之於杖也。有觸發之義焉，有培栽之義焉，而其機則存乎心悟，不得於心而泥於言，非善於學者也。」〔註206〕（王畿《重刻陽明先生文錄後語》）

〔註205〕章太炎：《章太炎全集·演講集》，上海：上海人民出版社，2015年，第482～483頁。

〔註206〕〔明〕王守仁：《王陽明集》，第5頁。

　　陽明格竹故事是陽明之言，已被人反覆講述四百多年。它從禪宗公案而來，被陽明反其道而用之，用於講述格物是要在心上、在事上用功的道理。陽明門人記錄下這則故事，又編進《年譜》，把它的隱喻性意涵轉化為淺白的故事性。其後，這種淺白的寓意故事廣為傳播，當然故事也在講述的過程中不斷被修改，或者被審慎地忽略，或被用來說明其他的道理。它的故事性越來越為人們所熟悉，即便是嚴肅的講述故事者，也要用我們所熟悉的觀念來重新講述這個故事，讓這個故事更加符合讀者的想像；而它的隱喻性卻漸漸被人忘卻，只有熊十力、侯外廬等為數不多的學者在他們的講述中指出這是「喻體」故事和公案之說。熊十力等人的講述提醒我們：要理解這一故事就要從譬喻和公案的角度來思考，也需要通過故事的講述歷史來梳理這一故事在不同文本中的變化，如此才能明白這一故事本身所蘊涵的真理性意義。如此一來，陽明格竹也就具有了真正的哲學意義和歷史意義。

第二章　王陽明傳奇：講史小說與傳習故事

青山清我目，流水靜我耳。琴瑟在我御，經書滿我几。措足踐
坦道，悅心有妙理。頑冥非所懲，賢達何靡靡。乾乾懷往訓，敢忘
惜分陰。悠哉天地內，不知老將至。〔註1〕

——王陽明《雜詩三首》其二

創造性的看待世界，也就是創造性的實現我們的存在價值。古代的哲人
雖然已經遠去，但他們的創造性思考，對於我們而言具有永恆的價值。如果
我們要從古代思想家名單中選擇前三名，孔子（前551～前479）、朱子（1130
～1200）和陽明（1472～1529）應當是當之無愧的。他們是偉大的思想家，他
們塑造了我們的心靈，也創造了一個個不同的歷史。我們關注他們，不僅是
因為他們製造的概念（詞彙）和思考的理論（思想）具有普遍的意義，更因為
他們的人生和智慧可以幫助我們以不同的方式去看待世界，可以幫助我們以
我們自己的方式來完成人生。

一、一流人物：馮夢龍的講史小說

王陽明是「第一流」的「傳奇」人物。他的一生充滿了傳奇性。〔註2〕

〔註1〕〔明〕王守仁：《王陽明集》，第609頁。
〔註2〕楊立華說，他認為中華文化是以傳奇為品格的，我們的文化傳統裏沒有彼岸
　　　世界，也基本上沒有神話的傳統，我們追求的一切都是此岸的，因此得有點
　　　兒傳奇的精神。沒有傳奇也得造出幾個來，否則就太乏味了。每個時代都有
　　　人把自己的人生當成傳奇來塑造，這樣的人使生活變得不那麼凡俗了，使蠅

從晚明以來，書寫陽明傳奇的著作汗牛充棟。在這些著作中，馮夢龍《皇明大儒王陽明先生出身靖亂錄》是最早以陽明的生平事蹟為依據撰寫的傳奇小說。

馮夢龍說，他「偶閱《王文成公年譜》，竊歎謂文事武備，儒家第一流人物。暇日演為小傳，使天下之學儒者，知學問必如文成，方為有用。」〔註3〕過有用的人生，意味著要有些傳奇的色彩。不僅人如此，書籍也是如此。事實上，馮夢龍的這部小說本身也是有傳奇色彩的。他的這部小說早期如何流傳，我們一無所知。只知道在晚明至少有一種刻本，清代有抄本，而傳到日本之後又有日本刻本。小說真正成為學者重視的學術資料，是進入民國以後的事情，在此之前，藏書家即便有這些「當代的小說」也未必著錄，而小說的讀者也未必會把它當作很珍貴的書籍，因此留存到後世的古代小說也就相當不容易了。

上世紀二十年代，董康（1867～1948）在日本見過和刻本，並記錄在《書舶庸譚》中說：

> 宋之小說，叢見《宣和遺事》《通俗小說》二種，此外竟未傳之梨棗。雖將羅貫中繫之於宋，然其人究屬何代，亦一疑問。元時雜劇風行，始有長篇小說。至明而學士文人並起提倡，極盛一時。猥褻之作，皆出斯時。日前狩野博士謂：「明時理學家甫離講座即手握《金瓶梅》一編，此近陽明一派。」其然，豈其然乎？吾國胡適之好搜小說家文字，余亦頗欲撰小說家列傳，苦於所見不多。明時小說家撰述最富者無過於李卓吾、馮夢龍二人，今見《內閣書目》錄二家之書頗備，故志於後，亦徵存文獻之別開生面也。〔註4〕（《書舶庸譚》卷一下）

董康從日本《內閣書目》中抄錄了李卓吾和馮夢龍的小說書目，其中就有墨憨齋刻馮夢龍《王陽明出身靖亂錄》三卷。《書舶庸譚》四卷，於1930年由大東書局刊印，1939年誦芬室刊印修訂增補的九卷本。

營狗苟的日子變得有趣了，使這個世界閃耀出光彩，而這光彩又是此世的光彩。（楊立華《宋明理學十五講》，第251頁）

〔註3〕魏同賢主編：《馮夢龍全集第10卷》，南京：鳳凰出版社，2007年，第2頁；〔明〕馮夢龍：《王陽明出身靖亂錄》，杭州：浙江古籍出版社，2015年，第2頁。

〔註4〕董康：《書舶庸譚》，朱慧整理，北京：中華書局，2013年，第34頁。

1932 年，國立北平圖書館出版了本館員工孫楷第編纂的《中國通俗小說書目》十二卷。該書卷二「明清講史部」著錄：

> 「《皇明大儒王陽明先生出身靖難錄》上中下三卷。存，日本刊本。明馮夢龍撰。字、里見前。書題『墨憨齋新編』。此書所記皆實錄，無一字無來歷。」〔註 5〕

孫楷第以長期從事小說書目的研究，先後到日本東京、遼寧大連等地展開調查，先在出版《日本東京及大連圖書館所見中國小說書目提要》八卷，之後增訂為十二卷，並改名為《中國通俗小說書目》。該書還著錄了一種故宮藏的滿文本《三教同理小說》。這個《三教同理小說》其實就是馮夢龍的《三教偶拈》，包括第一種「《皇明大儒王陽明先生出身靖難錄》，明馮夢龍撰。殘存十八冊，缺第十四冊，為《叢編》之第一卷。」〔註 6〕（《中國通俗小說書目》卷十二）後面兩種分別是：《淨慈寺濟顛羅漢顯聖記》《許旌陽得道擒蛟全傳》。孫氏書目卷九「叢書目」中著錄：「《三教同理小說》（書名據李子開所擬）。刊本，未見。惟故宮藏一滿文譯本。首東吳某氏序。收三書：一為《王陽明出身靖難錄》，二為《濟公傳》（《濟公傳》，今所知者有四本。此所據不知何本，但確非王夢吉本），三為《許真君鐵樹記》。以三人代表三教，疑所據者必為一叢書。今三書俱在，而叢書本迄未之見。」〔註 7〕（《中國通俗小說書目》卷九）這裡，排印時「靖亂」誤為「靖難」。

《王陽明先生出身靖亂錄》不太為人熟知，很多人可能並未見過原書，所以也跟著著錄為《靖難錄》了。其實，這就是一個書。至於滿文的小說，更是少有人去研究，直到如今，仍著錄為《靖難錄》。比如黃潤華先生《滿文翻譯小說述略》一文所附《滿譯小說知見書目》著錄了《三教同理小說》。據作者所記，該書為抄本：《皇明大儒王陽明先生出身靖難錄》，馮夢龍著，存 18 冊；《淨慈寺濟顛羅漢顯聖記》，佚名著，13 冊；《許旌陽得道擒蛟全傳》，鄧志謨著，存 12 冊。〔註 8〕

〔註 5〕孫楷第：《中國通俗小說書目》，北京：國立北平圖書館，1932 年，第 73 頁；《孫楷第全集》，北京：中華書局，2012 年，第 52 頁。《全集》本刪掉了「無一字無來歷」。

〔註 6〕孫楷第：《中國通俗小說書目》，北京：國立北平圖書館，1932 年，第 381 頁。《孫楷第全集》未收錄原書卷十二《滿文譯本小說簡目》。

〔註 7〕孫楷第：《中國通俗小說書目》，北京：國立北平圖書館，1932 年，第 323 頁；《孫楷第全集》，北京：中華書局，2012 年，第 160 頁。

〔註 8〕黃潤華：《滿文翻譯小說述略》，《文獻》1983 年第 2 期，第 20 頁。

　　後來，學者們對這部書做了更深入的調查。比如，石昌渝《中國古代小說總目　白話卷》著錄了這部小說。並說，該書講述了陽明一生重要的故事，從龍場貶謫到平定江西巨寇和寧王叛亂等，「諸事皆備，文筆簡賅，而逸聞瑣事錯出其間，以史實核之，一一相合。所錄陽明先生諸詩，亦皆實有，蓋穿穴組織無一字無來歷。」〔註9〕提要作者注意到：北京大學圖書館、黑龍江圖書館、美國國會圖書館、日本東京大學東洋文庫、東洋文化研究所雙紅堂文庫等藏書機構有藏。至於收入在《三教偶拈》中的《皇明大儒王陽明先生出身靖亂錄》，提要作者認為，據書前序文可知是馮夢龍自撰，另外兩種則分別取自沈孟樸《錢塘湖隱濟顛禪師語錄》和鄧志謨《新鐫晉代許旌陽擒蛟鐵樹記》。〔註10〕

　　馮夢龍這部關於王陽明的傳奇，在國內並非沒有刻本收藏，但較少為學人所知則是事實。比如，2012年鳳凰出版社影印出版《和刻本中國古逸書叢刊》，收入了日本江戶弘毅館慶應元年（1865）墨憨齋刊本。金程宇所作解題稱：「此書中國單刻本未見，今知有明天啟《三教偶拈》所收本。《三教偶拈》漢文本存世極罕（北京故宮博物院藏此書滿文譯本），僅見於日本東京大學東洋文化研究所雙紅堂文庫，為長澤規矩也舊藏，《古本小說集成》《古本小說叢刊》及《馮夢龍全集》有影印本。雙紅堂本首有序，署『東吳畸人七樂生』，摹刻鈐印為『子猶』『七樂齋』，皆馮夢龍號，今人據此斷為馮氏所作，已為學界公認。日本有慶元元年（1865）弘毅館單刻本，或即據《三教偶拈》析出單行者。」〔註11〕在學者們的不斷調查過程中，我們對這部書的存藏情況有了更多的瞭解。

　　少為人知的是，在國家圖書館的古籍庫房中存兩部不同版本的《皇明大儒王陽明先生出身靖亂錄》，即日本弘毅館刻本和日本東京青木恒三郎刻本。〔註12〕其中，日本弘毅館刻本為鄭振鐸先生的舊藏。這部書是原國家圖書館的員工謝國楨先生送給鄭振鐸的，卷端題：「西諦先生惠存，國楨謹贈。」有「國楨敬贈」「長樂鄭振鐸西諦藏書」印。在得到這部書之前，鄭振鐸已經完

〔註9〕石昌渝：《中國古代小說總目　白話卷》，太原：陝西教育出版社，2004年，第146頁。

〔註10〕石昌渝：《中國古代小說總目　白話卷》，第308頁。

〔註11〕金程宇：《東亞漢文學論考》，南京：鳳凰出版社，2013年，第166頁。

〔註12〕賈大偉等：《王陽明文獻普查目錄》，北京：學苑出版社，2019年，第49～50頁。

成了《文學大綱》（上海商務印書館，1927 年）一書的寫作。在這部書中，他將中國小說分為兩期，第一期是宋元時期，第二期是明初到清初。他說第二期從 15 世紀到 17 世紀，即從明建文帝時期到清康熙時期是「中國小說史中最光耀的時期，有無數的至今尚傳誦於民間的通俗小說是產生於這個時期的，有許多重要的不朽的名著是產生於這個時期的。」〔註 13〕他說這一時期的小說可以分為講史類、佳人才子類和短篇小說集類等，其中「歷史小說是不容易作得好的；太服從於歷史的敘述，則必會如《東周列國》《兩晉演義》之無甚活潑的小說的趣味；離開史實太遠了，則必如《楊家將》《薛家將》之以荒誕無依據見譏；兼之，又無偉大的作家去運用這些材料，所以在這一個時期，講史雖最發達，卻沒有什麼很好的作品。其在文學上有不朽價值者，乃為《西遊記》與《金瓶梅》。」〔註 14〕很明顯，這時鄭氏尚不知馮夢龍有陽明傳奇的著作。

後來，鄭振鐸又編纂了《插圖本中國文學史》（1932 年／1957 年／1982 年）再次明確元代的小說主題是「講史與英雄傳奇」。而明代小說則以馮夢龍結束。他說，馮夢龍的《新列國志》「結束了這個講史的典雅化運動。」因為馮夢龍「雜採《左傳》《國語》《國策》《史記》諸書而冶為一爐，幾無一事無來歷。……誠然是一部典雅的講史，而小說的趣味同時便也為之一掃而空。」〔註 15〕可見，在鄭振鐸看來，馮夢龍的講史小說在小說史上的價值並不在於其文學本身，而是他代表了當時的「講史」小說的一種風氣，即：「大都那些講史都是由俗而雅，由說書者的講談而到文人學士的筆削，由雜以許多荒誕鄙野的不經的故事而到了幾成為以白話文寫成之歷史或綱鑒。那演化的途徑是脫離『小說』而遷就、黏附『歷史』。這個演化，也許可以說是倒流。講史原是歷史小說，卻不料竟成了這樣的白話歷史的一個結果。」〔註 16〕這裡，仍舊沒有提及馮夢龍所著的陽明傳奇。

那麼，他最遲是在什麼時候知曉這部書的呢？應該是在 1933 年。鄭氏在《記一九三三年間的古籍發現》一文中，提到了這部書。他說：「明人最喜以實事作小說或戲曲。《英烈》《承運》（敘成祖靖難事）、《三寶太監》諸

〔註 13〕鄭振鐸：《鄭振鐸全集》第 11 冊，石家莊：花山文藝出版社，1998 年，第 249 頁。

〔註 14〕鄭振鐸：《鄭振鐸全集》第 11 冊，第 253 頁。

〔註 15〕鄭振鐸：《鄭振鐸全集》第 9 冊，第 431 頁。

〔註 16〕鄭振鐸：《鄭振鐸全集》第 9 冊，第 431 頁。

書固無論矣。其記一人生平事蹟者，則有《海忠介公居官公案》（明萬曆刊本），《于少保萃忠全傳》（明萬曆刊本）、《皇明大儒王陽明先生出身靖難錄》（馮夢龍作，未見明刊本，今有日本翻刻本）等等。」〔註17〕這時候「靖亂」二字作「靖難」，也就是說1933年時，鄭氏尚未看到這部書的刊本，但他已經通過孫楷第的研究知曉了這部小說存世的情況。在這篇文章中，鄭氏說這類的小說非常多，並且一直到晚清民國時代還有人繼續這種小說的寫作，他聲稱：「將來或將專為一文，以論這種以實事為基礎而恣其污蔑或捧場的小說。」〔註18〕

鄭振鐸在編寫《插圖本中國文學史》時，將孫楷第編《中國通俗小說書目》《日本東京所見中國小說書目提要》的北京圖書館印行本作為重要的參考書目列入。〔註19〕因此，他將孫楷第在書目中對馮夢龍的這部《王陽明出身靖亂錄》的評語「此書所記皆實錄，無一字無來歷」作為依據，認為這部書是以事實為依據的講史小說。後來，孫楷第在《中國通俗小說書目》中刪掉了「無一字無來歷」，保留了「此書所記皆實錄」的評語；而《中國古代小說總目》作者仍主張「以史實核之，一一相合」。鄭氏預告的要以講史小說為重點的文章沒有完成，我們也就不知道他如何看待馮氏的陽明傳奇的。1933年之後，他得到了該書的刻本，可惜他沒有在這部書上留下題記，也沒有留下任何相關的論述。

後來，國家圖書館編輯鄭振鐸《西諦藏書善本圖錄》收錄善本149種，也就沒有選擇它了。只是在《西諦書目卷四集部中小說類》著錄了這部書：「《王陽明出身靖亂錄》三卷，明馮夢龍撰，日本嵩山堂刊本。三冊。（善本編號）6143。」〔註20〕（《西諦書目》）。鄭氏所藏小說類古籍682種，國圖編目員將其分為短篇、長篇和目錄等三類，《王陽明出身靖亂錄》屬於長篇類。

既然鄭振鐸藏本是謝國楨贈予的，那麼謝氏是否在他的書中有記錄呢？初步考察的結果是沒有記載。鄭氏藏本雖然早在上世紀六十年代就由國家圖書館王樹偉、朱家濂、馮寶琳和冀淑英等編成《西諦書目》出版，但似乎少為

〔註17〕鄭振鐸：《鄭振鐸全集》第5冊，第471頁。
〔註18〕鄭振鐸：《鄭振鐸全集》第5冊，第472頁。
〔註19〕鄭振鐸：《鄭振鐸全集》第9冊，第432頁。
〔註20〕國家圖書館古籍館：《西諦藏善本圖錄 附西諦書目》，北京：中華書局，2008年，第130頁。

學界所知。而且，這部小說有滿文譯本，但漢文的刊本卻極為罕見。一如陽明的很多著作的刊本一樣，有可能已經失傳，也有可能保存在某個圖書館善本書室等待人們去發現。

二、奇聞類記：明代人的傳奇筆記

小說畢竟是小說，它不是歷史的真實記錄，但反映了某種歷史的真實。因此，馮夢龍的這部小說，在很多人看來仍就具有重要的史料價值，岡田武彥《王陽明大傳》就說：「文中部分內容還引用了墨憨齋的傳記小說《皇明大儒王陽明先生出身靖亂錄》。可能有讀者會問，《皇明大儒王陽明先生出身靖亂錄》是傳記小說，其中肯定有虛構的成分，為什麼還要引用呢？這是因為通過閱讀這樣的小說，讀者可能更容易理解陽明思想的精髓。」〔註21〕《中國古代小說總目提要》也引用研究者的說法認為：這部小說「除了把史實藝術化之外，並摻雜了不少神話、迷信。不過，依舊可充當王陽明的傳記看。」〔註22〕理解人物及其思想，特別是理解傳統的學術人物，通過小說來進入，對我們現代人而言是再正常不過的了。

「文事武備，儒家第一流人物」的陽明形象是馮夢龍的製造。小說從陽明兒時談起，舉凡幼時穎悟、任俠、報國之志等都有故事敘說，其中談到陽明接受正規教育則僅有十二歲就塾，說出了「聖賢方是第一」的豪言壯語。馮氏說，「只看他一生行事，橫來豎去，從心所欲，戢亂解紛，無不底績，都從良知揮霍出來。真個是卷舒不違時，文物惟其所用。這才是有用的學問，這才是真儒。所以國朝道學公論，必以陽明先生為第一。」〔註23〕

由於陽明早年的故事多在馮夢龍等人的傳奇小說，以及各種筆記小說中，他們的書也就成了後人撰寫陽明傳記的史料。比如，束景南在寫作《陽明大傳》時，就不僅採用了馮夢龍的小說，還將施顯卿的小說《奇聞類記》的記載當作實錄加以引用：

> 國朝成化辛丑科，山東劉珝在內閣，其西席乃餘姚黃珣也。一

〔註21〕〔日〕岡田武彥：《王陽明大傳：知行合一的心學智慧》，楊田等譯，重慶：重慶出版社，2014年，第3頁。

〔註22〕朱一玄等：《中國古代小說總目提要》，北京：人民文學出版社，2005年，第537頁。

〔註23〕〔明〕馮夢龍：《王陽明出身靖亂錄》，杭州：浙江古籍出版社，2015年，第2～3頁。

日，劉使其子送柬於黃，曰：「漢七製，唐三宗，宋遠過漢唐者八事，亦可出乎。」黃答曰：「但刻本常有之。」蓋劉之意，欲西席詳考，答策掇魁，而黃則未盡領會也。他日，黃之鄉里王華來訪，見案前此柬，意或為廷試策問也，歸即操筆成篇。至日，果問此策。王遂大魁天下，而黃居第二。黃固不當漏泄此柬，而劉亦不意為他人所得也。此與東坡送柬李方叔而為二章所得事頗相似。（施顯卿《奇聞類記》卷三）〔註24〕

　　不過，這裡所謂《奇聞類記》並非原本，而是《紀錄彙編》本收錄的《奇聞類紀摘鈔》。這段故事題為《得柬掇魁》，這個本子沒有說明故事的來源。據《中國古代小說總目 文言卷》著錄：

　　　　《古今奇聞類記》，明施顯卿撰。明代志怪小說集。《千頃堂書目》小說類著錄《奇聞類記》三卷；《四庫全書總目》作十卷，題《古今奇聞類記》。以上二本今未見，今惟存《紀錄彙編》本，四卷，題《奇聞類記摘鈔》。顯卿事蹟史傳未載，僅據《四庫全書總目提要》，知其字純甫，無錫（今屬江蘇）人。嘉靖壬子（1552）舉人。官新昌知縣。據書前自序，知其書成於萬曆四年（1576），內分天文、地理、五行、神佑、前知、凌波、奇遇、驍勇、降龍、伏虎、禁書、際妖、戢毒、物精、仙佛、神鬼等十六門。皆取材明人筆記及方志雜傳，每條下悉注明出處。部分散佚不全之書，藉此可得一鱗半爪。書中雖人神兼有，而以怪異之事居多。有些係缺乏自然科學知識，故對某些自然現象妄加猜臆。「天文紀」中記嘉靖時海風劇烈，造成人財損失慘重。人們不曉颱風，便臆度為水怪或云龍所為，不免荒唐。有些則純屬意念虛幻，如「五行紀」中記一異蛇為人擊後入地，作銅錢聲。其人掘地，得錢一缸，便臆言錢乃蛇變，表現人們希望意外發財的心理。還有些則以虛幻神靈庇護，證明封建秩序的合理和帝王更迭的天經地義。如「前知紀」中言某異僧前知天命有歸，指洪武當取天下，紫仙姑前知劉謹被誅，遼陽美人前知宸濠必敗等。書中記人事者亦多為傳奇之事。如「奇遇紀」記姜子奇夫妻重遇，劉岌父子重遇，王游擊

─────────────

〔註24〕束景南：《陽明大傳：心的救贖之路》，上海：復旦大學出版社，2020年，第42頁。

父子重遇，張百戶父子重遇諸事均曲折跌宕，扣人心弦。這些生離死別而又意外重逢的故事又隱約可見社會動亂給人們生活造成的各種悲劇。〔註25〕

提要作者提醒我們，《古今奇聞類記》一書的故事，其中所謂「皆取材明人筆記及方志雜傳，每條下悉注明出處。」也就是說，施顯卿並不創作故事，而是摘編故事。那麼，王華這則故事從何而來？抄錄過程中是否有施顯卿的再創作呢？

今考，《四庫全書存目叢書 子部 第247冊》收錄了南京圖書館藏明萬曆四年刻本《新輯古今奇聞類紀》。該書卷六《奇遇紀》之「功名奇遇」最後一條即《得柬掇魁》。作者注明，王華的這一故事出自郎瑛《七修類稿》。《七修類稿》卷四十三《事物類》有「賣題有數」條：

> 成化辛丑科閣老山東劉珝，西席乃餘姚王玽也。一日，使其子送柬於王，曰：「三宗七製十一事，亦可出乎？」王答曰：「但刻本常有之。」他日，西席鄉里王華來訪，見案間此柬，意或為殿試之舉乎？回即操筆。過日，果問此也，遂為首選。不知劉為西席，故先賣之。豈意為他人所得。吁，觀此則東坡之與李方叔正為切對，豈非其數耶。〔註26〕

《七修類稿》是明朝人郎瑛所作的一部史料筆記。全書分天地、國事、義理、辯證、詩文、事物、奇謔等七個類，「上關典常，微及譎詭，包前修之往行，具名流之嘉話，下而街談巷議與座人所不語者，往往在焉。」〔註27〕（《七修類稿出版說明》）這部書中記錄的各種故事，沒有消息來源，屬於雜鈔的故事集，做談資可，做史實則未必可。比如，這裡的王玽就是一個漏洞。王華是成化十七年進士。《成化十七年進士登科錄》記載：

> 第一甲三名，賜進士及第。王華，貫浙江紹興府餘姚縣，民籍。儒士。治《禮記》。字德輝。行二，年三十六，九月二十九日生。曾祖與准，祖傑（國子生），父天敘，母岑氏。兄榮，弟袞、晃、鱗，敭。娶鄭氏。浙江鄉試第二名，會試第三十三名。

〔註25〕石昌渝：《中國古代小說總目 文言卷》，太原：陝西教育出版社，2004年，第105頁。

〔註26〕〔明〕郎瑛：《七修類稿》，上海：上海書店出版社，2001年，第450～451頁。

〔註27〕〔明〕郎瑛：《七修類稿》，第1頁。

黃珣，貫浙江紹興府餘姚縣，民籍。國子生。治《禮記》。字廷
璽。行二，年四十四，十二月十二日生。曾祖芳，祖文，父廉（京
衛知事）。母戴氏，繼母韓氏。具慶下。兄琛，弟琰、珮。娶朱氏。
浙江鄉試第一名，會試第二百五十九名。（天一閣博物館藏《成化十
七年進士登科錄》）〔註28〕

　　成化十七年王華榜的第二名是黃珣，而不是王珣。《七修類稿》記載的傳
聞明顯有問題。施顯卿發現了這一漏洞，並將它添補完整了。他在《新輯古
今奇聞類紀》中，把「王珣」改成「黃珣」，並加上了王華得魁，黃居第二，
以附會當年科舉事實。同時，他還將故事的題目從《賣題有數》改為《得束掇
魁》，顯然後者更加符合讀者的獵奇心態。我們看到，施顯卿抄錄郎瑛著作時，
不是沒有做進一步的工作，他這一做法充滿了迷惑性，讓原本筆記小說故事，
變成了看起來是歷史事實，但畢竟只是街頭巷議的傳聞。對這種傳聞，馮夢
龍都未予採信。

三、好事者錄：奇異故事與文字術

　　郎瑛《七修類稿》卷四十六還記錄了另一段關於陽明的故事，該故事的
標題是《事合昨夢錄》。他說：

《事合昨夢錄》，宋康譽之撰。《昨夢錄》皆一時奇實之事。……
正德初，友人馬二遊淞江，遇方士盤桓日久。士曰：「予終南山人，
山內自一乾坤也，所居之人服食，與世不殊，無是非爾我之心，壽
皆百數十歲，動用俱備，獨乏者鹽耳。山西南有一洞，四川境也，
水湧難進，欲入者必飛石於洞頂上，有人問其由，可則閘水使進也。
山中有至人知天地國家之災祥，曰今朝廷有事，令我輩十餘人出遊，
引好人去之耳。予心亦善，去彼至樂且壽，如國初宋景濂方死數十
年。」予嘉靖間又會賣藥徐翁，與人談論如醉癡者，但云：「人要在
好處安身。」又云：「天下名山大川，我無不至，王陽明尚在終南山
也。」據此二人之言，則陶之桃花源，蘇之青城山，實有之矣。況
宋公之死，所傳不一：行狀與《菽園雜記》云端坐死於夔府，葬蓮
花池山下；《守溪長語》云縊死茂州一寺，傳聞一夕為水沖去；又今

〔註28〕龔延明主編：《天一閣藏明代科舉錄選刊　登科錄：點校本　上》，方芳點校，
　　　　寧波：寧波出版社，2016年，第531頁。

有家在成都。陽明智術高天下，昨聞雷郎中某在□地親遇陽明，當
時佯死不可知。二人之言，或亦有諸。今觀《昨夢錄》又符於二人，
特錄以傳好事者。〔註29〕

郎瑛說，他聽人親口說，陽明並沒有在嘉靖出去世，而是到終南山去了。
而且，不止一人這樣說過，那麼就可以放在書裏，作為紀聞了。這樣的傳奇
故事，口耳相傳，寫在書中，流傳甚廣，可為談資，但不能作為我們理解歷史
人物所經歷的事實。

這種改動在古代人物故事中往往有之。比如從錢德洪等《陽明先生年譜》
到馮夢龍《王陽明出身靖亂錄》都記載了陽明從小立志為聖人的故事。錢德
洪等《陽明先生年譜》云：

　　嘗問塾師曰：「何為第一等事？」塾師曰：「惟讀書登第耳。」
先生疑曰：「登第恐未為第一等事，或讀書學聖賢耳。」龍山公聞之
笑曰：「汝欲做聖賢耶？」〔註30〕

錢德洪等人提供了陽明從小立志成為聖賢的故事。這一故事被馮夢龍《王
陽明靖亂錄》所接受，他寫道：

　　先生又嘗問塾師曰：「天下何事為第一等人？」塾師曰：「蒐科
高第，顯親揚名如尊公，乃第一等人也。」先生吟曰：「蒐科高第時
時有，豈是人間第一流？」塾師曰：「據孺子之見，以何事為第一？」
先生曰：「惟聖賢方是第一。」龍山公聞之，笑曰：「孺子之志，何
其奢也。」〔註31〕

顯然，馮氏對錢德洪等人的年譜寫作進行了文字的加工，讓故事更加生
動，並且他創造性的使用了「第一流」的說法。這樣的說法，後來被學者們所
採納。比如清初桐城派學者劉大櫆（1698～1780）《送姚姬傳南歸序》則說：

　　昔王文成公童子時，其父攜至京師。諸貴人見之，謂以第一流
自待。文成問：「何為第一流？」諸貴人皆曰：「射策甲科為顯官。」
文成莞爾而笑：「恐第一流當為聖賢。」諸貴人乃皆大慚。（《古文辭
類纂》卷三十三）

〔註29〕　〔明〕郎瑛：《七修類稿》，第484頁。
〔註30〕　〔明〕王守仁：《王陽明集》，第1025頁。
〔註31〕　〔明〕馮夢龍：《王陽明出身靖亂錄》，杭州：浙江古籍出版社，2015年，第
　　　　　7頁。

　　《古文辭類纂》的注者謂，劉氏所引典故出自《傳習錄》及《明史・王守仁傳》《明儒學案・陽明學案》。〔註32〕不過，黃宗羲《明儒學案》卷十和《明史》卷一百九十五《列傳》第八十三皆未記載此事，注者或許是據常識判斷的。從上文的比對可以看出，劉氏所述並非出自清初人的記載，而是另有來源。或許是劉氏得自傳聞，抑或者是他將看到的陽明傳記文字加以改造。如果將劉氏所述文字，與馮夢龍、錢德洪等人的記載相比較，我們會發現，馮夢龍就已經將「第一等事」改為「第一等人」「第一流」，劉氏則徹底將「第一等事」「第一等人」隱去，只留下了「第一流」人物了。

　　劉氏所謂「第一流」的這一故事因姚鼐《古文辭類纂》的收錄而廣為人知，清人文集中亦可見徵引。比如，清胡培翬（1782～1849）《姚鏡塘先生行略》有所謂：「昔王文成公年少入京，諸貴人勉以射策甲科取尊官為第一流人。文成曰：『第一流恐是聖賢路上。』」〔註33〕（清胡培翬《研六室文鈔》卷九，清道光十七年涇川書院刻本）清黎庶昌（1837～1898）《贈趙殿撰序》有：「昔宋王沂公答劉子儀之戲曰：『曾生平志不在溫飽。』明王文成入京師，諸貴人勉以射策甲科為第一流。文成笑謂：『恐第一流當是聖賢。』茲二賢者足以法矣。」〔註34〕（清黎庶昌《拙尊園叢稿》卷四，清光緒二十一年金陵狀元閣刻本）顯然，後世作家在引用前代故事時多要進行加工。

四、國子監生：王陽明的學子生涯

　　「第一流」人生是如何開啟的呢？在傳統社會裏面，中進士算是一個節點事件。正史記載往往記錄重大事件。比如，《明史》卷一百九十五《王守仁傳》記載：王陽明「年十五，訪客居庸、山海關。時闌出塞，縱觀山川形勝。弱冠舉鄉試，學大進。顧益好言兵，且善射。登弘治十二年進士。」〔註35〕正史中，陽明的傳奇一生值得細緻書寫的，是他中進士之後的事情。而小說則用了很長的篇幅講述陽明二十八歲中進士之前的故事。至於中進士這一

〔註32〕吳孟復、蔣立甫：《古文辭類纂評注》，合肥：安徽教育出版社，1995年，第1001頁。

〔註33〕〔清〕胡培翬：《研六室文鈔》，《續修四庫全書》第1507冊，上海：上海古籍出版社，2002年，第470頁。

〔註34〕〔清〕黎庶昌：《拙尊園叢稿》，《續修四庫全書》第1561冊，上海：上海古籍出版社，2002年，第340～341頁。

〔註35〕〔清〕張廷玉等：《明史》，北京：中華書局，2011年，第5159～5160頁。

事件，馮氏用「弘治十二年己未，先生中會試第二名。時年二十八歲，廷試二甲，以工部觀政進士。」〔註36〕馮氏沒有寫陽明考試的科目（本經）是什麼，弘治十二年陽明參加會試的記錄如何呢？這一年的《登科錄》記載如下：

> 王守仁，貫浙江紹興府餘姚縣，民籍。國子生。治《禮記》。字伯安。行一，年二十八，九月三十日生。曾祖傑（國子生），祖天敘（贈右春坊右諭德），父華（右春坊右諭德）。母鄭氏（贈宜人），繼母趙氏（封宜人）。具慶下。弟守義、守禮、守智、守信、守恭、守謙。娶諸氏。浙江鄉試第七十名，會試第二名。（上海圖書館藏《弘治十二年進士登科錄》）〔註37〕

《登科錄》中，父母皆在世為「具慶下」，祖父母、父母具存為「重慶下」。陽明能夠進國子監，是依照當時的蔭子制度，即詹事府右春坊右諭德可蔭一子入國子監讀書。王華成進士之後，主要是中央政府任職。弘治元年，王華「充經筵官」；三年，王倫去世，王華丁憂；六年（1493），王華「升右春坊右諭德，充經筵講官」；九年，「特命為日講官」；十一年，「命兼東宮講讀」。〔註38〕（雷禮《國朝列卿紀》卷二〇，明萬曆徐鑒刻本）陽明入國子監的時間是弘治六年。束景南認為，陽明在國子監讀書時間是三年，即弘治六年至九年。〔註39〕那麼，既然王陽明因為他父親的緣故進入國子監成為國子生，國子監生也能謀得出身，為何他要接連參加科舉考試呢？明代的國子監製度設計中，有這樣的規定，「雖然有父兄的官位品級做保障，但這些人在進入國學時，還需要驗其材質、試其文理之可教者，而後許之。入監之後，也不能由國學直接進入仕途，而只能通過科舉而獲得出仕資格。」即所謂的「須由科舉出身，不許歷事」。〔註40〕

〔註36〕〔明〕馮夢龍：《王陽明出身靖亂錄》，杭州：浙江古籍出版社，2015年，第14頁。

〔註37〕束景南：《陽明大傳：心的救贖之路》，上海：復旦大學出版社，2020年，第121頁。

〔註38〕謝貴安、謝盛：《明代宮廷教育史　上》，北京：故宮出版社，2015年，第350頁。王華不僅是皇帝的經筵講官，同時也擔任了皇太子的講讀官。

〔註39〕束景南：《陽明大傳：心的救贖之路》，第75～76頁。

〔註40〕吳宣德：《中國教育制度通史　明代卷》，濟南：山東教育出版社，1999年，第106頁。

　　王華丁憂期間，陽明進入他家鄉的餘姚縣學學習。二十一歲時（弘治五年，1492），陽明參加了浙江鄉試，順利過關。弘治六年，陽明參加了會試，名落孫山。落榜之後，據說還寫過下回考第一的文章（《來科狀元賦》），三年以後（弘治九年，1496）不僅沒成狀元，狀元影子都沒見著，這一年他結束了太學學習，回到紹興；〔註41〕再等三年（弘治十二年，1499），又考，這回過了，不過和他父親殿試狀元比起來差了不少，他最終的名次是二甲第七名。這一年的狀元是廣東倫文敘（1466～1513），榜眼是浙江豐熙、探花是山西劉龍。倫文敘三個兒子後來都中了進士，他們父子四人有「四元」：一個狀元（進士殿試第一）、一個解元（鄉試第一）、兩個會元（會試第一）。〔註42〕

　　陽明考中進士時已經二十八歲。也就是說，青年陽明花了十來年備考，最終完成了很多人夢寐以求的成功。陽明做過縣學生，又做過國子生。特別是後者，對陽明的傳奇一生有著關鍵意義。當然，關於王陽明的傳奇故事著作大多不會講述這一段故事。我們只能通過國子監的史志來瞭解當時的學習情況。據今人的研究，可知明代國子監的教育是成熟的學校教育。教育史家對此有簡明的敘述：

　　其一，國子監是明代完備教育制度中的最高學府。從中央到地方，各級學校的設置是明代教育制度的特色。從鄉學、縣學、州學、府學到國子監，是從鄉、縣、州、府到中央的等級化教育體系。

　　其二，國子監的入學與升等均有嚴格程序。國子監設計之初，是為了仿照經典中所記錄的三代太學，學生來源有官僚隊伍的直系子弟、留學生，以及下級（府州縣）學校薦舉的優秀學生。國子監本身也有階梯化的考試設計，共分三個等級的六個堂（正義堂、崇志堂、廣業堂、修道堂、誠心堂、率性堂）。國子監的全部「修業期限為十年，自第一堂順序升入第六堂的過程中需要成功通過難度遞增的考試。」〔註43〕

　　其三，國子監的學習體系較為完備。傳統的經典文獻，如《五經》《四書》等自然是國子監的學習材料；除此之外，還有中央政府的各種敕令文獻、律令、規章，等等。人文經典、當代典章、歷史文化等皆有相關課程，而書法、

〔註41〕束景南：《陽明大傳：心的救贖之路》，第 90～91 頁。

〔註42〕鄧洪波等：《中國狀元殿試卷大全》，上海：上海教育出版社，2006 年，第 827 ～828 頁。

〔註43〕郭秉文：《中國教育制度沿革史》，儲朝暉譯，北京：商務印書館，2014 年，第 59 頁。

騎射、數學等也是國子監的必修課。〔註44〕

　　其四，國子監教育的目的是培養優秀政府官員。「從理論上講，建立一支優秀的官員隊伍，對維護國家政權的穩定，促進社會的發展，是有重要作用的。而要建立這樣一支隊伍，首先需要對未來的官員進行教育，這種教育包括德行、才識和實際的工作能力諸方面。這種教育所隱含的思想是：人本身的素質才識國家得以治理、社會得以安寧的關鍵因素。」〔註45〕

　　按照《欽定國子監志》的記載，明代國子監的有著相當完備的制度化設計，其基本情況如下表：

明代國子監基本情況

等級	分堂及人數			時間		考課要求	考課結果
初級	正義堂 390 人	崇志堂 280 人	廣業堂 380 人	一年半以上	坐堂（全日制）	文理條通	升等
中級	修道堂 340 人	誠心堂 370 人		一年半以上	坐堂（全日制）	經史兼通 文理俱優	升等
高級	率性堂 250 人				坐堂（全日制）	積分	出身
主要課程	「開設太學，教育諸生，所以講學性理，務在明體適用。今後諸生止許在本堂講明肄業，專於為己，日就月將。」						
	「所習自四子、本經外，兼及劉向《說苑》及律、令、書、數、《御製大誥》。」						
	「三日一次背書。每次讀《大誥》、本經、《四書》各一百字，熟記文詞，通曉義理。」						
	「每月課本經義二道，《四書》義二道，詔、誥、表、判、策二道，不足者限補作。」						
	「每日習書二百餘字，以二王、智、永、歐、虞、褚、顏、柳諸帖為法。」「每日習仿書一幅，幅十六行，行十六字，必端楷合法書。就六堂官呈改，以圈改字少者為最。」						
	以上資料全部出自《欽定國子監志》卷十二《考校》。〔註46〕六堂人數為估計值，出自吳宣德《中國教育制度通史 明代卷》第 159 頁。						

〔註44〕李弘祺：《學以為己：傳統中國的教育》，上海：華東師範大學出版社，2015年，第 342 頁。

〔註45〕吳宣德：《中國教育制度通史 明代卷》，濟南：山東教育出版社，1999 年，第 77 頁。

〔註46〕〔清〕文慶等：《欽定國子監志》，郭亞南等點校，北京：北京古籍出版社，1998 年。

陽明之所以能夠成為傳奇，與他在國子監的學習經歷有著密切關係。沒有這一段學習生活，就沒有後來陽明的傳奇。

和大部分人將科舉當作選舉不同，不論在舉人考試之前拜訪大學者婁諒，還是獲得進士頭銜之後和大學者湛若水的交流，陽明從來沒有把考試當作工具，相反他是真的去思考考試所學的東西。他的專業是《禮記》，他的學術思想的代表作《傳習錄》開篇就是《禮記大學篇》的內容。陽明在貴州期間，曾寫《五經臆說》，後來覺得不夠成熟，全部付諸一炬。可見他對自己學術的嚴格要求。他曾給鄒守益寫信討論鄉間禮俗，他說按照朱子的《文公家禮》又加以簡約化，這是非常好的。陽明說：「蓋天下古今之人，其情一而已矣。先王制禮，皆因人情而為之節文，是以行之萬世皆準。……若徒拘泥於古，不得於心，而冥行焉，是乃非禮之禮，行不著而習不察者矣。後世心學不講，人失其情，難乎與之言禮，然良知之在人心，則萬古如一日。」〔註47〕（《王陽明全集》卷六）

王陽明出生於比較典型的官僚士大夫家庭（家族），這類家庭（家族）具有這樣三大特點：其一，高等級選舉資格的擁有者。家族的幾代人均有子弟通過了科舉考試，其中有人獲得了政府認定的最高等級的選舉資格（進士）。

其二，土地資源的持有者。家族世居某地，持有這一地方土地，或為鄉紳，或為地主，雖然家族中也有從事商業活動，但家族的主要經濟來源是地租，家族成員的戶籍是民籍。

其三，文人業餘精神的擔綱者。即家庭（家族）成員基於一定經濟基礎或穩定生活，而富有一種精神上的追求，在世俗化的生活中保留著士氣，在逐利社會中保持著正氣。「在明清時代的中國，錢財本身不是權力的根本來源，它必須轉化成官員身份，才能讓人充分感到錢財的力量。」〔註48〕從社會經濟地位來說，明代官僚士大夫家庭成員在整個社會中是一種文化的中間力量和政治生活主要參與者。

雖然陽明出生於典型的官僚士人家庭，但他的個人生涯並不典型，不是一帆風順的，也不是充滿了絕望的，「用飽經磨難這樣的話來形容陽明的人生經歷，一點不牽強：他到六歲才學會說話，他的青年時代動盪不寧，二十多

〔註47〕〔明〕王守仁：《王陽明集》，第180頁。
〔註48〕何炳棣：《明清社會史論》，臺北：聯經出版事業股份有限公司，2013年，第57頁。

歲的時候兩次會試落第，他與同時代人唯一重要的政治和文學群體格格不入。三十來歲時在他自請離職期間，他想在道教的長生術和禪宗的出世精神的實踐中找到有意義的生活，卻半途而廢。他有當眾受辱的傷痛經驗。1506 年，由於申斥宦官劉瑾而被廷杖，大概是當著許多朝臣的面受刑；四十歲前有幾年他被流放到貴州，在偏僻的地區過著孤獨而艱險的生活。即使在經受了放逐的磨難之後，陽明也仍然面臨各種困難：四十多歲時他被迫指揮了四次戰役，清剿江西、福建和廣東邊界數以萬計的農民起義軍。這些戰役使他處在可怕的困境中；他打敗並俘虜了寧王從而清除了明朝皇室所面臨的一次最嚴重的生存威脅，之後不久，卻有人指責他謀反，使他處境危急；最後，在他五十七歲時，成功完成了平息廣西土人起義的艱巨任務之後，他死在離家數百里外的路途中。」〔註 49〕

小結

　　馮夢龍在陽明傳奇即將終了時寫道：「先生幼時常言：『一代狀元不希罕。』又言：『須作聖賢，方是人間第一流。』斯言豈妄發哉。先生歿後，忌其功者或斥為偽學，久而論定。至今道學先生尊奉陽明良知之說，聖學賴以大明。公議從祀聖廟。」〔註 50〕將「人間第一流」這句話讓陽明說出，是馮夢龍的創造。他的這一創造，為後來講述陽明傳奇的人得到了很多的啟發。第一流，不僅意味著人生的傳奇，也意味著歷史的傳奇。這種傳奇，為我們瞭解歷史的真實增加了厚重的歷史記憶，也設置了歷史的謎題。當歷史成為過往，傳奇成為故事時，我們甚至難以區分哪些才是歷史的記錄，而哪些又是歷史的真實。或許，歷史本身就在於這種傳奇的流動中醞釀它的精神和氣質，也在這種流動的傳奇中隱藏著它的秘密和底色。

　　我們從馮夢龍的《王陽明出身靖亂錄》出發，從書籍的視野來梳理這一傳奇故事，能夠看到書籍史在一定程度上就是書寫的傳奇，而書寫的傳奇在某種意義上來說就是我們所能知曉的歷史。「堪笑偽儒無用處，一張利口快如風。」〔註 51〕馮夢龍用這樣的詩句結束了他的陽明傳奇。傳奇的確如風一般，吹動了人的心靈，也吹皺了一池春水。

〔註 49〕杜維明：《青年王陽明：行動中的儒家》，第 5 頁。
〔註 50〕〔明〕馮夢龍：《王陽明出身靖亂錄》，第 120 頁。
〔註 51〕〔明〕馮夢龍：《王陽明出身靖亂錄》，第 120 頁。

第三章 四海傳其書：嘉靖本《傳習錄》[註1]

　　然則《五經》之所載，《四書》之所傳，其皆無所用戶？曰：「孰為而無所用乎？是甘苦妍媸之所在也。」[註2]

　　　　　　　　　　　　　　——王陽明《贈鄭德夫歸省序》

　　書籍是學術傳播的重要依憑，陽明學也不例外。在陽明學術的傳承中，《傳習錄》發揮了至為關鍵的作用。《傳習錄》又稱《王陽明先生傳習錄》《王文成公傳習錄》，是陽明學的經典著述。從《傳習錄》《居夷集》《朱子晚年定論》《古本大學》，到《陽明先生文錄》《陽明先生年譜》，乃至於《王文成公全書》等，無不推動了陽明學在全國的傳播。錢德洪曾說，陽明對於刊刻文集相當謹慎：「嘉靖丁亥（六年，1527）四月，時鄒謙之（鄒守益）謫廣德，以所錄先生文稿請刻。先生止之曰：『不可。吾黨學問，幸得頭腦，須鞭辟近裡，務求實得，一切繁文靡好。傳之恐眩人耳目，不錄可也。』謙之復請不已。先生乃取近稿三之一，標揭年月，命德洪編次；復遺書曰：『所錄以年月為次，不復分別體類者，蓋專以講學明道為事，不在文辭體制間也。』」[註3]（《刻文錄敘說》）按照錢德洪的解說，陽明本人認為口傳心授是講明心學的主要方法，通過書籍傳播是不得已的選擇。然而，並非所有人都能得以面授，特別

[註1] 本章寫作得到了李致忠先生、樊長遠博士、王強先生、宋凱先生、周川富先生、陳雲豪博士、饒益波博士、趙愛學博士的指點和協助，特致謝忱。
[註2]〔明〕王守仁：《王陽明集》，第 211 頁。
[註3]〔明〕王守仁：《王陽明集》，第 7 頁。

是在印刷時代，書籍乃是我們獲取知識的主要手段之一，對此陽明也深有體會。陽明門人孫應奎說，陽明贈給他一部《傳習錄》，並表示，「是《錄》，吾之所為學者，爾勿徒深藏之可也。」〔註4〕（《刻陽明先生傳習錄序》）陽明希望門人不要把書當作禮物珍藏起來，而是要研習體會，如此才能起到讀書的作用。

　　學術研究的進展，離不開對現存書籍的調查和考訂。就陽明學研究而言，隨著陽明學的傳播，陽明著述特別是《傳習錄》，不僅經歷了多次編集，不同時期的編定版本也一再刊行，這就形成人人皆知《傳習錄》，但可能看到的是截然不同的版本。這些不同版本，除了刊刻時間地點的不同之外，更重要的是在內容方面也存在著較為明顯的差異，因此展開全面的調查和考訂《傳習錄》等相關著作源流也就成為陽明學研究的一個不能繞過的問題。事實上，《傳習錄》編集與刊刻，長期以來是困擾陽明學者的問題之一。據佐藤一齋《傳習錄欄外書》（以下稱《欄外書》）、〔註5〕陳榮捷《王陽明傳習錄詳注集評》（以下稱《集評》）、〔註6〕錢明《〈陽明全書〉的成書經過和版本源流》、〔註7〕張克偉《王陽明〈傳習錄〉之刊刻過程及主要版本脞論》、〔註8〕陳來《有無之境》第十二章之《著述辨疑・傳習錄》、〔註9〕陳來《〈遺言錄〉與〈傳習錄〉》、〔註10〕永富青地《王守仁著作之文獻學的研究》、〔註11〕賈大偉等《王陽明文獻普查目錄》、〔註12〕李文潔等《王陽明著述提要》〔註13〕

〔註4〕〔明〕王守仁：《王陽明全集》，吳光等編校，上海：上海古籍出版社，2014年，第1760頁。

〔註5〕〔日〕佐藤一齋：《傳習錄欄外書》，黎業明點校，上海：上海古籍出版社，2017年。

〔註6〕陳榮捷：《王陽明傳習錄詳注集評》，第2～6頁。

〔註7〕錢明：《〈陽明全書〉的成書經過和版本源流》，《浙江學刊》，1988年第5期，第77～81頁。

〔註8〕張克偉：《王陽明〈傳習錄〉之刊刻過程及主要版本脞論》，《四川圖書館學報》，1992年第5期，第63～70頁。

〔註9〕陳來：《有無之境：王陽明哲學的精神》，北京：北京大學出版社，2013年，第345～350頁。

〔註10〕陳來：《〈遺言錄〉與〈傳習錄〉》，《中國文化》，1993年第9期，收入氏著：《中國近世思想史研究》，第682～699頁。

〔註11〕永富青地：《王守仁著作之文獻學的研究》，東京：汲古書院，2007年，第21～34頁。

〔註12〕賈大偉等：《王陽明文獻普查目錄》，北京：學苑出版社，2019年。

〔註13〕李文潔等：《王陽明著述提要》，北京：學苑出版，2019年。

等文獻調查與考訂工作，《傳習錄》的版本體系及其傳承樣貌，已經較為清晰。〔註14〕

但留存至今的明代版本分藏於國內外諸多圖書館、博物館中，尚無人進行過逐一目驗原書的實地調查，研究者或者未見早期刊本，或未見關鍵版本，或據傳聞，或據推理，或據想像，對於《傳習錄》的編定刊刻做出的一些推測性判斷，尚有進一步推進的空間。

筆者有幸獲觀數種《傳習錄》嘉靖刊本，其中一種是被前人視為早已失傳的南大吉刻本的原刻遞修本，一種是錢德洪編訂的天真書院刻本。此二種版本對於我們重新認識《傳習錄》的編刊過程，以及重新梳理陽明學術傳播皆有重要學術價值。

一、編目著錄：善本的調查

《傳習錄》為陽明生前刊行的為數不多的著作。與眾多古代經典一樣，這部書的版本與傳本都較為複雜。為展開相關文獻的歷史研究必須藉助古籍的調查。古籍善本的調查是學術研究的基礎工作。近代以來，古籍善本由私入公的收藏模式的變化為古籍的調查提供了機遇。各古籍收藏機構公布古籍信息數據，為學者研究利用提供了關鍵信息。歷史的文獻研究，也因此而得以不斷深入。上世紀八九十年代完成的《中國古籍善本書目》，本世紀初完成《中國古籍總目》，為我們瞭解全國各地館藏善本提供了重要信息。正在開展的全國古籍普查項目，未來將會為學界提供更多的現存古籍善本的基礎信息。

關於陽明文獻的專項調查也已展開。比如國家圖書館從 2016 年年底開始了館藏王陽明文獻的普查和研究項目，完成了《王陽明文獻普查目錄》等成果。〔註15〕該項目的普查部分以國家圖書館館藏為基礎，同時以北京大學圖書館、上海圖書館、南京圖書館等十五家圖書館的書目數據系統為依據，調查相關機構的古籍善本收藏情況。

〔註14〕此外，日本學者鈴木隆一、山下龍二、吉田公平、永富青地等人也先後撰有專文討論《傳習錄》的編纂與版本問題。見：永富青地：《王守仁之語錄研究》，載李四龍等編：《哲學、宗教與人文》，北京：商務印書館，2004 年，第 127～148 頁。

〔註15〕由連玉明、陳紅彥主編的《王陽明館藏文獻典籍普查、複製和研究叢書》包括《王陽明文獻普查目錄》《王陽明著述篇目索引》《王陽明著述序跋輯錄》《王陽明著述提要》等四種，學苑出版社 2019 年初版。

現存古籍善本書目中，在子部中著錄《傳習錄》明刻本只有屈指可數的幾種。據《中國古籍善本書目》著錄，存世的明代版本至少如下幾種：

789 號，《傳習錄》三卷，明嘉靖三年南大吉刻本，十行二十字，四周雙邊，有刻工，上海圖書館藏。這部書曾被視為現存《傳習錄》的最早刊本。

790 號，《傳習錄》三卷《續錄》二卷，明嘉靖三十三年刻本，十行二十字，白口，四周雙邊，有刻工，上海圖書館藏殘本，東北師範大學圖書館藏全本。該書板框尺寸為 21.3×14.6 釐米。〔註16〕

791 號，《傳習錄》三卷《續錄》二卷，明刻本，十行二十字，白口，四周雙邊，有刻工，北京圖書館、北京大學圖書館藏。〔註17〕所謂明刻本，按照著錄規則，多指無法斷定該版本屬於明朝哪一個具體時代，或指嘉靖萬曆間的刻本。

除了單獨存於子部的《傳習錄》之外，集部中也有若干種：

7506 號，《陽明先生文錄》五卷《外集》九卷《別集》三卷《傳習錄》三卷《傳習續錄》二卷，明萬曆二十一年（1593）陳效刻本，十行二十字，白口，四周雙邊，中央民族學院圖書館、中國科學院圖書館藏；

7507 號，《陽明先生文錄》五卷《外集》九卷《別集》三卷《傳習續錄》二卷，明刻本，十行二十字，白口，左右雙邊，北京大學圖書館藏；

7510 號，《陽明先生文錄》十七卷《語錄》三卷，明嘉靖二十六年（1547）范慶刻本，十行二十字，白口，左右雙邊，北京圖書館、首都圖書館藏全本，浙江圖書館、湖北省圖書館、湖南省圖書館藏殘本。〔註18〕

〔註16〕 東北師範大學圖書館藏本入選《第三批國家珍貴古籍名錄》，名錄號 08320。見：中國國家圖書館、中國國家古籍保護中心編：《第三批國家珍貴古籍名錄圖錄》第四冊，北京：國家圖書館出版社，2012 年，第 286 頁。

〔註17〕 《中國古籍善本書目·子部》，上海：上海古籍出版社，1994 年，第 80 頁。以上三種古籍的行款信息見：翁連溪：《中國古籍善本總目》，北京：線裝書局，2005 年，第 802 頁。清華大學圖書館和臺灣漢學研究中心也藏有這一種明刻本。（《王陽明文獻普查目錄》，第 3 頁。）其中，北京大學圖書館所藏善本的著錄信息為：「《傳習錄》三卷《續錄》三卷，明王守仁，徐愛等錄，明嘉靖三年（序，1524）重刻本。四冊。NC1321.6／2924.44。」（北京大學圖書館：《北京大學圖書館藏善本書目 下》，1958 年，第 4 頁；《北京大圖書館藏古籍善本書目》，北京：北京大學出版社，1999 年，第 224 頁。）

〔註18〕 《中國古籍善本書目·集部》，上海：上海古籍出版社，1996 年，第 618 頁。以上三種古籍的行款信息見：翁連溪：《中國古籍善本總目》，北京：線裝書局，2005 年，第 1388～1389 頁。

　　另據《中國古籍總目》的調查著錄，則有三卷、四卷和一卷等不同。其中，三卷本《傳習錄》有明嘉靖三年南大吉刻本、明嘉靖三十三年刻本、《全書》本和明刻本（嘉靖萬曆間刻本）；《王陽明先生傳習錄》有明武昌江漢書院刻本、明嘉靖三十三年刻本和明刻本。此外，尚有《傳習續錄》二卷，存有明嘉靖三十三年刻本和明刻本。國家圖書館還藏有明李益大刻本《傳習錄》三卷之殘本。〔註 19〕

　　《傳習錄》的早期刊本，在日本也存有若干種。嚴紹璗《日藏漢籍善本書錄》著錄《傳習錄》二種。一為御茶之水圖書館藏八卷本二冊，乃明嘉靖三十三年何應元刊本。此本半葉九行，行十七字，左右雙邊，版心下方題「何應元刊」。一為內閣文庫藏六卷本二冊。〔註 20〕另外還有兩種嚴氏調查時未發現，其一是日本京都市日比谷圖書館藏嘉靖二十三年德安府刻本，其一是京都大學附屬圖書館所存嘉靖三十年孫應奎刻本。關於前者，日本陽明學者佐藤一齋曾在《傳習錄欄外書》中有詳細說明。〔註 21〕關於後者，錢明《陽明全書成書考》一文曾予以揭示。〔註 22〕

〔註 19〕《中國古籍總目‧子部》，上海：上海古籍出版社，2010 年，第 104～105 頁；賈大偉等：《王陽明文獻普查目錄》，第 3 頁。

〔註 20〕嚴紹璗：《日藏漢籍善本書錄》，北京：中華書局，2007 年，第 745～746 頁。

〔註 21〕佐藤一齋說，他所得德安府重刊本為上下二冊，上下兩冊各四卷。佐藤氏的這一南大吉刊本為八卷的說法廣為流傳。不過，從現存德安府刊本來說，該書卷端標目是「傳習錄上卷某」「傳習錄下卷某」，是上卷下二卷各分四個部分，並非佐藤氏所謂上冊下冊各四卷。按照古籍的著錄，該刻本是：《傳習錄》二卷，明嘉靖二十三年德安府刻本。佐藤氏還說，德安府刊本上冊前三部分與後世通行本大同小異，第四部分則是通行本的中卷；下冊四個部分所錄文與後世通行本不同，後者「蓋出於錢緒山所改訂」。（《傳習錄欄外書》，第 2 頁）佐藤氏以為德安府刊本是南大吉刊本的重刻本，保持了南本的原貌。這是因為他並沒有見過南本的緣故。陳榮捷《王陽明傳習錄詳注集評》也認為德安府本為上下冊各四卷。事實上，直到中華古籍保護計劃在 2007 年啟動之前，當代的學者們都未發現過真正的南本。因此，對佐藤氏的說法，學者只能盡可能從學理上予以回應，比如錢明、黎業明先後考證了《傳習錄》所錄書信的年月，證明南大吉刊本是重新編定的《傳習錄》，絕非薛侃早期刊本的照舊翻刻。

〔註 22〕錢明：《〈陽明全書〉的成書經過和版本源流》，《浙江學刊》，1988 年第 5 期，第 77～81 頁。錢明稱此為衡湘書院蔡汝楠刊七卷本。但原書標目實為「傳習錄上卷某」「傳習錄下卷某」，其中上卷分三部分，下卷四個部分，造成困惑的地方可能是該書版心題「傳習錄上｜○卷某」「傳習錄下｜○卷某」。這裡的「｜○」是魚尾符號，故這個版本仍舊是《傳習錄》二卷。

　　根據實地調查與文獻研究，永富青地對上述《傳習錄》的不同傳本進行過系統梳理。他的《〈傳習錄〉的成立與完成》一文指出《傳習錄》可以分為早期單行本、全書本和全書編成後的諸傳本等類型。其中，早期單行本是考察《傳習錄》成立和完成的核心文獻。〔註23〕據永富青地的介紹，他所見《傳習錄》有三卷本（上海圖書館、北京大學圖書館、臺北「中央研究院」歷史語言研究所傅斯年圖書館、中國科學院圖書館藏）、六卷本（日本內閣文庫）、七卷本（京都大學附屬圖書館藏）、二卷本（東京都立中央圖書館）。其中，兩種為《陽明先生文錄》的不同刊本所附。

　　《傳習錄》自編定刊行以來，曾廣為流傳，但作為古籍善本傳承至今的並不多。經過當代古籍工作者的調查，我們知道《傳習錄》存世的基本情形有單行本和叢書本兩種。其中，單行本有明嘉靖、萬曆時期的刻本；叢書本則或在《陽明先生文錄》，或在《全書》。在《文錄》時單出書名，尚作為單獨一部書，而在《全書》時則僅為其中的前三卷。〔註24〕與《全書》類似的，尚有宋儀望輯《陽明先生文粹》（明嘉靖三十六年（1557）孫昭大梁書院刻本），亦有《傳習錄》三卷。又如我們所見到的嘉靖二十九年閭東序《陽明先生文錄》即有《傳習錄》，閭東序稱「《陽明先生文錄》舊刻於姑蘇，《傳習錄》刻於贛，繼又有薛子刻其言，然相傳不多得，同志未得合併以觀全書，每有餘憾。東按西秦歷關隴，見西土人士俊髦群然，皆忠信之質也。因相與論良知之學，盡取先生《文錄》，附以《傳習錄》，並《則言》共若干卷刻之。」〔註25〕

　　不論是單行本，抑或者是叢書本，曾經是讀者和藏書家的珍品，如今是各大圖書館的珍藏，是存世的古籍善本，也是研究者從事古典研究的第一手的珍貴文獻資料。但研究者要展開相關的研究，首先需要有編目員去著錄，

〔註23〕〔日〕永富青地：《王守仁著作之文獻學的研究》，東京：汲古書院，2007 年，第 21～98 頁。

〔註24〕《陽明先生文錄》所附《傳習錄》未作單獨一書，故《中國叢書綜錄》就中不收此書。《中國叢書綜錄》中著錄《傳習錄》兩種：（1）《王陽明先生傳習錄》五卷，《國粹叢書》第一集；（2）《傳習錄》三卷附《朱子晚年定論》，《王文成公全書》本（隆慶本、同治光緒本）、《四部叢刊》（二次印本、縮印二次印本）·集部·《王文成公全書》《四部備要》（排印本、縮印本）·子部儒家·《王文成公全書》。（上海圖書館：《中國叢書綜錄》第二冊，上海：上海古籍出版社，1982 年，第 732 頁）

〔註25〕崔建英：《明別集版本志》，北京：中華書局，2006 年，第 96 頁。

需要藏書機構去揭示，否則這些古籍善本即便保存在善本書庫，也未必能成為研究者所關注的對象。另外，編目員在對古籍善本進行著錄登記時，往往依據前代人的判斷，特別是藏書家的意見，一旦有了一個比較明確的結論，研究者往往引以為據，極有可能出現版本的誤判，從而造成推論的偏差。事實上，上述關於《傳習錄》的著錄就存在此類問題。

二、早期刻本：長期的迷惑

《中國古籍善本書目》《中國古籍總目》及《王陽明文獻普查目錄》等皆將上海圖書館所藏三卷本《傳習錄》著錄為嘉靖三年刊本，亦即這部書為現存《傳習錄》的最早刊本。然而，當我們如今有機會比對不同機構的藏本時，我們會發現上圖所藏此本《傳習錄》並非嘉靖本，而是萬曆本。

不僅如此，上圖本與北京大學圖書館藏嘉靖三年序重刊本、東北師範大學圖書館藏嘉靖三十三年刻本，以及國家圖書館藏明刻本《傳習錄》實際上為同一版本。這部書包括《傳習錄》三卷《續錄》二卷。

西泠印社再造複製《王陽明先生珍稀文獻二種》的《傳習錄》即上圖藏本。此本版心題「傳習錄卷一」「傳習錄卷二」「傳習錄卷三」，卷一卷末題「傳習錄卷一」，卷二、卷三卷末分別題「傳習錄卷上二」「傳習錄卷上三」。該書有南大吉序、徐愛序，全書字體為寫刻軟體，版心下方有刻工。〔註26〕這個本子被認定為嘉靖三年刻本的證據只有南大吉序。在國家圖書館藏嘉靖三年南大吉刻嘉靖二十九年續修本被發現之前，學者無法獲知嘉靖三年刻本樣貌，加之該本寫刻俱佳，又是晚明刻本，版本鑒定似乎不成問題。但這部書的版本方面至少存在四個棘手的問題：第一，該書的刻工令人迷惑，雖然每一頁皆標刻工姓名，但因悉數為單字，似乎無法考證他們究竟哪一時代的刻工，需要有更進一步的相關信息才能確定時代。第二，這一傳世藏本雖然幾乎每一頁都有朱筆圈點，卻無任何一方藏印，也未見有閱讀者的任何閱讀信息，為何不曾有鈐印、題跋之類？第三，書頁有水漬痕跡，看起來像是故意做舊，是否是後人故意為之？第四，版心所題卷數與卷末所題卷次完全不同，似乎製作者故意要做出來一個讓人信服的三卷本來，但卷二、卷三之末卻忘了處理。也就是說，製作這一版本的人似乎要留下一些線索讓人去思考。

〔註26〕〔明〕王陽明：《王陽明先生珍稀文獻二種》，杭州：西泠印社，2018年。

這就不得不讓我們對這一版本的原鑒定產生質疑。它到底是什麼版本呢？起初，筆者認為，此上海圖書館藏本從字體風格而言絕非嘉靖刻本，而是萬曆年間的刻本，甚至有可能是清人所為。但，這一善本本身的信息較少，並不能直接下結論。版本鑒定必須要有考證的依據，僅僅依靠觀風望氣的感覺，是無法讓結論成立的。筆者持此書影印本詢問李致忠先生。李先生認為，這部書的字體有成弘風格，是精心製作，但成書晚於這一時代，只可能是晚明時期的刻本；而清代書賈作偽的假設似不能成立，因無此可圖之利。因此，他建議繼續尋找相關信息，細細考之，定能攻下它。

於是，筆者進一步比勘調查。首先，我們發現此書與國家圖書館藏明刻本《傳習錄》三卷《續錄》二卷之第一、二冊是同一版本。國圖藏明刻本四冊裝訂，第一二冊為《傳習錄》上卷一二三，第三四冊為《傳習續錄》卷上下。其中第一冊到《傳習錄》卷上第12葉止，第2冊從第13葉至22葉開始，至上卷三結束。該本半葉十行行二十字，白口，四周雙邊，單魚尾。鈐印有：葉啟芳、葉啟芳藏、葉啟芳□□六十藏書、白苗等。葉啟芳（1898～1975），廣東三水人，曾任中山大學圖書館館長、中山大學教授。《王陽明文獻普查目錄》將國圖此本與北京大學圖書館、清華大學圖書館和臺灣漢學研究中心藏本皆歸於同一版本。〔註27〕《王陽明著述提要》進一步說：「《中國古籍善本書目·子部》790 著錄上海圖書館（殘）、東北師範大學圖書館藏嘉靖三十三年刻本，子部 791 著錄國家圖書館、北京大學圖書館收藏明刻本。因研究發現北大藏本亦為嘉靖三十三年刻本，（國圖藏明刻本）版本的鑒別有待進一步研究。」〔註28〕國圖藏本是何種版本呢？

通行本《傳習錄》包括語錄和書信兩個部分。而這部《傳習錄》的奇特之處在於它只有語錄部分，沒有書信部分，《傳習錄》部分又出現了「傳習錄上卷」的標注。令人困惑。至於《續錄》前則有錢德洪序稱「洪在吳時，為先師哀刻《文錄》，《傳習錄》所載下卷，皆先師書也。既以次入《文錄》書類矣。乃摘《錄》中問答語，仍書南元善所錄，以補下卷。復採陳惟濬諸同志所錄，得二卷焉，附為《續錄》，以合成書。……謀諸涇尹丘時庸，相與捐俸，刻諸水西精舍。」〔註29〕若以此嘉靖甲寅（三十三年，1554）序來看，錢德

〔註27〕賈大偉等：《王陽明文獻普查目錄》，第 2～3 頁。
〔註28〕李文潔等：《王陽明著述提要》，第 10～11 頁。
〔註29〕〔明〕王陽明：《王陽明全集（新編本）》第 6 冊，第 2099 頁。

洪編輯《陽明先生文錄》時把南本《傳習錄》中書信全部收錄，故而書信體文字就不需要再出現再《傳習錄》裏面，剩餘尚有語錄可收，於是就保留南本中語錄部分為三卷。但這部書的處理似乎多有不經心處，與錢德洪後半生以編集整理出版陽明著述的志向頗不吻合。於此矛盾處，陳來曾以提出這樣的主張，即「事實上，整個《傳習錄》中卷與下卷的編定及按語，處處可以看到錢德洪的遺誤，這也是心學一派忽遺文獻之學的流弊表現。」〔註30〕錢德洪真的如此？抑或是我們所見的版本出了問題？如果是後者，則並非錢氏的錯誤，而是其他了。

其次，我們注意到，上圖本、國圖本、北大本和東北師大本不僅行款格式一致，而且皆有刻工。在編輯《中國古籍善本書目》時，限於技術條件，編者無法將不同的藏本並几而觀，細緻的比勘也就較為困難，但出於他們的版本學敏感，他們將這兩部不同版本的《傳習錄》排列在一起，提示我們這兩種書當有某種聯繫。

第三，據北京大學圖書館的編目信息，前輩編目員認為這部書是「嘉靖三年序重刻本」，其依據是這部書前所附南大吉序文落款日期為嘉靖三年，但這部書又明顯不是嘉靖三年刊本，只能是重刻之本，具體刊刻年代則因缺乏相關信息而無法判定。在上世紀五十年代進行古籍編目時，各單位還未有全面調查不同版本的條件，各種工具書也未如現今一般齊備，只能盡可能地根據所見之本進行較為合理的著錄，因此也就有了「嘉靖三年序」和「重刊」兩個重要的信息。

第四，經書影比勘，我們注意到東北師範大學圖書館藏本，與國家圖書館、北京大學圖書館藏本，及上海圖書館藏殘本（即所謂的嘉靖三年刻本）皆為同一版本。東北師範大學藏本定為嘉靖三十三年刻本的依據是該書《續錄》部分有錢德洪序文，其落款日期是嘉靖甲寅，即三十三年。除此之外，別無明顯的證據供版本判定。

如何才能判定這部書的版本？這部書的字體風格與常見的嘉靖本風格不類，甚至有成化弘治間的寫刻樣貌，但此時《傳習錄》尚未問世，因此只可能是後世的刻書者用一種典雅莊重的字體來刊刻陽明著述以示尊崇這一種解釋可以為人所接受了。問題是，這部書是在何時何地由何人刊刻的呢？按照古籍善本鑒定的常規方法，當序跋、題記等皆存在疑問時，而又沒有其他閱讀

〔註30〕陳來：《中國近世思想史研究》，第 695 頁。

者留下的信息時，我們需要通過刻工、版式風格等各種信息加以判斷。這部書恰好有諸多的刻工信息：之、小、友、國、秀、曹、李、全、其、任、世、山、於、合、祖、章、劉、中、丁、陳等。值得注意的是，該書刻工「秀」亦見於國家圖書館藏萬曆初年謝廷傑刊本《全書》（卷四第 31 葉）。〔註 31〕《全書》僅有兩處有刻工，除「秀」外尚有「劉承」。劉承參與過萬曆間南京國子監重修《晉書》、萬曆間刻本《平播全書》。〔註 32〕劉承即劉雲承，還參與過萬曆二十年刻本《孤樹裒談》、萬曆二十四年《靈隱子》《豐對樓詩選》等。〔註 33〕參與南京國子監於萬曆間重整《晉書》的刻字匠有：江期、余世力、李春、劉中、劉光祖、張合、唐章、□丁、陳煥等，〔註 34〕這些人的姓名中恰恰有與此《傳習錄》的刊工姓名能吻合者；萬曆本《平播全書》的刻工有：山、吳中（吳中臣、中臣）、友、李金孝、李世干、劉承、王文等，〔註 35〕亦有幾人與《傳習錄》刊工姓字相合。也就是說，我們可以確定同一批刊刻工匠在南京期間完成了這幾部書的刊刻。

另外，從字體風格、版式等而言，這部《傳習錄》亦與萬曆本《全書》亦較為接近。因此，這部明刻本《傳習錄》當是萬曆初年的南京刊本。

據此，我們可以初步判定，謝廷傑在萬曆初年任職於南京時資助製作了《全書》，同時還資助製作了《傳習錄》。如此一來，前賢基於這一部所謂的嘉靖本《傳習錄》而得出的各種關於《傳習錄》的結論將有必要予以修正。

這兩南京刊刻的《全書》和《傳習錄》各自刷印了一定數量，由於其版刻精美，字畫精工，並且被不同的機構或個人保存下來，直到當代人重新整理陽明全集時，謝氏刊本成了最易獲得的古籍善本。而不管是他主持的《全

〔註 31〕國家圖書館藏謝廷傑本《王文成公全書》，現著錄為：明隆慶六年謝廷傑刻本。藏有這部書的機構除國圖之外，還有北京大學圖書館、中國科學院文獻情報中心、國家博物館、北京市文物局、上海圖書館等 27 家之多。（《王陽明文獻普查目錄》，第 12 頁）朱鴻林等學者已指出，傳統著錄中將《王文成公全書》標注為隆慶六年（1752）是不準確的。真正的隆慶六年刊本是郭朝賓資助刊行於杭州者，真正為謝廷傑所資助刊行的乃在萬曆初年。詳見：朱鴻林：《孔廟從祀與鄉約・〈王文成公全書〉刊行與王陽明從祀爭議的意義》，北京：生活・讀書・新知三聯書店，2015 年，第 125～150 頁。

〔註 32〕李國慶：《明代刊工姓名全錄 上》，上海：上海古籍出版社，2014 年，第 343 頁。

〔註 33〕李國慶：《明代刊工姓名全錄 上》，第 376 頁。

〔註 34〕李國慶：《明代刊工姓名全錄 下》，第 437 頁。

〔註 35〕李國慶：《明代刊工姓名全錄 下》，第 585 頁。

書》，還是《傳習錄》，因為諸多原因被學者視為更早一個時期的版本，給陽明學研究帶來了很多麻煩。如今，我們將這兩部書的版本時代加以更準確的定位，這自是當代陽明學的文獻研究的一個進步。

三、書目信息：兩種嘉靖本

近年來，隨著古籍普查工作的深入，上述幾種版本之外，還有若干種現存本被人發現。其中，國家圖書館藏嘉靖三年南大吉刻嘉靖二十九年蕭彥修補本、日本國士館大學圖書館藏嘉靖三十八年刻本最有令人興奮。前者的發現，讓我們看到長期不為學者所知，甚至是誤將重訂翻刻本視為原本的珍稀版本；後者為我們重新認識《傳習錄》的編定過程提供了寶貴的資料。以下分述這兩部書的基本情況：

（1）國家圖書館藏嘉靖三年南大吉刻嘉靖二十九年蕭彥修補本《傳習錄》二卷。我們稱之為「南刻蕭補本」。

《傳習錄》的這一版本長期以來不為人知，〔註36〕原因之一是此傳本和《陽明先生文錄》《陽明先生則言》等書並為一書，原收藏家將這幾部書作為一種處理，進入圖書館收藏後也保持了原藏家的收藏樣式未變。故前人的著錄或徑以「文錄」統名之。如「國家圖書館書目檢索系統」（http://opac.nlc.cn）還保留著舊的書目信息：

> 陽明先生文錄外集〔普通古籍〕：九卷／（明）王守仁撰；（明）錢
> 德洪等編
> 版本項：刻本
> 出版項：明嘉靖間〔1522～1566〕
> 載體形態項：24 冊
> 語言：chi

〔註36〕任文利曾在 2017 年到國家圖書館查閱了該書，並撰寫了《王畿重刻南大吉本〈傳習錄〉與南本相關問題》長文（《中山大學學報（社會科學版）》，2017 年第 4 期，第 122～130 頁）。任文認為國家圖書館藏本是王畿重刻本的理由是該書有王畿的重刻序，不過，王氏序雖然為《重刻傳習錄序》，但其中已經明確表示是據舊版加以處理，並非嚴格意義上的重修，按照古籍著錄規範，王畿是補刻本的倡議人，實際工作是紹興府通判蕭彥贊助的。任文認為該書的卷數是上冊三卷，下冊五卷，故可著錄為八卷。由於斷定這部書是王畿的重刻本，所以任文得出了南大吉刊本今已不可見的結論。事實上，這部書就是南本。蕭彥所作的工作是將南本中漫漶、模糊的不堪用的一半左右的板片加以重刻，而舊板尚有一半存在。

相關附注：10 行 20 字白口左右雙邊

著者：王守仁 明 撰

附加款目：錢德洪 明 編

索書號：23048

在古籍普查過程中，古籍編目者對舊藏古籍善本進行了系統的梳理。關於此書，「中華古籍書目數據庫」〔註37〕公布了新的信息：

普查編號：110000-0101-0067724 FGPG 23048

書名：陽明先生文錄五卷文錄外集九卷別錄十卷傳習錄七卷〔註38〕

則言二卷

著者：（明）王守仁撰（明）錢德洪等編

版本：明嘉靖刻本

冊數：24 冊

館藏：國家圖書館

李文潔等《王陽明著述提要》中對編號 23048 的這套普通古籍有這樣的表述：

> 《傳習錄》半葉 10 行 17 字，白口，左右雙邊。版心中鐫「傳習錄」及卷次，下鐫葉次。《傳習錄》首有嘉靖三年（1524）南大吉《刻傳習錄序》、嘉靖庚戌（二十九年，1550）王畿《重刻傳習錄序》，末有嘉靖二十九年蕭彥《重刻傳習錄後跋》。是書《傳習錄》記王守仁與弟子門人講習答問之語，其中上卷分為一二三，分別為徐愛、陸澄、薛侃錄；下卷分一二三四五，為論學書、教約等；上下二卷內容相當於《王文成公全書》中《傳習錄》之一、二卷，而無陳九川、錢德洪所錄諸條。據王畿《重刻傳習錄序》，此《傳習錄》為嘉靖二十九年蕭彥刊刻。〔註39〕

提要撰寫人已經注意到這部《傳習錄》與通行本的差異，但因為它與《文錄》《外集》《別錄》《則言》等混在一起，極具迷惑性，所以他們說：《陽明先生文錄》五卷《外集》九卷《別錄》十卷《傳習錄》二卷《則言》二卷是一部

〔註37〕中華古籍書目數據庫公布了中華古籍保護計劃啟動以來全國古籍普查的系列成果，網址為：http://202.96.31.78/xlsworkbenc/publish.

〔註38〕這裡的「七卷」當時「二卷」之誤，《王陽明文獻普查目錄》《王陽明著述提要》等書對此已修訂。

〔註39〕李文潔等：《王陽明著述提要》，第 30～31 頁。

完整的書，即一套陽明的文集。他們細緻比對的結果是：《文錄》《外集》《別錄》部分是用明嘉靖十四年聞人詮刻本舊版刷印，《則言》是用明嘉靖十七年（1538）薛侃刻本舊版刷印，而《傳習錄》則是用明嘉靖二十九年蕭彥刻本刷印。因此，這是一部用不同時期的陽明著作版片三合一而成的匯印本。提要作者說：「此本（指 23048 號古籍）合已刻《文錄》《傳習錄》《則言》諸書彙編刊印，與嘉靖二十九年閭東刻本之匯印相似。但閭東刻本之《別錄》為十四卷，與此本不同。且現存閭東刻本皆未存《傳習錄》《則言》兩部分，無從對比。此本暫著錄為嘉靖刻本，待進一步考察。」〔註 40〕所謂匯印本，在古籍著錄時相當棘手。崔建英《舊板匯印本及著錄》一文〔註 41〕曾對此有細緻討論。他認為匯印本以明清刻本較為常見，其特點包括：（1）與古籍中的叢書、總集、全集相似，但既無總名，也無總目，因為刻板時間不同，版刻目的不一，後來者只是按照某種目的收集了不同的書板加以刷印。由此產生了判別的特徵（2）紙張的一致性。雖然不同版片刻於異地異時，但有人收攏一處，匯而印之，則用紙當為一時一地所產。（3）原版各有獨立的序跋，刻書年代可徵，版有模泐，間有補刻。（4）前人著錄中有種數、卷數相合或相近者，但與世存之本未必相同。（5）書名著錄或以代擬名為題，或以書中某一種為題，或集合多種書名而無總名。就目前這部陽明文集來說，其情況似與這種匯印本相類，但是否確定無疑為匯印本則需要進一步的考察。

　　我們認為，除了匯印本的這種可能之外，另一可能是多種刻本的彙集本，〔註 42〕如果用百衲本來形容亦不為過。這套百衲本的陽明全書是由三種不同版本的書湊成的：《文錄》《外集》《別錄》是一種，是聞人詮本；《則言》是一種，為薛侃本；《傳習錄》是一種，是南大吉本。之所以將諸書彙集一處，當是讀者也就是我們今天所知的該書的藏家所為。

　　此國家圖書館藏本原為天津延古堂李氏舊藏。李氏僅在《陽明先生文錄》一書第一頁上鈐「延古堂李氏珍藏」印。這 24 冊古籍的封面皆有書名簽條，但《傳習錄》所在二冊有簽條無題名。尚不知是何人在何時將上述幾種不同

〔註 40〕李文潔等：《王陽明著述提要》，北京：學苑出版社，2019 年，第 31 頁。
〔註 41〕崔建英：《崔建英版本目錄學文集》，南京：鳳凰出版社，2012 年，第 72～81頁。
〔註 42〕任文利《王畿重刻南大吉本傳習錄與南本相關問題》一文說：「《陽明文錄》嘉靖間刻本如范慶本、閭東本有附《語錄》《傳習錄》者，乃原本刊刻如此，與國圖此種情況不同，國圖此種《傳習錄》實為單行刻本。」（第 122 頁）

的書歸置在一起的，或許藏書人有意識地收集了陽明的多種著作以成一全書亦可未可知。那麼，是否還有一種可能，即刷印此書的人將三種不同版本的板片收集起來呢？我們的確沒有辦法完全排除這種可能性，但聞人詮本刊於蘇州；薛侃本刊於杭州天真書院；南大吉本刊於紹興府，要從三個地方把板片湊在一起，其難度較之集三種不同版本的書要大得多。

（2）日本國士館大學圖書館藏嘉靖三十八年（1559）刊本《傳習錄》三卷。我們稱之為「胡宗憲刻本」。該校圖書館著錄網絡發布的書目信息如下：

　　刊年：1559

　　形態：3 冊；25.9×17.5cm

　　別書名：陽明先生傳習錄

　　注記：和漢古書につき記述對象資料每に書志レコード作成

　　刊本

　　上卷 1 の表紙の書名：陽明先生傳習錄

　　重刻傳習錄序末に「嘉靖己未〔歲？〕冬仲望日門人王畿百拜撰」

　　とあり

　　四周雙邊有界 9 行 19 字，內匡郭〔18.8×13.5cm〕，白口單魚尾。

　　卷頭の冊次：上卷：上卷 1～3。中卷：中卷 1～5。下卷：下卷之 1

　　　　　　　　　～3

　　線裝　帙入

　　印記：「國士館大學藏書」「悔堂藏奔」「蒼茫處」「南陽國士藏書」

　　　　　「華陽高氏蒼茫齋考藏〔金？〕石書籍記」ほか 14 印。〔註43〕

本書卷一卷端編刊者署名為：後學新安胡宗憲重刻，門人錢德洪、王畿編次，唐堯臣、桂軏校正。下卷之三末書署：「後學生酈琥、徐天民、方木、錢君澤、鄭忠、錢彪校對」。

本書三冊裝訂，第一冊封面篆書題：「陽明先生傳習錄。」書題後有題識：「蒼茫齋收存單行本，戊午元夜題。時客江寧。尚同手書。」

據上述信息可知，此書可簡單著錄為：《傳習錄》三卷，明王守仁撰，錢德洪、王畿編，明嘉靖三十八年（1559）胡宗憲刻本。半葉九行，行十九字，白口，線魚尾，四周雙邊。

〔註43〕國士館大學圖書館書志情報，https://opac.kokushikan.ac.jp/Main/Book？book_
　　　id=TS01262329&q=1&qt=0&qp=1&qv=10&qs=sort_title&qd=0&qn=9

（3）國士館大學圖書館藏本與國家圖書館藏本都較為完整，為我們瞭解《傳習錄》的早期版本情況提供了實物證據。二書內容與葉數情況見下表：

兩種嘉靖本《傳習錄》基本內容信息

嘉靖三十八年胡宗憲刻本（胡本）				嘉靖二十九年蕭彥補刻本（蕭本）		
卷次	內　容	葉數	備　註	卷次	內　容	葉　數
序文	徐愛《傳習錄序》、錢德洪《續刻傳習錄敘》（嘉靖甲寅，三十三年）、王畿《重刻傳習錄序》（嘉靖己未，三十八年）、唐堯臣《讀傳習錄有言》（嘉靖三十七年）	9葉	序文連續編號	序文	南大吉《刻傳習錄序》（嘉靖三年）、王畿《重刻傳習錄序》（嘉靖庚戌，二十九年）	5葉。兩篇序文單獨編號，南序3葉，王序2葉
上卷之一	徐愛錄	18葉	卷端題：傳習錄上卷一	上卷一	徐愛錄	18葉。末有薛侃識語：「曰仁所紀，凡三卷，侃近得此數條，並兩小序。其餘俟求其家附錄之。正德戊寅春薛侃識。」
上卷之二	陸澄錄	25葉		上卷二	陸澄錄	25葉
上卷之三	薛侃錄	22葉	上卷訂為一冊	上卷之三	薛侃錄	23葉
中卷之一	《答人論學書》	29葉	《全書》改為《答顧東橋書》	下卷一	《答徐成之書》二篇、《答羅整庵少宰書》	16葉。《答徐成之書》第二篇後有南逢吉識語
中卷之二	《答周道通書》《答陸原靜書》二篇	22葉	卷末署「右門人南大吉錄」	下卷二	《答人論學書》	28葉
中卷之三	《答歐陽崇一》《答羅整庵少宰書》二篇	14葉		下卷三	《答周道通書》《答陸原靜書》二篇	22葉

中卷之四	《答聶文蔚書》二篇	14葉		下卷四	《答歐陽崇一》《答聶文蔚書》	12葉
中卷之五	《示弟立志說》《訓蒙大意示教讀劉伯頌等》《教約》	7葉	卷末署「右門人南大吉錄」	下卷五	《示弟立志說》《訓蒙大意示教讀劉伯頌等》《教約》	7葉
下卷之一續錄	陳九川、黃直、黃修易、黃省曾錄	25葉	卷末題「右門人陳九川錄」			
下卷之二續錄	錢德洪錄	24葉				
下卷之三續錄	錢德洪錄	14葉	首嘉靖丙辰錢德洪序「嘉靖戊子冬」云云			

我們看到，《傳習錄》的分卷與常見的古籍分卷並不一致，但不同的刊本之間保持了很強的延續性。從上表可見，錢德洪、王畿在南大吉刊本的基礎上做了不少的工作，除了增補續訂之外，還對原書第二部分，即南本卷下內容做了一些調整。

四、匯藏諸本：國家圖書館藏本

古籍善本的傳承即是書籍歷史。我們總希望歷史能夠為我們留下更多的信息，供我們去追跡，去考據，但不管是書籍的歷史，還是人的歷史，往往信息匱乏，或者殘闕不全，或者記錄了了，我們所知的也就只有它在此處，而不能知曉它從何而來，又因何而有此種面貌。更多的時候，我們只能依靠蛛絲馬蹟去推理，只能等待某個時機的出現，證據的鏈條才浮現出來。

首先看「南刻蕭補本」。此書除了「北京圖書館藏」一方鈐印之外，別無它物。它又和其他幾種不同內容不同版本的陽明著述合在一起，若非細檢就難得發現它，因此，這部古籍的傳承成了一個謎題，而對它的研究也尚待進一步展開。

我們所知的是，這部書曾為天津李氏延古堂收藏。李氏原居江蘇崑山，自清康熙年間李大倫遷居於天津。李大倫設延古堂藏書樓，經幾代人努力，形成了「延古堂李氏珍藏」。李大倫的曾孫李士鉁（1813～1884）、李士銘

（1849～1925）時，先後收進四明盧氏抱經樓、南陵徐氏積學齋、聊城楊氏海源閣的部分散佚善本，南開大學木齋圖書館曾編有《天津延古堂李氏舊藏書目》（油印本）。倫明《辛亥以來藏書紀事詩》稱「濱海居鹽李士鉁，搜書吳越迄京津。」又說：「天津鹽商李士鉁，人皆稱以善人，未諗其實也。喜積書，京津書客爭驅之。嘗收得上海徐氏積學齋、四明盧氏抱經樓書之一部分。士鉁歿，其子以所有歸北平圖書館，得值六萬金。中多明鈔精刻本及他精刻本，宋本項安世《周易玩辭》最佳。」〔註44〕李士鉁是清同治四年（1865）進士，曾任吏部主事，後辭官從事商業活動，樂善好施，嗜好古籍。高凌雯《志餘隨筆》稱，李氏書目「所著錄有宋元版百餘種，明抄本二百餘種，收藏之富，為北省之冠。」李氏藏書印有「延古齋」「身行萬里半天下」「延古堂李氏珍藏」等。〔註45〕

　　1933～1934年度，北平圖書館從李氏後裔李寶訓處以6萬元價格〔註46〕購得延古堂舊藏一千餘種。《國立北平圖書館館務報告》（民國二十三年七月至二十三年六月）云：「本年度承購書委員會中文組之指導，購入中文書二千餘種二萬餘冊，其中三之二為天津李氏延古堂舊物，餘則零星購自各方者。延古堂藏書方面廣博，甚合圖書館購藏之用，就中宋金舊本、鈔校精刻者無不俱備。宋本則有項安世《周易玩辭》，乃元季俞琰讀易樓舊物，宇內應無第二帙。金本則有平陽府刻本《證類本草》，乃顧氏水東館、毛氏汲古閣舊物，雖略有殘脫，亦自可珍。明本尤不可勝舉，其最著者如《唐語林》《顏氏家訓》《詩話總龜》，皆嘉靖刻本。張炯《華陽集》、鄭若曾《江南經略》，皆萬曆刻本，並可補館藏之缺。……本館普通書庫為之生色不少，茲不詳及。」〔註47〕

〔註44〕倫明：《辛亥以來藏書紀事詩》，北京：北京燕山出版社，1999年，第228頁。

〔註45〕李玉安、黃正雨：《中國藏書家通典》，香港：中國國際文化出版社出版有限公司，2005年，第709～710頁。

〔註46〕6萬元的經費相當於平館當時年度購中文書經費的一半左右。據1933年12月16日平館《呈教育部請撥購書經費函》所稱「歷年以來，大部經費支絀，僅由董事會按季撥給。截至二十二年度止，共撥中文購書費國幣四十六萬一千二百五十元，西文購書費美金十二萬二千四百二十七月八角九分。惟年來書價騰貴，各舊藏家藏書時有待價而沽之訊。本館亟應儘量收羅。……擬請大部於二十三年度起，每年籌給本館購中文書費國幣十二萬圓，列入預算，按月照數撥發，以符部會合作之義而利館務之進行。」（北京圖書館業務研究委員會：《北京圖書館館史資料彙編》，北京：書目文獻出版社，1992年，第394頁。）

〔註47〕李致忠：《中國國家圖書館館史資料長編》，北京：國家圖書館出版社，2009年，第238頁。又見：劉波《趙萬里先生年譜長編》，北京：中華書局，2018年，第151頁。

當延古堂所藏古籍，進入平館後除了部分進入善本書庫外，有不少在普通古籍書庫中，有這部《傳習錄》的《陽明先生文錄》就一直在普通古籍之中。

1934 年時，參與策劃李氏延古堂所藏善本入藏平館事宜的人有平館購書委員會中文組陳垣等人，〔註 48〕而具體事務則由平館善本部相關工作人員辦理。當時的善本部、採訪部主任為徐森玉，考訂組、中文采訪組組長為趙萬里，中文采訪組組員有爨汝僖、劉藜光和趙靜和，考訂組組員有李耀南、陳恩慧和張孟平，書記為鄔占元。當年採訪考訂事宜的人手不多。同時，因其時局勢緊張關係，所藏善本有南遷事，隨後又遭抗戰軍興，無暇逐冊細緻清點編目並展開版本鑒別考訂。直到本世紀初，古籍普查工作全面開展後方細檢此書。這部書在國圖的普通古籍書庫中，1959 年版《北京圖書館善本書目》著錄了《陽明先生文錄》的幾種版本，如嘉靖十四年聞人詮刻本、明刻本、嘉靖二十六年范慶刻本，〔註 49〕沒有列入此延古堂李氏藏本《傳習錄》。所以，長期以來此《傳習錄》因藏家收藏時與其他陽明著述合為一函，題為文錄，也就不為學界所熟知。國家圖書館藏本自入藏至重新發現，實乃當代中國古籍善本公藏曲折歷史和全國古籍保護工作深入之見證。

同很多傳世的古籍一樣，由於各種原因，國家圖書館藏《傳習錄》的傳承充滿了謎題，而揭示這些謎題則是當代研究者的責任所在。

南刻蕭補本包括南大吉原刻和蕭彥補刻。補刻書板與原刻字體截然不同，一望便知。另外，補刻完成後還有一修補工作的記錄文件，即該書所附嘉靖庚戌（二十九年，1550）王畿《重刻傳習錄序》與嘉靖二十九年蕭彥《重刻傳習錄後跋》。王畿在其序文中已明確表示所謂的重刻並非是重新再刻一套書板，而是修版：南刻本「傳且久，漫闕至不可讀，學者病之。畿乃謀諸郡倅蕭子奇士，命江生涌檢勒，得其漫且闕者若干篇付工補刻，而二冊復完。」〔註 50〕

與其他各種傳本《傳習錄》相比較，南大吉原刻的最大特點是正文有圈點句讀。這種圈點格式出自宋代的官書樣式，即所謂的「館閣校書式」。岳濬《相臺書塾刊正九經三傳沿革例》中有專門的《句讀》條：「蜀諸本皆無句讀，

〔註 48〕平館購書中文組主席陳垣，書記趙萬里，委員陳垣、孟森、顧頡剛、傅斯年、胡適、徐鴻寶（森玉）、趙萬里。（北京圖書館業務研究委員會編：《北京圖書館館史資料彙編：1909～1949》，北京：書目文獻出版社，1992 年，第 345 頁。）

〔註 49〕北京圖書館善本部編：《北京圖書善本書目（第 7 冊）》，北京：中華書局，1959 年，第 28 頁。

〔註 50〕李文潔等：《王陽明著述序跋輯錄》，北京：學苑出版社，2019 年，第 88 頁。

惟建本始仿館閣校書式，從旁加圈點，開卷了然，於學者為便。」〔註51〕在明代的刻本中，內府刻本多有圈點斷句，傳承了宋代的「館閣校書式」。這種格式對於讀者而言較為友好，為讀者閱讀提供了便利，它提供了較為準確的句讀，節省了讀者圈點的時間，也提高了文本閱讀的準確性。南大吉原刻《傳習錄》之所以廣為流傳，與編刊者為讀者考慮有著很密切的關係。

或許正是因為如此，這一部書的版片經短短三十年間的刷印，已有版片漫漶不清，需要修補方堪刷印。據修補本所附的王畿序文可知，修補書板的工作是紹興府郡倅（知府之下的副職，即通判）蕭彥支持下完成的，而具體執行者則是一位名為江涌的學者負責。所謂修補書板，是雕版書籍傳承過程中對原版片的破損加以修復之後以供刷印。修補，有處理舊版、補刻新板等工序。如無特殊要求，新版與舊版在字體風格、版式等項目上不必與舊版統一。《傳習錄》一書在紹興府的刊刻首先得到了知府南大吉資助，二十六年之後通判蕭彥繼續充當贊助人，支持這部書的修補工作，故而此後刷印的書本當注明他的貢獻。

五、鈐印累累：國士館大學藏本

相較於國家圖書館藏本的謎題，胡宗憲刻本的日本國士館大學圖書館藏本則較為清晰。在諸多古籍善本中，總有一部分有藏書家或者閱讀者的鈐印與題記等為後人瞭解它的傳承過程提供了訊息，日本國士館大學圖書館藏胡宗憲刻本就是其中一例。該書自晚明以來，迭經學者官僚王心一、基層官員張興載、新陽縣儒學圖書館和藏書家高世異收藏。從明萬曆間至民國時代，該書一直傳承有序，歷代藏家皆有印記鈐於書端，鈐印累累，蔚為壯觀。全書全部藏印鈐有：麗雪居珍藏、蘭雪堂王氏珍藏、張興載印、晦堂、宋和國公之後、誓與此君共老、蓴菜橋西散史、鑽閱六經泛濫百氏、新陽縣儒學記、高世異圖書印、德啟藏書、枕經閣印、蒼茫齋高氏藏書記、華陽高氏蒼茫齋考藏金石書籍記、蒼茫處、華陽國士、華陽國士藏書、留耕草堂、國士館大學藏書等。〔註52〕

由上述鈐印可知此國士館大學藏本遞藏源流。先是，晚明王心一收藏此本。王心一，生卒年不詳，字純甫，吳縣人，室名別號有：一止、元珠、元

〔註51〕《相臺書塾刊正九經三傳沿革例》，景印北京大學圖書館藏影鈔本，2019 年古典文獻學新生代研討會紀念本，第 24 頁。

〔註52〕國士館大學圖書館藏本《傳習錄》之藏印印文全部請國家圖書館宋凱先生釋讀。

渚、玄珠、泛紅軒、歸田園、蘭雪堂、半禪野叟等。〔註53〕此據《明史》與《〔民國〕吳縣志》而來。另，清趙宏恩《〔乾隆〕江南通志》卷一百四十載：「王心一，字純甫，吳縣人。萬曆癸丑（四十一年，1613）進士，由行人選御史。天啟初，疏論客魏寵盛，及救言官之攻客氏得罪者，忤旨斥歸。尋復官，歷遷應天府尹。又以糾閹黨削籍。直言勁節，推重一時。崇禎初起用，終刑部侍郎。」（《四庫全書》本）可知，王心一舉進士之後，在明末天啟、崇禎朝活躍於政壇。同時，他本人又極具藝術素養，清彭蘊璨《歷代畫史匯傳》卷二十八載：「王心一，字純甫，號元渚，又號元珠，一號半禪野叟。吳縣人。萬曆癸丑進士，授行人，累遷刑部左侍郎，署尚書。初生寒素，執事丹青，為陳煥入室弟子。畫仿大癡。幼有大志，不願俯首藝事。書祖坡仙，極精妙。曾抗疏言事，歷遭降斥。朝右俱為之危，而意見愈奮。其志節實矯矯云。《明史侯震暘傳》。」弗利爾美術館藏《仿王蒙山水圖》即為王氏所藏，有此「蘭雪堂王氏珍藏」印。〔註54〕清沈德潛《沈歸愚自訂年譜》，「雍正丁未（五年，1727），五十五。……七月，過蘭雪堂王氏，看素蘭。主人遴汝出定武蘭亭、武岡淳化帖，宋徽宗御畫，黃荃、郭熙、趙昌、范寬畫本及宋高、孝、寧三宗宮扇御書，最後看元人雜畫，如遊寶山而歸矣。」（清乾隆歸愚全集本）作為一位高級別政府官員，王心一在蘇州有一院落，名為歸田園，清錢泳（1759～1844）記載：「歸田園，在拙政園東，僅隔一牆。明季侍郎王心一所構。中有蘭雪堂、泛紅軒、竹香廊諸景。今王氏子孫尚居其中。相傳王氏欲售於人屢矣。輒見紅袍紗帽者隱約其間，或呼嘯達旦，似不能割愛者，人亦莫敢得也。余少時嘗見侍郎與蔣伯玉手札，其時在崇禎十六年之十二月廿四日。書中言，小園一花一木，皆自培植，乞分付園丁，時加防護云云。其明年，侍郎即歸道山，宜一靈之不泯耳。」〔註55〕（《履園叢話》卷二十）由此可知，王心一讀書、藏書，在其去世後子孫尚守家業，但藏書、藏畫或已逐漸散出。王氏家藏善本散出，其中一部分歸華亭張氏。

　　張興載，清初人，生卒年不詳，松江華亭（今屬上海市）人，曾任蘇州府新陽縣訓導。著有《寶襫軒詩存》，參與過《〔乾隆〕婁縣志》的校對工作。

〔註53〕楊廷福、楊同甫編：《明人室名別稱字號索引乙編》，上海：上海古籍出版社，2002年，第21頁。

〔註54〕郭涓：《〈書苑菁華〉明鈔本中部分藏印考》，《散文百家（新語文活頁）》，2018年第7期，第23～24頁。

〔註55〕〔清〕錢泳：《履園叢話》，張偉點校，北京：中華書局，1997年，第524頁。

清李銘皖《〔同治〕蘇州府志》卷第七十三：「張興載，字悔堂，華亭人。以廩貢權新陽訓導。會重修學宮告竣，興載仿淮陽阮學浩灑掃成規，斟酌行之。（《道光昆新志》）」該志新陽縣儒學訓導名錄又載：「張興載，坤厚，華亭人，廩貢，嘉慶十一年（1806）署。」（清李銘皖《〔同治〕蘇州府志》卷第五十七）張興載藏書印有：張興載印、晦堂、宋和國公之後、少宰後人、少宰希范先生之曾孫張興載等。誓與此君共老、蓴菜橋西散史、鑽閱六經泛濫百氏等三印抑或是張氏藏印。張興載的另一部宋元合配《朱文公校昌黎先生文集》四十卷曾經傅增湘收藏。傅氏《藏園群書題記》說這部書是華亭張文敏（張照，1691～1745）藏書，後為文敏裔孫張興載得到，「守護維謹，卷中鈐印十餘，知其寶愛至矣。」〔註56〕傅氏所藏之書的鈐印有：嘉種堂、蓴菜橋西散吏、繡雲山房、張興載印、興載之印、少宰希范先生之曾孫張興載、興載私印、張坤厚氏、張坤厚、悔堂、一松齋等。該書有「雍正辛亥（九年，1731）四月初六日句讀，張照記」題識。〔註57〕《清史稿》卷三百四有傳。張照是康熙四十八年（1709）進士，官至刑部尚書。《中國藏書家通典》謂張氏藏書頗富，有天瓶齋藏書樓，其孫為張興載，〔註58〕則張興載的藏書之一部分出自張氏家藏。張照官階頗高，又熱衷書畫、書籍收藏，晚明官員王心一藏書轉手，即或在張照手中完成。其後，該書在張氏家族內部傳承，直到張興載將該書轉出。

張興載曾為新陽縣儒學主官。「新陽縣儒學與崑山共學，以崑山學訓導理新陽學事。」（〔清〕趙宏恩：〔乾隆〕《江南通志》卷八十七）「新陽縣學附崑山縣學。訓導署在明倫堂西。師生員額：雍正三年，以崑山縣學訓導為新陽縣學訓導。廩膳生員十名，增廣生員十名，附學生員不限額。文生遇歲科兩試，各取十三名。武生歲科並試取八名。同治六年增廣文生額四名。」（〔清〕李銘皖《〔同治〕蘇州府志》卷第二十七）張氏將其收藏的《傳習錄》贈予新陽縣儒學，作為該學校的收藏。此書或從此即在該縣儒學藏書庫中長期保存，直到民國元年（1912）新陽縣撤銷建制。儒學藏書也就流散了。正是在此之後該書被藏書家高世異獲得。

〔註56〕傅增湘：《藏園群書題記》，上海：上海古籍出版社，2008年，第611頁。
〔註57〕傅增湘：《藏園群書經眼錄》，北京：中華書局，2009年，第883頁。
〔註58〕李玉安、黃正雨：《中國藏書家通典》，香港：中國國際文化出版社出版有限公司，2005年，第386頁。

高世異，清末民初人，生卒年不詳，字尚同，一字德啟，號念陶，華陽（今屬四川成都）人，官至阜城知縣。藏有明抄本《三唐詩品》、嘉靖本《皇明詔令》《丘隅集》《震澤先生集》等。藏印有：高世異印、德啟、蒼茫齋收藏精本、蒼茫齋藏善本、高氏家藏、華陽高氏藏書子孫寶之、華陽高氏藏書、華陽高氏蒼茫齋收藏金石書籍記、八經閣、蒼茫齋高氏藏書記、蒼茫齋精鑒章、世經堂印、念陶五十以後所得金石書畫收藏之章、德啟藏書、枕經閣印、尚同校定、尚同經眼等。〔註59〕高世異所藏善本散去，分藏海內外各地。可知的有：元刻殘本《戰國策》入藏加拿大多倫多大學東亞圖書館。〔註60〕嘉靖本《胡蒙溪詩集》（《國家珍貴古籍名錄》09186號），入藏首都圖書館；嘉靖十三年至二十八年袁褧嘉趣堂刻本《六家文選》六十卷，入藏河南省圖書館（《國家珍貴古籍名錄》06230號）；嘉靖本《李文》入藏上海圖書館。河南館藏嘉靖本《六家文選》有高世異題跋，謂「《昭明文選》以六家同注為優。六家注本，惟明袁氏緟繙裴刻最極精工，昔人稱其初印佳本，不亞於宋槧，洵非虛也。藏書家往往珍之。近世且罕覯焉。丙辰春間，予在京師購得此本，細察卷中款題殘缺、墨色濃淡不勻，蓋已係晚印，不足珍貴。特是二十冊中皆有『印心石屋主人』刻像，暨賜書樓各印章，知其為陶文毅公褢舊藏。名臣故物，每一展卷增人高山景仰之思。或亦藝林之所當尊重者也。因假友人初印本與之對勘，於款之殘者補之，缺者增之。惟板心刻工姓字過多難摹，仍姑缺之。其第四十二、第五十四卷各短一頁，並為影鈔，俾成完璧，以便覽誦，非詡為藏本也，識者諒之。丁巳九月緟裝工畢，華陽國士跋於滬寓。」丙辰為1916年，丁巳為1917年，也就是說高世異於1916年在北京購得《六家文選》，次年重裝完成並留下題跋文字。

嘉靖本《李文》有高世異題跋，稱李翱《李文》一書明刻本中成化本最優，然有頗多墨釘，當是刻書者所據底本有缺。而黃景夔嘉靖二年刻本中有景泰年間邢讓題辭，或可徵該刊本與成化本出自不同傳本。末題「戊午重九日，尚同書於金陵惠圓寺側僑寓」。之後又有張元濟跋文一則，張氏說，他從忠厚書齋主人李紫東處得此書，價值銀幣壹佰拾圓。傅增湘告之，此嘉靖本

〔註59〕李玉安、黃正雨：《中國藏書家通典》，香港：中國國際文化出版社出版有限公司，2005年，第673頁；李國慶：《加拿大多倫多大學東亞圖書館藏中文古籍善本提要》鈐印訂考，《天祿論叢》，2017年，第23頁。

〔註60〕多倫多大學鄭裕彤東亞圖書館：《加拿大多倫多大學東亞圖書館藏中文古籍善本提要》，桂林：廣西師範大學出版社，2009年，第214頁。

比成化本更為難得云云。〔註61〕張氏跋文落款日期是「己未孟秋」，也就是
1919 年。

　　國士館大學圖書館藏《傳習錄》第一冊有高世異題封簽，落款日期「戊
午元夜題，時客江寧」，則嘉靖本《李文》與此嘉靖本《傳習錄》乃高世異在
戊午年即 1918 年在南京時所收善本。但很快就將其中的一部散去，尚不知此
《傳習錄》是否也在同時散去，並最終漂洋過海。

　　另外，尚有一部北京師範大學圖書館藏嘉靖刻本的兩任收藏者與國士館
大學圖書館藏本一致。《熊士選集》一卷《附錄》一卷，明嘉靖二十二年（1543）
范氏天一閣刻本，八行二十字，白口，四周單邊。鈐有蘭雪堂王氏珍藏、益
亭、高氏家藏、華陽國士、蒼茫齋藏善本、留耕草堂等印。今為北京師範大學
圖書館珍藏善本。〔註62〕從鈐印可知，此書先為王心一所收，後來成為高世
異的藏品。

　　綜上，兩種嘉靖刻本《傳習錄》和眾多的古籍善本一樣，它們被漫長的
閱讀和收藏歷史所掩藏，重新發現它們，並從此出發對書籍的編集、傳承故
事加以梳理，不僅能夠讓這些深藏於故紙堆中善本古籍重新獲得新生，也能
為學術的發展提供某種啟示性的觀察。

　　以上是我們對一部原定為嘉靖刊本而實際為萬曆初年刻本，以及兩部嘉
靖本《傳習錄》收藏情形和基本著錄情況的初步考訂。後者的發現讓我們對
前者的著錄產生了懷疑，通過刻工、版式等項目的分析，我們確定了這一部
書的刊刻年代。對於後者，我們則主要對其傳承情況作了考察，為進一步研
究《傳習錄》的早期版本及其傳播提供了必要的線索。接下來，我們再以此
為基礎對《傳習錄》的刊刻做進一步的考察。

六、四訂多刊：《傳習錄》編纂史

　　馮夢龍在陽明的傳奇中寫道：正德十三年，「諸賊既平，地方安靖，乃得
專意於講學，大修濂溪書院，將《古本大學》《朱子晚年定論》付梓，凡聽教
者悉贈之。時門人徐愛亦舉進士，刻先生平昔問答，行於世，命曰《傳習錄》。

〔註61〕陳先行、郭立暄：《上海圖書館善本題跋輯錄附版本考》，上海：上海辭書出
　　　　版社，2017 年，第 528～529 頁。
〔註62〕北京師範大學圖書館古籍部編：《北京師範大學圖書館古籍善本書目 1902～
　　　　2002》，北京：北京圖書館出版社，2002 年，第 253 頁。

海內讀其書，無不想慕其人也。」〔註63〕馮夢龍認為，《傳習錄》成為陽明的最重要的著作。這不是馮夢龍的小說家言。但說正德十三年徐愛舉進士，刻《傳習錄》則是小說家的杜撰。小說，特別是講史的小說，一定要有一些歷史的真實，如此才能讓人覺得可信；同時也一定要有作家的創造，如此才能讓故事具有傳奇性和可讀性。《明史》卷二百八十三《儒林二》中有尤時熙的傳記，〔註64〕談及了《傳習錄》：「王守仁《傳習錄》始出，士大夫多力排之。尤時熙見之，歎曰：『道不在是乎？向吾役志詞章，末矣。』後為國子博士，祭酒徐階命六館士咸取法焉，居常以不獲師事守仁為憾。聞郎中劉魁得守仁之傳，遂師事之。（《明史》本傳）。」〔註65〕（《欽定國子監志》卷八十二）《欽定國子監志》把《明史》的這一故事作為國子監的綴聞記錄在案。《傳習錄》在陽明的學術傳播過程中，有著極為關鍵的地位，但它並非如馮氏所說的那樣從一開始就有了巨大的影響力，相反，它的影響是伴隨著《傳習錄》的多次精心編集和反覆刊行而不斷擴展開來的。《傳習錄》是如何形成的呢？

《傳習錄》的編定刊行在陽明生前有兩次，皆為陽明門人所為，且經陽明本人所認可，其一是正德十三年（1518）八月薛侃初刻《傳習錄》，其二是嘉靖三年（1524）十月南大吉編刊《傳習錄》。陽明去世之後，其門人在傳播陽明學術時，針對陽明的生平著作主要展開了三方面的工作：其一，收集相關文字，編訂較為完整的文集，同時又因讀者需要編集各種選本；其二，搜集資料，編纂年譜，將陽明的學術人生加以系統的梳理；其三，對《傳習錄》等書也做了因時而成的再加工，一部分著作反覆刊行，成為書籍市場中流傳較廣的經典文本。

陽明門人編集年譜時，對《傳習錄》的編刊也做了記錄，因此我們可以依據陽明著述的主要編集人，也就是錢德洪等人的論說作為線索，對該書的編集過程進行歷史的考察。錢德洪等人編定的《陽明先生年譜》及《附錄》部分，提及《傳習錄》刊刻事宜有三處，它表明了錢德洪等人所認定的該書編集的三個不同歷史時刻。這三處分別是正德十三年（1518）、嘉靖三年（1524）

〔註63〕〔明〕馮夢龍：《王陽明出身靖亂錄》，杭州：浙江古籍出版社，2015年，第65頁。
〔註64〕〔清〕張廷玉等：《明史》，北京：中華書局，2011年，第7286頁。
〔註65〕〔清〕文慶等：《欽定國子監志》，郭亞南等點校，北京：北京古籍出版社，1998年，第1516頁。

和嘉靖三十四年（1555）。而成於隆慶六年（1572）的《全書》把《傳習錄》作為該書的前三卷，這是我們今天最為常見的《傳習錄》文本，因此考察《傳習錄》的編訂與刊行，可以從上述四個時間節點加以梳理。

（一）薛侃編集《傳習錄》的江西贛州府刊本

這是《傳習錄》的第一個刊本。《年譜》云：「正德十三年（1518）八月，門人薛侃刻《傳習錄》。侃得徐愛所遺《傳習錄》一卷、《序》二篇，與陸澄各錄一卷，刻於虔。」〔註66〕（《全書》卷三十三）這裡的「《序》二篇」，是徐愛所作兩篇關於《傳習錄》的說明文字。在《全書》中分別置於卷首「舊序」第一篇和卷之一語錄一之首。這個本子當是最早的《傳習錄》刻本，雖然此本今未見傳本，但徐愛的序文被保留在以後的各種傳本中，為我們考察這一版本留下了依據。《傳習錄》初刻於江西贛州，被稱之為虔州本或薛侃本。到目前為止，這一版本的《傳習錄》尚未發現有存世者。

陽明本人並未有過編纂一部自己語錄書籍的設想。其門下第一人徐愛認為有必要將師弟子的問難答辯記錄下來，以便於同志之士的學習交流，但他的英年早逝讓他所預想的編集工作中斷。其後，將徐愛的設想變成現實的人物是薛侃（1486～1545）。薛侃不僅收集了徐愛的遺作，還將同門陸澄的筆錄與他本人的記錄彙集在一起，如此就成了《傳習錄》的初編本。正德十三年六月，王陽明升都察院右副都御史，提督南、贛、汀、漳等處軍務。在完成了掃平叛亂之後，陽明及其門子弟先後刊刻了《古本大學》《朱子晚年定論》等，又修濂溪書院、舉鄉約，希望通過社會教化行動來促進地方文化教育事業。《傳習錄》的第一個刻本即在此時完成。薛侃除了編集《傳習錄》之外，還編集了《續同志考》和《陽明先生則言》《陽明先生詩集》等。《同志考》是徐愛所作陽明門人系譜，徐氏去世後薛侃續作。

初編本包括徐愛、陸澄和薛侃等所錄語錄，對此學者皆無異議。這就是《傳習錄》的純語錄初刻三卷本。此本全部是陽明門人記錄的他們問學於陽明的語錄，《全書》卷一即據此而來。這一部分有語錄129條，含徐愛錄14條（第1～14條），陸澄錄80條（第15～94條），薛侃錄35條（第95～129條）。〔註67〕在後來的傳本中，雖然保持了語錄條目數量的穩定，但具體內容

〔註66〕〔明〕王守仁：《王陽明集》，第1055頁。

〔註67〕《王陽明著述篇目索引》據隆慶本《王文成公全書》對63種現存陽明著述做了篇目的索引。其中，《傳習錄》三卷分條情況是：上卷：徐愛錄14條、陸

和條目次序尚有調整，主要出現在陸澄和薛侃所錄部分。我們注意到，明嘉靖三十六年（1557）孫昭大梁書院刻本宋儀望輯《陽明先生文粹》十一卷的末三卷即《傳習錄》一至三，就是上述兩種嘉靖本的上卷三部分內容。佐藤一齋《傳習錄欄外書》曾對此有細緻地對勘，根據他的結論，我們比對兩種嘉靖刻本可知，在《傳習錄》的早期傳承中，上卷部分基本上是保持穩定的，總共 130 條的數量沒有變化，只有四處有調整。

《傳習錄》上卷內容異同

序號	內　容	黃　本	蕭補本	《陽明先生文粹》本	《全書》本	《傳習錄欄外書》
1	先生曰：持志如心痛，一心在痛上，豈有工夫說閒話、管閒事。	第 15 條，陸澄錄	第 15 條，陸澄錄	第 15 條，陸澄錄。「閒」字作「閑」。	第 25 條，無「先生曰」三字。	附第 15 條後，陸澄錄
2	千古聖人只有這些子。又曰：人生一世，惟有這件事。	第 25 條，陸澄錄	第 25 條，陸澄錄	第 25 條，陸澄錄	無	附第 24 條後，陸澄錄
3	「孟源有自是好名之病」云云	第 130 條，薛侃錄	第 130 條，薛侃錄	第 130 條，薛侃錄	第 19 條，陸澄錄	第 19 條，陸澄錄
4	「侃問持志如心痛」云云	無	無	無	第 96 條，薛侃錄	第 96 條，薛侃錄

佐藤一齋《傳習錄欄外書》依據《傳習錄》的諸多傳本進行了精心校勘，其文本內容的安排方面則體現了《全書》的基本情形，因此以之作為通行本《傳習錄》的代表是合理的。

我們看到，從嘉靖三年南大吉刊本開始，由薛侃所訂的這一《傳習錄》文本一直保持著內容的穩定，後續各種刊本對此基本上沒有大的改動。這種文本的穩定性有利於陽明學術的傳播。後來，不同的編集人在為這部書增補

澄錄 80 條、薛侃錄 35 條；中卷：《答顧東橋書》4 條、《啟周道通書》7 條、《答陸原靜書》4 條、又《答陸原靜書》13 條、《答歐陽崇一》4 條、《答羅整庵少宰書》6 條、《答聶文蔚》7 條、又《答聶文蔚》10 條、《訓蒙大意示教讀劉伯頌等》1 條、《教約》5 條；卷下：陳九川錄 21 條、黃直錄 15 條、黃修易錄 11 條、黃省曾錄 12 條、錢德洪錄 56 條、黃以方錄 27 條、附《朱子晚年定論》34 條。詳見：劉悅等：《王陽明著述篇目索引》，北京：學苑出版社，2019 年。

新內容時，大都將其作為《傳習錄》的上卷，同時為了保持原有的分卷樣式，則本卷內細分三部分，即卷上一、二、三。當《傳習錄》成為《全書》的前三卷時，薛侃所編集的這一部分或標識為「語錄一　傳習錄上」，《全書》的郭朝賓本與謝廷傑本是一致的。略有不同的是，郭朝賓本在卷端標明了纂集人：「門人餘姚徐愛傳習，揭陽薛侃葺錄，餘姚錢德洪編次，山陰王畿增葺，南昌唐堯臣校閱」。徐愛和薛侃的開創性工作被陽明門人所尊重。謝廷傑本《全書》刪除了這一名單。

這意味著《傳習錄》的第一部內容既然已經陽明生前認定，又在陽明學人中廣為傳播，後來的編輯者們多採取盡可能保持原貌的辦法來確保文本的一致性。同時，這也表明在陽明學人中，編訂《傳習錄》的早期弟子徐愛、陸澄、薛侃等人的工作得到了幾乎所有門人弟子的認可，特別是徐愛的兩篇序文，在各種版本中皆予以保留，更說明了這一問題。

可惜的是，這部《傳習錄》的初刊本未見存世書。

（二）南大吉編集《傳習錄》的浙江紹興府刊本

這是《傳習錄》的第二次編集本。《年譜》云：嘉靖三年（1524）「十月，門人南大吉續刻《傳習錄》。《傳習錄》薛侃首刻於虔，凡三卷。至是年，大吉取先生論學書，復增五卷，續刻於越。」〔註68〕（《全書》卷三十五）南大吉與其弟南逢吉校勘了薛侃本，並加以重刊。此本據薛侃的初刻本，加上了陽明論學書信文字，刊於紹興府，是為《傳習錄》的重編續刻本。是為越本或南本，版片藏於紹興府。

在未發現南本之前，學者們曾有各種推測。比如佐藤一齋說：「此冊（《傳習錄》中），原為南元善兄弟所增。據文成《與陸原靜書》，當題曰〈傳習後錄〉。上冊（《傳習錄》上）為文成中年語；下冊（《傳習錄》下）則遺言，為緒山所選。惟此冊皆其晚年親筆，為極純粹，且文能盡言，言能盡意，明暢詳悉，無復餘蘊，蓋有不假詮釋者。」〔註69〕佐藤一齋從後來的增訂本來推斷南本的原貌，並認為通行本前所附錢德洪識語存在不夠詳備的問題，他的這一論斷已受到後世學者的批評，如鄧艾民說：「據日本今井宇三郎推斷，錢德洪此處所說南大吉本，可能為嘉靖三年原本的增訂本，故包括嘉靖四年及五

〔註68〕〔明〕王守仁：《王陽明集》，第 1087 頁。
〔註69〕〔日〕佐藤一齋：《傳習錄欄外書》，黎業明點校，上海：上海古籍出版社，2017 年，第 84 頁。

年的書信，而完成於嘉靖五年。」〔註70〕南大吉中收錄的陽明書信編年方面是否如部分學者所說的那樣收錄了晚於刊刻年代的書信，長期以來存在著不同的認識，〔註71〕如今，南大吉刊本的原刻修版印本尚在，為我們瞭解南本的原貌提供了直接的文本證據。

至嘉靖二十九年（1550）南本原有版片已經有了不堪刷印者，無法印製完整的一部書。此時，在紹興府通判蕭彥的資助下，陽明門人王畿主持其事，對這部書的書板進行了大規模的修版以應學者之需。國家圖書館藏藏本即這一工作完成之後刷印的本子，也是陽明《傳習錄》第二階段傳播的歷史文物見證。

據國圖藏蕭彥的修補本可知，南本分為上下二卷，上卷是語錄，下卷是陽明論學書札。其中，上卷分三部分，分別為徐愛、陸澄和薛侃三人所記語錄；下卷分五部分。這是陽明在世時《傳習錄》的刊本，當為陽明生前審定者。

這是《傳習錄》的文體發生改變的關鍵，與第一次編集的純語錄體不同，南大吉本是語錄書信混編增補本。南大吉本的編輯原則是既保留了原書的書名和內容的穩定，又增加了新的內容，如此一來，分卷方面的處理就較為棘手。如何既保持原本的樣式，又讓新增的內容不至於突兀？他們採取的辦法是將原書作為第一部分，新增的內容則作為第二部分，如此一來就成了一部內容大大增加的新書。這也就是錢德洪所說的「三卷」「五卷」，原書三卷，新增五卷，但在刊刻時將前三卷題為上卷一二三，而後五卷則題為下卷一二三四五。

在編入《全書》時，這一部分成為「語錄二　傳習錄中」，郭朝賓本標注「錢德洪編次、南大吉葺錄、鄒守益校正、王畿增葺、孫應奎校閱」，而謝廷傑本則未予以標識。從前者的編輯人員的標識來看，這一部分的通行本已經不完全是南大吉本的舊貌，而是經過了錢德洪等人的審慎處理之後的新版本。

（三）錢德洪編集《傳習錄》的浙江杭州天真書院刊本

這是今傳《傳習錄》定型前最關鍵的一個版本。《年譜附錄》云：嘉靖「三十四年（1555）乙卯，歐陽德改建天真仰止祠。」「歲丁巳（嘉靖三十六年，

〔註70〕鄧艾民：《傳習錄注疏》，上海：上海古籍出版社，2012 年，第 92 頁。
〔註71〕黎業明：《明儒思想與文獻論集・王陽明〈傳習錄〉中卷論學書編年考證》，北京：商務印書館，2017 年，第 201～220 頁。

1557）春，總制胡公平海夷而歸，思敷文教以戢武士，命同門杭二守、唐堯臣重刻先生《文錄》《傳習錄》於書院，以嘉惠諸生。」〔註72〕（《全書》卷三十五）這是《傳習錄》最終定型的版本，是錢德洪的刪訂增補本。國士館大學圖書館藏本即這一階段成書的直接存世證據。這部《傳習錄》三部分總共有十一卷，即上卷一至三，中卷一至五，下卷一至三。

　　陽明去世後，其門人弟子在整理陽明著述時，對《傳習錄》也一併加以修整，其中錢德洪做的工作最為突出。錢德洪的工作是編陽明文錄、年譜等。同時，他也注重搜集整理陽明弟子記錄，先有曾才漢刊本《遺言錄》，後有《傳習續錄》（安徽寧國府涇縣水西精舍刊）。這兩部書皆有存世，後者即所謂的《傳習錄》三卷《續錄》二卷。但，錢德洪在《陽明年譜》中對他本人所作的這項工作沒有特意提及。這或許與他的編集陽明著述的思路發生了前後的變化有關。

　　在如何編集陽明著述時，錢氏的編輯思路最初與南大吉有相當程度的差異，故而他從一開始就沒有直接選擇對《傳習錄》進行增訂，而是新出一部書，雖然仍題「傳習」二字，但增加了「續錄」以示區別；但最晚在嘉靖三十五左右他的編輯思路發生了變化，即接受了南大吉等人的編輯思路，將他本人所編的續錄部分與南大吉續編本合二為一，同時仍以《傳習錄》為名。

　　錢德洪在處理南大吉續編部分時做了局部地調整，即刪掉《答徐成之書》二篇的同時，增加《答聶文蔚書》一篇，同時也相應的調整了各篇的編排次序。另外，南本中原有南元善的幾條讀後感類的評論悉數刪除；後來他們編輯《全書》時，南大吉的《刻傳習錄序》也未予保留。

　　按照錢德洪在《年譜》中的記錄，《傳習錄》的編定和刊行經歷了上述三個階段的變化，《傳習錄》也從最開始的純語錄體著作變成了語錄與論學書的混編體。這一變化的主導者是南大吉，他製作的這一新版本不僅得到了陽明本人的認可，也得到了陽明學人的認同，成為陽明晚年以後的一部標誌性著述。不過，在陽明去世後，錢德洪和王畿等人在搜集陽明著述，力圖將陽明學術文章更完整地傳播開來時，他們也做了新的嘗試，並且最終將他們的這種嘗試與此前陽明門人的書籍編纂方法加以折衷。這就產生了第三階段的一部更加完善的《傳習錄》，也為後來《全書》本中的《語錄》所繼承。

〔註72〕〔明〕王守仁：《王陽明集》，第 1137～1138 頁。

　　錢德洪新編《傳習錄》時，一如對上卷的處理一樣，中卷部分刪掉兩篇書信時又增加了一篇。對此，錢德洪有識語說明置於胡本中卷一的開頭。錢氏說：「昔南元善刻《傳習錄》於越，凡二冊。下冊摘錄先師手書凡八篇。」「其《答徐成之》二書，吾師自謂天下是朱非陸論定既久，一旦反之為難。二書姑為調停兩可之說，使人自思得之。故元善錄為下冊之首者，意亦以是歟。今朱陸之辨明於天下久矣。洪刻先師《文錄》，置二書於《外集》者，示未全也。故今不復錄。」又說：「而揭必有事焉即致良知工夫，明白簡切，使人言下即得入手，此又莫詳於《答聶文蔚》第二書，故增錄之。」（胡本《傳習錄》中卷一，第 1～2 頁）這一段識語《全書》卷二之首予以保留。〔註73〕這也說明，《全書》前三卷所錄《傳習錄》是在黃本的基礎上進行加工的。

　　總之，《傳習錄》的編訂工作在《全書》完成之前經歷了上述三個不同階段的編集。而每一次編集完成之後，即有多種不同的刊本出現，流傳於各地，其中一些版本幸存至今，成為學者考察書籍歷史的主要版本證據，也成為研究陽明學術傳播的重要依據。

　　萬曆三十年（1602）壬寅，楊嘉猷在河北真定府重刻《傳習錄》，稱「《陽明先生傳習錄》，門人徐子曰仁、南子元善輩皆嘗刻於越中，有正有續，最後緒山錢子復加刪定重刻，海內傳誦久矣。猷承乏信都，……遂發篋中，得緒山原本，付同志諸友校正繕寫，又益以先生所嘗詠學詩與誨語之切要者。」〔註74〕崇禎三年（1630）庚午，提督學政江西按察司副使陳懋德資助重刻《傳習錄》，〔註75〕稱：「今但願學先生之學者，先掃陳見，且平心和氣讀其書，知其人，力究其宗旨之所存，以及下手格致之竅要，而又回勘於夢醒清明，就正於真師良友，忽開心眼，確見其果玄虛與否，是禪非禪，而後去取從違，一聽其人之自判自決，此吾友金正希、錢沃心刻《傳習錄》意也。」〔註76〕（《王陽明全集（新編本）》卷五十三）該書又有王宗沐《傳習錄序》云：「《傳

〔註73〕〔明〕王守仁：《王陽明集》，第 37 頁。

〔註74〕楊嘉猷：《重刻傳習錄小引》，吳光等編：《王陽明全集：新編本》，浙江：浙江古籍出版社，2010 年，第 2208 頁。

〔註75〕此本今存日本九州大學文學部，即所謂的白鹿洞本。此本《傳習錄》半葉十行，行二十字，四周單邊，白口，單魚尾。版心魚尾下有「白鹿洞藏板」字樣。（〔日〕永富青地：《王守仁著作之文獻學的研究》，東京：汲古書院，2007 年，第 52～68 頁。）

〔註76〕〔明〕王陽明：《王陽明全集（新編本）》，第 2206 頁。

習錄》，錄陽明先生語也。四方之刻頗多，而江右實先生提戈講道處，獨缺焉。沐乃請於兩臺，合續本，凡十一卷，刻置學宮。」〔註77〕（《王陽明全集（新編本）》卷五十二）

這樣的分卷安排，在後來重刻《傳習錄》中也有承襲，如明崇禎三年（1630）陳懋德刊本有王宗沐序，王氏說：「《傳習錄》，錄陽明先生語也。四方刻頗多，而江右實先生提戈講道處，獨缺焉。沐乃請於兩臺，合續本，凡十一卷，刻置學宮。」〔註78〕（《王陽明全集（新編本）》卷五十二）則王氏所謂十一卷當是以卷上中下三部分總計而論。

據今人《王宗沐生平考辨》可知，〔註79〕王宗沐（1523～1592）字新甫，號敬所，浙江臨海人。嘉靖二十三年（1544）進士，授刑部主事。三十五年（1556）任江西按察副使提調學校，修白鹿洞書院。三十八年（1559）升江西參政，次年任按察使。四十年（1561）升江西右布政使，改山西左布政使。四十一年（1562）調廣西左布政使。四十三年（1564）乞休，隆慶元年（1567）丁憂。隆慶四年（1570）服除起復，補山東左布政使。五年（1571）升都察院右副都御史總督漕運。萬曆二年（1574）遷南京刑部右侍郎。九年（1581）致仕歸。十九年（1592）卒，贈刑部尚書。天啟初，追諡襄裕。王宗沐資助刊刻《傳習錄》事當在嘉靖三十五年至三十八年間。又，王宗沐曾為鄒守益所作《陽明先生圖譜》作序，稱「余少慕先生（王陽明），十四歲遊會稽，而先生已沒。兩官先生舊遊之地，凡事先生者，皆問而得概焉。然不若批圖而溯之為尤詳也。以余之尤有待於是，則後世可知。而鄒公（鄒守益）之意遠矣。公遣金生應祥來請余序，為道曾子之未詳者，以明公旨焉。嘉靖丁巳（三十六年，1557）冬十有一月長至，賜進士出身、中順大夫江西按察司副使、奉敕再提督學政，臨海後學王宗沐書。」〔註80〕（《王陽明全集（新編本）》卷五十三）則王宗沐在江西白鹿洞書院刊刻十一卷本《傳習錄》的時間節點當在嘉靖三十六年左右。這部王氏刊本當是以前述天真書院刊本作為底本刊刻的。

〔註77〕〔明〕王陽明：《王陽明全集（新編本）》，第 2105 頁。
〔註78〕〔明〕王陽明：《王陽明全集（新編本）》，第 2105 頁。
〔註79〕裘樟松：《王宗沐生平考辨》，《東方博物》（第 12 輯），杭州：浙江大學出版社，2004 年，第 77～79 頁。
〔註80〕〔明〕王陽明：《王陽明全集（新編本）》，第 2244 頁。

（四）《王文成公全書》的杭州刊本

隆慶六年（1572），王陽明全書刊行，即郭朝賓本。這部書在卷一有「刻王文成公全書姓氏總目」，即編輯人員信息：欽差提督軍務巡撫浙江等處地方都察院右副都御史戶部左侍郎汶上郭朝賓、欽差提督軍務巡撫浙江等處地方都察院右副都御史新昌鄔璉、巡撫浙江監察御史新建謝廷傑、欽差巡按浙江等處監察御史汾州張更化、欽差巡按浙江等處監察御史曹州馬應夢、浙江等處承宣布政使司左布政使新添姚世熙等，杭州府知府南昌涂淵、同知嵩明段絲錦等，以及仁和縣知縣新建張譽、錢塘縣知縣長州闕成章、海寧縣知縣奉新余良楨等。〔註81〕可見，陽明的第一部《全書》是在杭州刊行的，這就是隆慶本《全書》。

其中，余良楨字士翼，號承溪，奉新人。隆慶五年辛未（1571）進士。本年八月任海寧縣知縣，萬曆元年（1573）九月改教，卒。（清戰效曾《〔乾隆〕海寧州志》卷之七，清乾隆修道光重刊）闕成章，字斐川，隆慶二年進士，長州人。隆慶三年任浙江錢塘縣知縣，萬曆五年任江西饒州府通判，官至兵部員外郎。

杭州府知府及其下轄仁和、錢塘、海寧等縣主政官員列名，可見這一版本的《全書》刊刻於浙江杭州。

這部書在《傳習錄》三卷前皆有編輯人員的名單。其中《傳習錄》上題：門人餘姚徐愛傳習、揭陽薛侃葺錄、餘姚錢德洪編次、山陰王畿增葺、南昌唐堯臣校閱；《傳習錄》中題：門人餘姚錢德洪編次、渭南南大吉葺錄、安成鄒守益校正、山陰王畿增葺、餘姚孫應奎校閱；《傳習錄》下題：門人餘姚錢德洪續錄、臨川陳九川葺錄、泰和歐陽德校正、山陰王畿增葺、餘姚嚴中校閱。我們注意到，唐堯臣就是上述胡本《傳習錄》的主要參與者，亦即《全書》本《傳習錄》當是從胡本而來。

萬曆初年，謝廷傑在南京（應天府）重新製作了一部字畫精美、版式疏朗的《全書》，內容與舊版大體一致。這部新刊本似乎刷印頗多，幾乎完全取代了杭州舊刊本。〔註82〕但這部新刊《全書》將上述校閱者信息全部刪掉，

〔註81〕郭朝賓版《王文成公全書》已有影印本：〔明〕王守仁：《王文成公全書：郭朝賓本》，揚州：廣陵書社，2020 年。這部影印本以日本國立公文書館藏本為底本彩色刷印。

〔註82〕國圖藏此本《王文成公全書》，著錄為「明隆慶六年（1572）謝廷傑刻本」，半葉九行行十九字，白口，四周雙邊，單魚尾。另外，北京大學圖書館、中國科學院文獻情報中心、上海圖書館、復旦大學圖書館等公藏機構亦有收藏。

也就給後來的考訂工作增加了不少迷惑。謝廷傑本《全書》在卷首部分「序說」之後有「姓氏」兩頁，即編輯人員信息四項：其一為編輯文錄姓氏：門人餘姚徐愛、錢德洪、孫應奎、嚴中、揭陽薛侃、山陰王畿、渭南南大吉、安成鄒守益、臨川陳九川、泰和歐陽德、南昌唐堯臣；其二為校閱文錄姓氏：後學吉水羅洪先、滁陽胡松、新昌呂光新、秀水沈啟原；彙集全書姓氏：提督學校直隸監察御史豫章謝廷傑；督刻全書姓氏：應天府推官太平周恪、上元縣知縣莆田林大黼、江寧縣知縣長陽李爵。

古籍的每一次再印和翻刻，都或多或少的出現新的變化。不同的贊助人、主事人往往會根據他們的想法對原本（底本）進行不同程度的加工。受各種條件限制，陽明學研究者所見的傳世之本未必就是四次編輯完成後的第一個刊本或者直接根據第一個刊本進行原樣覆刻的印本。如此一來，我們從謝廷傑本《全書》前三卷收錄的《傳習錄》與傳世嘉靖本來看，其中也就存在不少疑問。

在《全書》完成之後，《傳習錄》的單刻本仍廣為流傳，此時的傳本以錢德洪刪訂的《傳習錄》三卷《傳習續錄》二卷為標準版本。這就出現了上述四種不同文本《傳習錄》之外的第五種。

（五）所謂的錢德洪刪訂《傳習錄》正續版本的傳本

錢德洪刪定重刻本流傳頗廣，是何樣貌？在諸多明刻本《傳習錄》的存世傳本中，附有《續錄》二卷的印本有多家館藏。楊氏所存是否即此本？楊氏重刊《傳習錄》的時間是萬曆三十年，他明確表示他用來做底本的原書並非《全書》，而是他購得的一部廣為流傳的帶《續錄》的刊本，這一線索提醒我們，在萬曆初年，有一部《傳習錄》曾廣為傳播。

萬曆初，謝廷傑重刊《全書》，同時《傳習錄》也有了一部新的刊本，此即今國家圖書館、北京大學圖書館等機構所藏明刻本《傳習錄》。二十餘年之後，楊嘉猷「發篋中，得緒山原本」或許就是此一刊本。楊氏從他的藏書中取出有正續兩部分的《傳習錄》作為底本重刊，這一事實告訴我們，他所獲得的本子或許就是若干年前他得到的某一刊本。

萬曆本《傳習錄》給後世研究帶來了很多迷惑。首先是續錄文本的內容構成問題，其次是由錢德洪序文所指非原本的問題，第三是關於錢德洪的編集工作的判斷問題，最後是關於《傳習錄》的定型及其傳播問題。

佐藤一齋氏曾對《傳習錄》展開了詳細的研究。他所見的最早的一部《傳習錄》傳本，是第二階段編訂後的重編刊本即德安府本。詳細信息見下表：

《傳習錄》篇目異同

編號	內　容	蕭　本	胡　本	德安府本	萬曆本	全書本
1	《答徐成之書》	下卷一	無	下卷一	無	卷二十一《外集》三
2	《答徐成之書》二	下卷一	無	下卷一	無	卷二十一《外集》三
3	《答儲柴墟書》	無	無	下卷一	無	卷二十一《外集》三
4	《答儲柴墟書》二	無	無	下卷一	無	卷二十一《外集》三
5	《答何子元書》	無	無	下卷一	無	卷二十一《外集》三
6	《答人論學書》	下卷二	中卷一	下卷二	無	卷二《語錄》二
7	《答周道通書》	下卷三	中卷二	下卷三	無	卷二《語錄》二
8～9	《答陸原靜書》二篇	下卷三	中卷二	下卷三	無	卷二《語錄》二
10	《答歐陽崇一》	下卷四	中卷三	上卷四	無	卷二《語錄》二
11	《答羅整庵少宰書》	下卷一	中卷三	下卷一	無	卷二《語錄》二
12	《答聶文蔚書》	下卷四	中卷四	上卷四	無	卷二《語錄》二
13	《答聶文蔚書》二	無	中卷四	上卷四〔註83〕	無	卷二《語錄》二
14	《示弟立志說》	下卷五	中卷五	下卷四	無	卷七《文錄》四
15～16	《訓蒙大意示教讀劉伯頌等》《教約》	下卷五	中卷五	下卷四	無	卷二《語錄》二

佐藤氏對錢德洪的序提出了質疑：「南本下冊，書凡十篇，並上冊所載書四篇，共十四篇。又就此文數之，為九篇，其曰八篇，誤也。緒山去《答徐成之書》，而敘其所以去；又去《答儲柴墟書》《答何子元書》，則不敘其所以去，何耶？又謂增錄《答聶文蔚》第二書，而南本既收在上冊，則不可謂之增錄。此序畢竟欠詳備。」〔註84〕後來，陳來等皆注意到佐藤氏所據《傳習錄》為德安府重刊本，故佐藤氏的懷疑並不一定準確。陳來說：「而『重刊本』者往往有增入者，如前所說北大藏《傳習錄》南刻重刊本即已增入《傳習續錄》。

〔註83〕德安府本中《答聶文蔚書》有三篇，其中第二篇與第三篇在胡宗憲本和《全書》本中已合二為一。所以，德安府本中的論學書信為14篇。

〔註84〕〔日〕佐藤一齋：《傳習錄欄外書》，黎業明點校，上海：上海古籍出版社，2017年，第85頁。

從邏輯上說，錢德洪作為陽明高弟和《傳習錄》編者，其八篇說較為可信。」即便如此，陳來也不得不說：「南刻本原本究竟為八篇還是十四篇尚無進一步的材料可供考定。」〔註85〕

又如，陳榮捷先生說，南本收陽明書信不是錢德洪所說的八篇而應該是九篇。〔註86〕從胡本來看，這裡所謂的八篇是錢氏重新編定的篇目數，並非南本原本收錄書信數。

如今，蕭補本和胡本的發現，自佐藤一齋以來對於《傳習錄》中卷論學書收書篇目等相關的困惑皆可以迎刃而解。

小結

以上是我們對一部原定為嘉靖刊本而實際為萬曆初年刻本，以及兩部嘉靖本《傳習錄》收藏情形和基本著錄情況的初步考訂。後者的發現讓我們對前者的著錄產生了懷疑，通過刻工、版式等項目的分析，我們確定了這一部書的刊刻年代。對於後者，我們則主要對其傳承情況作了考察，為進一步研究《傳習錄》的早期版本及其傳播提供了必要的線索。

陽明學的形成是陽明及其門人弟子們學術創造的成果，而陽明學的傳播則是陽明學人不懈努力的結果，書籍的出版是陽明學傳播的重要手段，陽明學人不斷地將首次出版的陽明著作進行二次創作，加以改編，加以重刻，讓更多的讀者能夠從書籍世界進入到陽明學世界，這是書籍的生命力所在，也是陽明學的生命力所在。不止《傳習錄》存在這樣的反覆修訂的刊行和覆刻、重修，陽明的其他著作也存在這樣的情況，比如同樣是嘉靖三年編定的《居夷集》也是如此。接下來，我們將對此書進行書籍史的考察。

〔註85〕陳來：《有無之境：王陽明哲學的精神》，第 350 頁。
〔註86〕陳榮捷：《王陽明傳習錄詳注集評》，重慶：重慶出版社，2017 年，第 3～4 頁。

第四章 世史多掩覆：嘉靖本 《居夷集》 [註1]

> 昔者孔子删述《六經》，若以文辭為心，如唐虞、三代，自典謨
> 而下，豈止數篇。正惟一以明道為志，故所述可以垂教萬世。吾黨
> 志在明道，復以愛惜文字文心，便不可入堯舜之道矣。 [註2]
>
> ——王陽明語錄

作為傳統的士人，陽明一生追求修己以敬、修己以安人之學，冀由修身齊家以至於治國平天下。其學術主張，往往因為心學的名義而被視為一種高潔自守之道，或者是與現實的上層政治保持距離的學術。余英時在其《明代理學與政治文化發微》一文中說，陽明自龍場以後就對朝政更多地保持緘默態度；和宋人那種以天下為己任的士大夫責任意識很不同的是，陽明的奏疏多直接針對具體的問題而發，比如軍事，比如地方情況等等，而友朋書札則多論學文字，在陽明全集的文字中，很難看到陽明對時政的直接評論。如果

[註1] 本章是筆者《詞章綺麗之尚終能羈縻乎：王陽明居夷集考》一文之改訂版本。
該文初刊於《國學季刊》第 6 輯，2017 年，第 235～259 頁。《居夷集》單刻
本，近年來已有國家圖書館藏本電子資源、上海圖書館藏本影印本，以及以
上海圖書館藏本為底本的點校整理本：《明嘉靖三年丘養浩刻本居夷集》，杭
州：西泠印社出版社，2018 年；〔明〕王陽明：《居夷集》，李半知校注，貴陽：
貴州人民出版社，2020 年。另有碩士論文一篇：鍾翌晨：《王陽明〈居夷集〉
研究》，貴州大學碩士研究生學位論文，2019 年。點校本與碩士論文並未注意
到《居夷集》多刊本存世情況。筆者初撰此文時尚未見到上海圖書館藏本，
且對國家圖書館藏兩種版本的認識亦不夠深入。

[註2] 〔明〕王守仁：《王陽明集》，第 7 頁。

將陽明的著作與朱子的著作相比較的話，就會發現陽明的這種避談時事的態度十分顯明。「這不僅是朱王兩人思想取向有別，而且是宋明兩代的理學與政治文化根本不同的一種最真實的反映。」〔註3〕作為當世史學大家，余英時對於宋明理學作了較為深入的研究，《朱熹的歷史世界》最為名著，《明代理學與政治文化發微》一文則有開創之功。不過，在對陽明學的論述中，「至少這是現存文集的一般狀態」一語已經表明，學者深受後世學者編纂之且流傳的陽明全集（以《全書》為典範）所影響，進而導致了認知的偏差。《全書》〔註4〕經陽明門人子弟的彙集整理，最大程度上展現了陽明學的精神價值，但不可避免地失去了一些時代的特徵。由於各種原因，陽明詩文集的單刻本尚未受到學者的關注。在筆者看來，上述余英時所論，在我們所見到的單行本《居夷集》（或稱《居夷錄》）一書上即不成立，由陽明全集推測出整個理學與政治文化的關係時也存在一定的風險。

〔註3〕余英時：《宋明理學與政治文化》，臺北：允晨文化實業股份有限公司，2004年；長春：吉林出版集團有限責任公司，2008年。本文引自：余英時：《宋明理學與政治文化》，桂林：廣西師範大學出版社，2014年，第43頁。在此文之前，余英時《士與中國文化·新版序》（2003年，第3頁）已經持有此種論點。他說：「同是理學家，朱熹和陸九淵都一心一意嚮往著王安石的得君行道，在皇帝面前也侃侃而談，儼然以政治主體自居，充分體現了以天下為己任的氣概。朱熹在他許多長篇大論的《封事》和《奏札》中，反覆要求皇帝除舊布新，重建一個合理秩序。對照之下，王守仁除了正德元年（1506）《乞宥言官去權奸》一疏，因而放逐龍場之外，其餘奏疏多關具體事務，極少涉及朝政。正德十五年，他寫了一篇《諫迎佛疏》，期待皇帝去效法堯舜之聖，回覆三代之聖。（《全書》卷九）這顯然是承繼了宋代士的精神，與王安石、朱熹等人的思路是一致的，但是這篇疏文卻是稿具未上。更可注意的是，同年他第一次和王艮會面，後者迫不及待地要談怎樣致君於堯舜的問題，他立即以思不出其位為理由，阻止了政治討論。（見《王心齋先生全集》卷一，《年譜》正德十五年條）王艮後來寫《明哲保身論》，講學也轉重百姓日用之道，斷然與這次會談有很大關係。通過這一對照，我們才清楚認識到，宋代從王安石、二程到朱熹、陸九淵等人所念茲在茲的得君行道，在明代王守仁及其門人那裡，竟消失不見了。這個變異或斷裂，還不夠使人驚異嗎？然而問題還遠不止此。十六世紀以後，部分地由於陽明學（或王學）的影響，仍然有不少士關懷著合理秩序的重建，但是他們的實踐方向已從朝廷轉移到社會。東林講友之一陳龍正所標舉的『士上貞其身，移風易俗』（《明儒學案》卷六十）可以代表他們集體活動的主要趨向。所以創建書院、民間傳教、宗族組織的強化。鄉約的發展，以至戲劇小說的興起等等都是這一大趨向的具體成果。」

〔註4〕錢明：《陽明全書的成書經過和版本源流》，浙江學刊，1988年5期，第75～79頁；〔日〕永富青地：《王守仁著作之文獻學的研究》，東京：汲古書院，2007年。

　　王陽明《居夷集》在嘉靖時期曾多次刊行，留存至今的印本數量極其有限，而且現存該書版本著錄並不十分準確，與之相關的研究尚待深入。

　　總體而言，《居夷集》是出版於陽明生前的一部較為獨特的書，也是王陽明本人的一部重要著作，收錄了陽明早期的各類文體文字，在文學史、哲學史、教育史上都曾生發過實際的作用。對陽明學而言，此書是進入陽明思想世界的一個重要通道，亦是考察明代思想的一部關鍵性著作。近代以來，《居夷集》不再為學者所重，其原因有四：其一是錢德洪編纂的《年譜》中，不見此書蹤跡，陽明後學將陽明學視為作為心學的理學，而將其詞章視為五溺時期的不成熟著述；其二，《全書》基本上收錄了《居夷集》中的所有作品，但按照新的分類原則加以處理，《居夷集》內容被分散在全書的若干不同卷次，使人無法產生一種整體性的洞見；其三，《居夷集》單刻傳本極為孤罕，嘉靖以後似未有以單行本出現，近代亦無零冊整理；其四，《傳習錄》《朱子晚年定論》單刻風行，性理之學的陽明學掩蓋了陽明學的多重面向。本章從四個面向對該書進行解讀從歷史情境出發，在大禮議的背景下考察該書梓行的緣由；從文本內容出發，對其文類及內在理路加以考察；從版本目錄學出發，對《居夷集》的刊行及流傳過程加以細緻考察；從讀者視域出發，考察該書在傳統士人中的接受情形。由此，對吾人研究陽明學並提出合理的詮釋或有些許幫助。

一、梓行之時：嘉靖三年不尋常

　　對於陽明學而言，嘉靖三年甲申（1524）具有特殊意義。是年，居家守孝結束，在郡守南大吉所設的稽山書院講授《大學》，若干年後錢德洪將其整理為《大學問》，並稱之為「師門教典」。同年，南大吉《續刻傳習錄》和丘養浩刻《居夷集》同時刊行。對於《大學問》《傳習錄》，經過學界多年調查研究，梳理了其版本學、理學等諸多相關問題，從哲學、思想、教育等多個向度進行深入考掘，二書也事實上成了陽明學研究的最關鍵性資料。相對而言，《居夷集》由於傳本不多，其中內容基本都被收入陽明全書，故少為學界重視並深入研究。〔註5〕錢德洪《論年譜書》云：「徐珊嘗為師刻《居夷集》，蓋

〔註5〕左東嶺《王學與中晚明士人心態》（北京：人民文學出版社，2000 年；商務印書館，2014 年）第二章「王陽明的心學品格與弘治、正德士人心態」第一節有「龍場悟道的心理動機與王學產生的意義」部分，用陽明全書中收錄的《居夷集》詩文對陽明學的產生有較為細緻地討論。左氏認為，龍場之前的陽明

在癸未年（嘉靖二年，1523）。及門則辛巳年（正德十六年，1521）九月，非龍場時也。」〔註6〕丘養浩《居夷集敘》署：「嘉靖甲申（三年，1524）夏孟朔球養浩以義書」，〔註7〕則丘養浩、徐珊刊刻《居夷集》的時間或為嘉靖二年至三年（1523～1524），此時丘養浩為餘姚知縣（考證詳下），故可云此書有嘉靖三年丘養浩浙江餘姚刻本。但這並不意味著有《居夷集》僅此一種刻本。

嘉靖三年，這一時間點需要引起我們的關注。本年，朝中國是爭端風起雲湧。士大夫所關切的朝政局最為大事者乃「大禮議」事件復起波折。朝野關於世宗之父母稱謂發生巨大爭執，世宗執意稱親生父為皇考，稱其母則去本生二字。支持者，席書成為禮部尚書，張璁、桂萼擢升為翰林學士，方獻夫為侍講學士；反對者，群臣二百餘人於七月伏闕哭諫，舒芬、楊慎等一百八十餘人受廷杖。九月，朝廷更定大禮，孝宗稱皇伯考，世宗生父稱皇考。〔註8〕「大禮儀中，世宗倚信張璁、桂萼等人，最終解決了大禮問題，標誌著新君與新臣合作的成功，並奠定了嘉靖革新的良好基礎。」〔註9〕在此國是問題的大環境下，王陽明及其同道並未置身事外，同在此年，曾經與陽明結盟共商聖學的湛若水升任南京國子監祭酒，而黃綰則升任南京工部營繕員外。有研究者認為，陽明本人實際上是站在對皇帝支持者一邊，並鼓勵他的弟子向新皇帝表示支持。但是在大禮議中反對者佔了朝臣中的絕大多數，從比例上看，陽明弟子及友朋中反對者數量更大。〔註10〕陽明本人的看法並非如陽

對詩文創作有濃厚興趣，但沒有把詩文放在聖學的位置。（2014 年，第 128 頁）聖學當然不是詩文，詩文可以是聖學的一部分，對於古人來說似乎不是一個難以理解的問題，而現代人卻不見能直接分別。對我們而言，寫古詩文的都是古文，貌似一樣，而歷史上的那些人是分別得十分清晰的，不然史傳中分儒林、文苑之類的有何意義呢？所以，不存在把詩文擺在聖學的位置的問題，那麼真正的問題是什麼呢？左氏認為是「對超越凡俗的人生理想的追求」和「儒者應有的人生責任意識」（同上，第 129、139 頁）而超越的問題的解決，留給我們的是他的文字，比如《居夷集》中的詩文。

〔註 6〕〔明〕王守仁：《王陽明集》，第 1166 頁。
〔註 7〕〔明〕王陽明：《居夷集》，李半知校注，貴陽：貴州人民出版社，2020 年，第 1 頁。
〔註 8〕陳玉蘭等：《中國學術編年·明代下》，上海：華東師範大學出版社，2013 年，第 662～663 頁。關於大禮議事件的研究詳見：胡吉勳：《大禮議與明廷人事變局》，北京：社會科學文獻出版社，2007 年。
〔註 9〕田澍：《嘉靖革新研究》，北京：中國社會科學出版社，2015 年，第 68 頁。
〔註 10〕胡吉勳：《大禮議與明廷人事變局》，北京：社會科學文獻出版社，2007 年，第 129 頁。

明學人所說的不予置評。從現存的陽明書信中我們或可窺見其端倪。嘉靖三年陽明在《答伍汝真僉憲》中說：

> 今主上聖明無比，洞察隱微，在位諸公皆兢兢守正奉法。京師事體與往時大有不同，故二君今日之事，惟宜安靜自處，以聽其來順受之而已耳。天下事往往多有求榮而反辱、求得而反失者。在旁人視之甚明，及身當其事，則冥行而罔覺，何也？榮辱得失之患交戰於其中，是以迷惑而不能自定也。區區非徒為此迂闊之言，而苟以寬二君之心者。二君但看數年來區區所以自處者如何？當時若不自修自耐，但一開口與人辯，則其擠排戮辱之禍，必四面而立，寧獨數倍於今日而已乎？〔註11〕

此書有幾個值得注意的事：第一，陽明明確表示了他支持世宗皇帝。所謂在位諸公究竟是誰？據《明通鑒》，嘉靖三年二月大學士楊廷和致仕，大學士蔣冕任首輔；三月後毛紀接任；再三月石寶接任。上述三人均不支持大禮儀。大禮儀從二月開始爭論不休，支持世宗主張的僅有桂萼、張璁、霍韜、熊浹等，反對的人占絕大多數。六月，張璁、桂萼至京，受到群臣阻撓，並被連章論劾。世宗堅持任命張、桂及方獻夫。七月，吏部尚書喬宇致仕後，很快發生了左順門哭諫事件，數百官員參與其中，一百三十多人繫獄，十七人因廷杖而死。八月，席書任禮部尚書，大禮儀定案。則陽明所說京師事體與往時大有不同，應該是指大禮儀塵埃落定之事，在位者可能指的是席書等人。可見，陽明是支持世宗的，對世宗和席書君臣抱有較大期望。第二，他遠在浙江故居，遠離政治漩渦，但他的學生中，參與反對者不少，其中就包括鄒守益等人。陽明提到要看他數年來如何自處，實際上是希望用《居夷集》中展示的自己的探索歷程支持這些友人、門人。在大禮議尚未結束時，《居夷集》以其門人校正的形式出現或許可以如此理解。

錢德洪《年譜》對陽明在嘉靖三年的主要活動有細緻記載，包括正月南大吉稱門生，二月董澐來學，八月天泉橋夜宴，十月南大吉續刻《傳習錄》等，其中在八月條下記：

〔註11〕 束景南：《陽明佚文輯考編年》，上海：上海古籍出版社，2012 年，第 777 頁；束景南：《陽明佚文輯考編年（增訂版）》，上海：上海古籍出版社，2015 年，第 850 頁；束景南、查明昊：《王陽明全集補編》，上海：上海古籍出版社，2016 年，第 204～205 頁。

是時，大禮議起，先生夜坐碧霞池，有詩曰：「一雨秋涼入夜新，池邊孤月倍精神。潛魚水底傳心訣，樓鳥枝頭說道真。莫謂天機非嗜欲，須知萬物是吾身。無端禮樂紛紛議，誰與青天掃舊塵？」又曰：「獨坐秋庭月色新，乾坤何處更閒人？高歌度與清風去，幽意自隨流水春。千聖本無心外訣，六經須拂鏡中塵。卻憐擾擾周公夢，未及惺惺陋巷貧。」蓋有感時事，二詩已示其微矣。四月，服闋，朝中屢疏引薦。霍兀涯、席元山、黃宗賢、黃宗明先後皆以大禮問，竟不答。〔註12〕（《全書卷三十四·年譜三》）

為何錢德洪在此年紀事中對《居夷集》的出版情況不著一詞？而是單列兩首陽明之詩作為陽明對大禮儀的態度？錢德洪《年譜》是經過陽明門人的集體創作的成果，他們對於陽明主要事蹟的編排極有性理學的考慮在內，如王宗沐《刻陽明先生年譜序》說：「先生高弟餘姚錢洪甫氏以親受業，乃能譜先生履歷始終，編年為書。凡世所語奇事不載，而於先生之學，前後悟入，語次猶詳。」〔註13〕（《全書卷三十六·年譜附錄二》）有一條記錄或可與此相關，陽明《與尚謙誠甫世寧書》云：

前日賤恙，深不欲諸君出。顧正恐神骨亦非久耐寒暑者。乃今果有所冒辛，而不至於甚，已足以警也。自此千萬珍重珍重。賤軀悉如舊，但積弱之餘，兼此毒暑，人事紛沓，因是更需將息旬月，然後敢出應酬耳。味養之喻，已領盛意。守身為大，豈敢過為毀瘠。若疾平之後，則不肖者亦不敢不及也。所云私抄，且付之公論，未須深講。「山靜若太古，日長如小年。」前日已當面語，今更為諸君誦之。守仁白。尚謙、誠甫、世寧三位道契文侍。〔註14〕

或以為此一文說的私抄是《大禮儀疏》，吾人認為說是《居夷集》更加合理。陽明明確指示其門人不必要講此書，因為該書可能已經有人關注了，「所云私抄，且付之公論，未須深講。」陽明告戒門人勿要自找麻煩地去與人爭議，甚至連話都不用說，因為書中要表示的意思已經勿用多言了。他所引之詩為宋人名句，出自宋唐庚之《醉眠》，其云：

〔註12〕〔明〕王守仁：《王陽明集》，第 1087 頁。
〔註13〕〔明〕王守仁：《王陽明集》，第 1155 頁。
〔註14〕束景南：《陽明佚文輯考編年》，上海：上海古籍出版社，2012 年，第 782 頁。

山靜似太古，日長如小年。餘花猶可醉，好鳥不妨眠。世味門
常掩，時光簟已便。夢中頻得句，拈筆又忘筌。〔註15〕（〔宋〕唐庚
《眉山詩集卷五・醉眠》）

宋張邦基《墨莊漫錄》卷九記載：

唐庚子西謫惠州時自釀酒二種，其醇和者名「養生主」，其稍勁
烈者名「齊物論」。子西詩多新意，不沿襲前人語。如《湖上》云：
「佳月明作哲，好風聖之清。」《獨遊》云：「烏攫春祠敏，鳶窺野
燒癡。」《醉眠》云：「山靜似太古，日長如小年。」又《芙蓉溪歌》
云：「人間八月溪秋霜嚴，芙蓉溪上春酣酣。二南變後魯叟筆，七國
戰處鄒軒談。人間二月春光好，溪上芙蓉跡如掃。周家盛處伯夷枯，
漢室隆時賈生老。小兒造化誰能窮，幾回枯柟還芳叢。只因人老不
復少，有酒且髮衰顏紅。」比興殊新奇也。〔註16〕

《醉眠》一詩是貶謫詩，《居夷集》為貶謫詩文集，若合符節，尚需講求
否？或許正是因為陽明說過對此書不要再講，後來其門人就沒有再出版刊行
過。

另外，陽明佚文中，嘉靖三年為方曦做《方氏重修家譜序》，並有《方孝
孺像贊》一首：「麋軀非仁，蹈難非智。死於其死，然後為義。忠無二軀，烈
有餘氣。忠肝義膽，聲動天地。正直聰明，至今猛視。茲爾來代，為臣不易。」
〔註17〕

嘉靖四年（1525）陽明作《送南元善入覲序》，其中盛讚南元善不為謗議
所困，為政講學，啟發士人向道之心，又「緝稽山書院，萃其秀穎，而日與之
諄諄焉，亹亹焉，越月逾時，誠感而意孚。三學泊各邑之士亦漸以動，日有所
覺而月有所悟矣。於是爭相奮曰：『吾乃今知聖賢之必可為矣！非侯之至，吾
其已夫！侯真吾師也！』於是民之謗者亦漸消沮。」〔註18〕陽明所遭受的是
非議論遠比其門人要多，他這番表態其實也是一種自況。對於陽明學人來說，

〔註15〕〔宋〕唐庚：《眉山集》，《景印文淵閣四庫全書》第1124冊，臺北：臺灣商
　　　　務印書館，1986年，第301頁。
〔註16〕〔宋〕張邦基：《墨莊漫錄》，《景印文淵閣四庫全書》第864冊，臺北：臺灣
　　　　商務印書館，1986年，第88頁。
〔註17〕束景南、查明昊輯編：《王陽明全集補編》，上海：上海古籍出版社，2016年，
　　　　第214頁。
〔註18〕〔明〕王守仁：《王陽明集》，第747頁。

以講學啟發世道人心遠遠勝於與人爭是非。詩文也不是用來與人爭論的，只是人生意義的一種表述。

二、刊刻之旨：居夷者之為之也

問題是，《傳習錄》的單刻零種在陽明學中一直頗為世之學者所重，為何《居夷集》這部書近代以來僅僅在藏書家中流傳遞藏呢？是否因為該書本身的學理價值（或者說文本價值）較《傳習錄》而言要弱，進而影響了它的傳播？還是有其他的原因影響了該書的學術生命力？

陽明詩文的成就，在明代文學史上佔有一席之地，正如宋佩韋所說：「他（王陽明）的不朽並不在於詩文，然而他的散文特雅健有光彩。上承宋濂、方孝孺之緒，下開王慎中、唐順之、歸有光之先。詩格尤典正不尚奇巧。在明代文學史上，他不愧為一個卓然自立的作家。」〔註19〕《居夷集》的編纂者雖未作如是觀，但從丘養浩的序文及韓柱、徐珊的跋文可見當時學者的確認為陽明之詩文足以羽翼其道。丘氏《敘居夷集》謂：

> 《居夷集》者，陽明先生被逮責貴陽時所著也。溫陵後學丘養浩刻以傳諸同志。或曰：「先生之學，專以孔孟為師，明白簡易，一洗世儒派分枝節之繁，微言大訓，天下之學士宗之。而獨刻此焉，何居？」則解之曰：「先生之資，明睿澄澈，於天下實理，固已實見而實體之。而養熟道凝，則於貴陽時獨得為多。冥會遠趨，收眾清以折諸聖。任道有餘力，而行道有餘功。固皆居夷者之為之也。古聖人歷試諸難，造物者將降大任之意，無然乎哉？養浩生也後，學不知本，政不足以率化，先生輒合而教之。歲月如道，典刑在望，愧無能為新主簿之可教，而又無能為元城之錄也。」引以言。同校集者，韓子柱廷佐、徐子珊汝佩，皆先生門人。嘉靖甲申夏孟朔，丘養浩以義書。〔註20〕（《王陽明全集（新編本）》卷五十三）

丘養浩為福建晉江人，該地區理學家有刊書傳統。〔註21〕明過庭訓《分省人物考》卷七十一載：「丘養浩字以義，晉江人。正德十六年進士。由餘姚

〔註19〕宋佩韋：《明文學史》，上海：商務印書館，1934年，第102頁。
〔註20〕〔明〕王陽明：《王陽明全集（新編本）》，杭州：浙江古籍出版社，2010年，第2190頁。
〔註21〕方彥壽：《明代晉江理學家群體與圖書刊刻》，《朱熹理學與晉江文化學術研討會論文集》，2007年，第203頁。

知縣，選授浙江道御史。侃直不避，疏斥權倖，當途擠之，謫永平府推官。尋復職，巡視兩關，督學南畿，所在咸舉其職。升南大理寺丞，累升右僉都，巡撫四川、江西，一時才望重於朝野。未幾，疏致仕而歸。」〔註22〕在志書記載中，養浩頗有聲望：

> 丘養浩字以義，正德辛巳（十六年，1521）進士。授餘姚知縣，勸學興士，清版籍，省賦役，懲猾蠹，民甚宜之。行取拜監察御史，疏劾近侍陳欽橫恣都城，謫永平推官。未行，臺諫疏救，賜還職。席宗伯書以議禮得幸，其弟檢討春已與劉夔並升按察僉事，書輒陳乞，仍復館職。養浩疏其冒恥奔競，患失難退。已巡山海關，復疏徐定國冒奪邊關屯地千餘頃，條陳防邊便宜十餘事，朝論韙焉。提督南畿學校。制歸，服闋，董九廟大工之役。尋升南京大理寺丞，轉大理寺少卿，擢右僉都御史，巡撫四川。檄諭雜谷白草，番夷先後納款。烏蒙羅魁構播肆虐，責成土舍祿堂誅之。劾邊將李爵險譎善附，舉廢將何卿起代。未幾，改巡撫江西。有論其私何卿者，遂引避還，部覆得白。卒於家。養浩才氣迅發，其入蜀也，欲力持風裁以振晏墮。單車御二蒼頭入境，一蒼頭有所索於從卒，撲殺而焚棄之。痛絕墨吏，不少貸。與大吏議獄，有穴竇關節，必摘而折詘之，使無所為辭。諸不悅者，競造蜚語，以太猛中之，故移撫未幾，煩言隨至。獨內江趙文肅稱其澄清之氣搖動岷蔡，再借三年蜀其有瘳。文肅素著剛直，遂為定論。〔註23〕（〔明〕陽思謙《〔萬曆〕泉州府志》卷之二十，明萬曆刻本。）

丘養浩並不是陽明的門人，至少在陽明學的各種譜系中，陽明門人未將他引為同門，但我們將丘氏視為陽明學人應是較合理的。丘氏長期在都察院任職，又曾為大理寺高官，他是較為典型的陽明學人之一，即具有良好的專業素養，並且在仕途與學問之間不做截然的區分。在仕途則以職業精神對待自身，在林下則注重自我修養。正因為如此，他也才能從縣令最後成為中央政府七卿之一。丘養浩在陽明學人中，不以理學名家稱，他的主要事蹟在於

〔註22〕〔明〕過庭訓：《本朝京省人物考》，影印明末刻本，《四庫禁燬書叢刊史部》第62冊，北京：北京出版社，2000年，第413頁。

〔註23〕〔明〕陽思謙：《〔萬曆〕泉州府志》，臺北：臺灣學生書局，1987年，第1521～1523頁。

為官任上處事有法度，且剛直不阿，頗有治世之才。他中進士後，從基層官員開啟入仕之旅，首站就在陽明的家鄉。彼時，陽明已有軍功在身，又有講學之名，作為地方官，養浩傾慕陽明之學就在情理之中。從他支持刊刻陽明著述來看，他對陽明學心存敬意，又從陽明處請益政務和學問，「先生輒合而教之」。養浩認為陽明學宗法孔孟，簡易直接，但並非天生之學，他是在艱苦卓絕的探尋中得來，其中在貴州所獲不淺，此一時期的記錄便是《居夷集》。從此書中我們可以看到陽明不懈追求聖學的努力，以此可徵學之本，可行教之化。而丘氏第一次刊刻《居夷集》之後很快進入到都察院系統，是否與當時陽明學人的相互護持有關亦未可知。

雷禮《國朝列卿紀》卷一百十三《巡撫四川侍郎都御史年表》：

> 丘養浩，福建晉江人。正德辛巳進士。嘉靖二十三年以都察院右僉都御史任，二十二年卒於官。〔註24〕

同卷《四川巡撫行實》謂：

> 丘養浩字以義，福建泉州府晉江縣人。正德辛巳進士。授餘姚知縣。嘉靖四年擢浙江道監察御史。六年，丁憂。九年，補原職。十一年，丁憂。十五年，補浙江道。十七年，升南京大理寺右丞。二十一年，升大理寺左丞；尋升左少卿。二十三年，升都察院右僉都御史巡撫四川。本年改任江西，被劾，未任，聽調。〔註25〕

丘養浩刊刻《居夷集》時為餘姚縣知縣。次年（1525）升任都察院浙江道監察御史。他在都察院任職時間較長，又曾以都察院右僉都御史身份巡撫四川。丘養浩是否會在其都察院任職期間再行翻刻《居夷集》？從宋儀望刊刻陽明文集和陽明文粹的行動來看（宋儀望刊書事蹟見本書第七章），丘養浩極有可能也有類似的行動。這也就是何以後世能夠看到幾個不同版本的《居夷集》，但刻書風格極為類似的原因之一。

陽明門人韓柱、徐珊（1487～1548）則直接以「文以載道」的主張來為其刊行師門著述作辯護。韓柱《居夷集跋》：

> 夫文以載道也。陽明夫子之文，由道心而達也。故求之躍如也，究之奧如也，體之擴如也。愛之美也，傳之愛也。此《居夷集》所

〔註24〕〔明〕雷禮：《國朝列卿紀》，周駿富：《明代傳記叢刊》第 39 冊，臺北：明文書局，1991 年，第 120 頁。
〔註25〕〔明〕雷禮：《國朝列卿紀》，第 160 頁。

由刻也。刻惟茲者，見一班（注：應為斑）也。學之者求全之志，烏乎已也。門人韓柱百拜識。〔註26〕（《王陽明全集（新編本）》卷五十三）

「文以載道」是儒學的重要傳統，也是人文化成的關鍵，韓柱以此來論述陽明詩文亦無可厚非，他認為刊刻《居夷集》可見陽明學旨，亦可由此體悟陽明學關於道的求索，這才是事情的樞機。因此《居夷集》的刊本可以在一定程度上滿足陽明學者的求全需求，更加可以為學者求道提供詩文的典範。即，通過對集中收錄的陽明詩文的閱讀，可以彰顯陽明本人對道心的感悟，可以為學者提供一個較好的詩文範本，即性理學家的詩文除了詩文本身的文學意義之外，還有道的傳承。道的傳承意味著教化的延續，這種教化一方面是作為學派的陽明學的宗旨所在，一方面也是傳統社會中道統傳遞的一個重要手段，所以徐珊《居夷集跋》稱：

《居夷集》刻成。或以為陽明夫子之教，致知而已。諸文字之集，不傳可也。珊謂天有四時，春秋冬夏，風雨霜露，無非教也。地載神氣，風霆流形，庶物露生，無非教也。夫子居夷三載，素位以行，不願乎外，蓋無入而不自得焉。其所為文，雖應酬寄興之作，而自得之心，溢之言外。故其文，闊以肆，純以雅，婉曲而暢，無所怨尤者。此夫子之知，發而為文也。故曰篤其實而藝則傳，賢者得以學而至之，是為教。則是集也，無非教也，不傳可乎？如求之言語文字之間，以師其繩度，是則荒矣，不傳可也。集凡二卷，附集一卷，則夫子逮獄時及諸在途之作並刻之，亦以見無入不自得焉耳。門人徐珊頓首拜書。〔註27〕（《王陽明全集（新編本）》卷五十三）

顯然，在陽明學人的理解中，對於著述文字的理解存在著差異，或者說是爭議。有一部分學者認為心學即是自我體證的過程，如果能夠以陽明學的致知主張為本，則其他文字均無其傳承的必要。另一部分包括徐珊在內的學者則認為，陽明所作詩文乃是得之心而溢之言外者，學者只要不執著於文字本身，而是以求道之心來看待陽明著述，則陽明著述為學者提供的不僅僅是一種語言文字之美，更是一種道德教化的典範，在此意義上，陽明詩文著述

〔註26〕〔明〕王陽明：《王陽明全集（新編本）》，第2190頁。
〔註27〕〔明〕王陽明：《王陽明全集（新編本）》，第2191頁。

就不再只是一種文字的遊戲，而是事關陽明學的教旨。因此徐珊說「是集也，無非教也，不傳可乎。」這樣的主張在陽明本人亦有支持，如陽明在正德十一年丙子（1516）說：「使在我果無功利之心，雖錢穀兵甲、搬柴運水，何往而非實學？何事而非天理？況子史詩文之類乎？使在我尚存功利之心，則雖日談道德仁義，亦只是功利之事，況子史詩文之類乎？一切屏絕之說，是猶泥於舊習，平日用功未有得力處，故云爾。」〔註28〕（《全書卷四·與陸原靜》）陽明認為，詩文對於求道之人亦如五穀雜糧飲食之於養身，以養身為目的，則不挑食，任何食物均能提供養身的能量；以求道為鵠的，則不論子史詩文均能提供進德修業的營養，此方為博學的真義。

　　韓柱生平事蹟不可考。徐珊事蹟則於史有徵，在清光緒時《餘姚縣志》中的記錄如下：

　　　　徐珊字汝佩（《三祠傳輯》：珊號三溪，本姓史。先世史涓六子彌賢，宋元革命，避跡遷姚。子得齋，生三子，長承史祧，仲出繼張疇，季出繼楊原。至六世楊靖子曰祐，弘治壬子舉人。是為楊珂父，曰云鳳，弘治戊午舉人，官江夏令。復出後舅氏徐銑，是為珊父，故榜姓徐）。正德十六年九月，同夏淳等師王守仁，中嘉靖元年舉人。明年，會試策士以心學問，陰辟守仁。珊歎曰：烏能昧我之所得以幸時好乎。不對而出，聞者高之曰尹彥明後一人。後官辰州同知。先是，守仁還自龍場，與冀元亨等講學於州之隆興寺。是年珊請於當道，於寺之北作祠宇，為虎溪精舍，置贍田，大集多士以昌明其學焉。（《陽明集》，參《思復堂集》《辰州府志》《姚江書院志略》））。〔註29〕（〔清〕周炳麟《〔光緒〕餘姚縣志卷二十三·列傳九》，清光緒二十五年刻本）

　　又，在同治時《沅陵縣志》中亦有數條與其相關者：

　　　　徐珊字汝佩，餘姚人。少受學於王陽明。嘉靖二年以舉人赴南宮試，策問心學，實陰詆陽明也，珊不對而出。二十年，官辰州府同知。初，陽明謫龍場，召還，道辰州，留虎溪，徜徉久之乃去。珊至，訪遺跡，為書院，構修道堂，大集多士以昌明其學。明年盧

〔註28〕〔明〕王守仁：《王陽明集》，第150頁。

〔註29〕〔清〕周炳麟：《〔光緒〕餘姚縣志》，臺北：成文出版社有限公司，1983年，第585頁。

陵梁廉來判於郡。廉亦珊之師也，珊事之一如陽明，不敢以同官而忘師誼，日諄諄請益不倦。（《王文成集》《羅文莊集》《府志》）。

梁廉字定齋，江西盧陵人。早以道自任，主講會稽時，日與餘姚徐珊侍陽明於鑒湖，益有所得，珊後竟折節稱弟子。嘉靖二十一年，由舉人歷工部主事，出為辰州府通判。時珊以同知先一年至，方建修道堂於虎溪。廉下車即謁祠下，復創見江軒其側。益會士人，相與講論，由是陽明之學大昌於辰州。（《徐汝佩記》《府志》）。〔註30〕（〔清〕守忠《（同治）沅陵縣志》卷二十九）

虎溪書院：明王陽明先生自龍場謫歸，道過辰州，喜郡人樸茂，留虎溪講學，久之乃去。嘉靖中，郡同知徐珊，陽明門人也，即虎溪為精舍，作堂其中，名以修道，（題聯曰：天何言哉，春雨一簾芳草潤；吾無隱爾，秋風滿院木樨香。）羅洪先有記。有軒名見江，（題聯曰：遠岫不因春送碧，短牆時為客留青。）徐珊有記。隆慶中，郡守徐廷綬增置講堂及學舍。崇禎初，守道樊良樞更題陽明書院，祀薛文清公於西偏。明末兵燹，廢數十年。康熙四十五年，郡守遲煓添構數楹，奉公之主而以薛公祔。雍正四年，郡丞黄澍復修而拓之，自為記。十一年知縣趙念曾改為虎溪書院。〔註31〕（〔清〕守忠《〔同治〕沅陵縣志》卷十三）

從上述歷史記錄來看，徐珊是陽明學人，在當世有一定的聲望，在傳播陽明學方面亦有其貢獻。首先，他積極參與陽明學的講學活動，通過講學的方式與友人論辯，從而擴大士人對陽明學的理解。其次，他又在為政時創設書院（即前述方志中所謂精舍），吸引一批士子來此學習。書院講學活動乃是性理學傳播的最為重要的途徑，正是在書院，陽明學成為士人討論、學習的重點。這與鄒守益建立復初書院的活動是一致的。第三，徐珊也通過整理、校訂並出版陽明著述來為學者提供一可靠的文本，使陽明學通過書籍的形式傳播。在貴州主政的陽明學人也採取了同樣的策略。由此，我們可以認為，陽明學之所以成為一種學術運動，與陽明學人的這種主動的傳播策略有著密切關係。特別是書籍的出版，不僅為當時學者講習、研討陽明學提供了範本，

〔註30〕　〔清〕守忠：《〔同治〕沅陵縣志》，《中國地方志集成　湖南府縣志輯62》，南京：江蘇古籍出版社，2002年，第357～358頁。
〔註31〕　〔清〕守忠：《〔同治〕沅陵縣志》，第258頁。

也為後世學者研究陽明學提供了基本的史料。可謂功莫大焉。當然，在陽明學的反對者那裡，陽明學人並非個個都是道德高尚之人，相反，他們可能是被人嘲諷的對象，如李紹文《皇明世說新語》、王世貞《弇州史料後集》對徐珊的記錄都極為負面：

> 陸澄、徐珊俱為王文成高弟。後陸以議禮悔罪，為上所鄙，謫高州倅。徐選辰州丞，侵軍餉事發，自縊死。時人語曰：「君子學道則害人，小人學道則縊死。」〔註32〕（〔明〕李紹文《皇明世說新語》卷七）

> 陸澄者字原靜，王文成公高弟也。時禮議初起，澄以刑部主事上疏，極論□□考獻皇母太后□非，且攻張、桂為邪說。其後大禮議定，澄丁憂服闋，至京復上疏，稱張、桂議為正論而悔前之失言，請改過自新。□溫旨許之，補禮部主事。七年，《明倫大典》成，□上閱之，見澄初疏，大怒，遂諭吏部「澄嘗造悖理之論，惑誘愚蒙，逢迎取媚。又假以悔罪為辭，悖逆奸巧，有玷禮司，宜出之遠方。」乃謫為廣東高州通判。又有徐珊者，亦高弟。癸未會試，時主司出策問詆文成學，珊拂衣而出，天下高之。後以選人久次，得辰州府同知。侵軍餉事發，自縊死。時人為之語曰：君子學道則害人，小人學道則縊死。〔註33〕（〔明〕王世貞《弇州史料後集卷三十五·二講學生》）

「君子學道則害人，小人學道則縊死。」成為士人諷刺陽明學的最佳話語，至於徐珊是否真正篤行陽明的教誨，是否在他的一生中做到了陽明學所追求的修己以敬則不在士人的考慮範圍之類了。李紹文、王世貞顯然不是理學家，他們對理學家群體的諷刺、反感並不令人感到意外。不出人意外，在陽明的全集中，徐珊的名字也幾近消失。

三、萍蓬蹤跡：書緣何時到此中

《居夷集》自編刊之時至今已經將近五百年。一部書如何才能經歷住五百年的時間考驗而傳承至今？這是書籍史所要關心的問題。如果我們能有幸

〔註32〕〔明〕李紹文：《皇明世說新語》，影印中國科學院圖書館藏明萬曆間刻本，《續修四庫全書》第 1173 冊，上海：上海古籍出版社，2002 年，第 588 頁。

〔註33〕〔明〕王世貞：《弇州史料後集》，影印明萬曆四十二年刻本，《四庫禁燬書叢刊 史部》第 49 冊，北京：北京出版社，2000 年，第 700 頁。

看到五百年前的真蹟，有必要通過歷史的考察去梳理其傳承脈絡，揭示其傳奇，為學界的研究提供一點書籍史的思考。幸運地是，該書在國家圖書館、上海圖書館和臺北故宮博物院等公藏機構皆有刊本收藏。另外，國內的古籍拍賣市場也曾出現過一冊，為日本養安院舊藏。〔註34〕由於這些古籍在前人手中多是深鎖秘藏之書，只是在藏書家手中一代代傳承，少為學人比勘，也不為版本目錄學者所熟知，所以前人書目如《持靜齋書目》，到《中國古籍善本書目》，再到《王陽明文獻普查目錄》，以及拍賣信息，皆將所藏之本著錄為嘉靖三年丘養浩刻本。但這幾個傳本並非同一版本，也更不可能都是嘉靖三年刻本、印本，而是有原刻和覆刻的關係，甚至可能都是不同時間不同地點的覆刻本，只是它們都出自嘉靖三年的那個本子罷了。

　　國家圖書館藏有兩部居夷集，其中一部為原北平圖書館甲庫善本（今存臺北故宮博物院，以下簡稱「甲庫本」），一部為新中國成立先後新購善本（以下簡稱「國圖本」）。後者是北京圖書館收購的孫祖同虛靜齋藏書。國家圖書館藏兩種《居夷集》皆已數字化，全文影像公布於「中華古籍數字資源庫」。

（一）關於國圖本

　　這是國圖藏孫氏虛靜齋本。孫氏《虛靜齋宋元明本書目》著錄：「《居夷集》二卷《附集》一卷。明嘉靖甲申刻本。」〔註35〕北京圖書館善本部1959年版《北京圖書館善本書目》第7冊著錄為：「《居夷集》三卷。明王守仁撰，明嘉靖三年丘養浩刻本，二冊。」1987年版古籍善本書目著錄為：「《居夷集》三卷，明王守仁撰，明嘉靖三年丘養浩刻本。二冊，半葉十行，行二十字，白口，左右雙邊。善本書號5094。」〔註36〕卷端題「門人韓柱、徐珊校」，卷首為丘養浩「敍居夷集」，卷末附韓柱、徐珊跋文各一則。此本有目錄，卷一文類、卷二詩類、卷三詩類。卷一至二首尾題「居夷集卷之一」「居夷集卷之一終」「居夷集卷之二」「居夷集卷之二終」，卷三首尾題「附居夷集卷之三」「附居夷集卷之終」（韓柱跋文前）和「居夷集卷之三終」。故有據此將該書題目著錄為《居夷集》二卷《附集》一卷（或《附錄》一卷）。此本有「杭州王氏

〔註34〕上海工美拍賣有限公司 2013 春季拍賣會，http://auction.artron.net/paimai-art5036140183。

〔註35〕林夕等：《中國著名藏書家書目彙刊》第 37 冊，北京：商務印書館，2005 年，第 292 頁。

〔註36〕北京圖書館：《北京圖書館古籍善本書目》，北京：書目文獻出版社，1987 年，第 2347 頁。

九峰舊廬藏書之章」「伯繩秘笈」「虛靜齋」印，為王體仁、孫祖同舊藏。又有「朱遂翔所見善本」印。〔註37〕

　　王體仁（1873～1938）字綬珊，浙江紹興人，鹽商，富藏書，藏書樓有「九峰舊廬」「東南藏書樓」。曾購得常熟瞿氏「鐵琴銅劍樓」、蘇州鄧氏「群碧樓」等舊藏。《九峰舊廬藏書目錄》著錄王氏藏古籍宋元版百餘種、明本千餘種，方志2801部，有《九峰舊廬方志目錄》。王氏去世後，其藏書大部分歸清華大學圖書館和國家圖書館。〔註38〕郭立暄《中國古籍原刻翻刻與初印後印研究》記錄北京大學圖書館藏「宋建刻本《詩人玉屑》二十卷」時說，上海圖書館曾收藏一部傅增湘舊藏本。傅氏《藏園群書經眼錄》卷十九著錄了一部宋刻本，說是董康（1867～1947，字授經，號誦芬）從日本帶回國者，後來被王綬珊收入囊中。這部書有「杭州王氏九峰舊廬藏書之章」「綬珊六十以後所得書畫」等印。這部書後來退還給私人了。郭氏說，「以書影對照此本（北京大學圖書館藏本），實為一版摹印」。〔註39〕朱遂翔（1902～1967）字慎初，浙江紹興人，書商、藏書家，有抱經堂書局，刊售舊書。朱遂翔為王氏收書業務代辦人。

　　孫祖同（約1894～約1970）字伯繩，號破夢居士，室名虛靜齋，原籍浙江山陰，後遷江蘇常熟。東吳大學畢業，曾主事中國書店，有《虛靜齋詩初定稿》《虛靜齋宋元明本書目》《虛靜齋所藏名畫集》。晚年因經營旅社虧空，債務累累，準備賣書還債，北京圖書館聞之，遂以舊幣近億金購走。〔註40〕王謇（1888～1969，字佩諍，號瓠廬）《續補藏書紀事詩》之「孫祖同（伯繩）」條謂：「少飲香名靜虛齋，天然清福早安排。老來偶立藏書約，中秘進呈不介懷。孫伯繩（祖同），籍山陰，寄籍虞山。綺年即能詩，刊有《靜虛齋詩集》。同學東吳大學時，已有籍籍名矣。日寇劫後來滬。斥書畫，購版本。有明本一百二十種，編藏書目、志各一冊。嗣後，得宋刻孤本《花間集》，又得宋醫書一、元槧一。而祖遺旅社，其業不振，負重債，擬鬻書以救燃眉。北京圖書館聞之，以近億金購之去。架上空而心中泰然矣。」〔註41〕孫祖同收藏書籍後

〔註37〕李文潔等：《王陽明著述提要》，第4～5頁。

〔註38〕李玉安等：《中國藏書家通典》，香港：中國國際文化出版社，2005年，第802～803頁。

〔註39〕郭立暄：《中國古籍原刻翻刻與初印後印研究》，上海：中西書局，2015年，第217頁。

〔註40〕李玉安等：《中國藏書家通典》，第888頁。

〔註41〕王謇：《續補藏書紀事詩》，李希沁點注，北京：書目文獻出版社，1987年，第53頁。

來悉數歸國家圖書館，其中更為學人所熟知的是宋紹興十八年晁謙之建康郡齋刻本《花間集》。此本宋刻宋印，版式宏朗，紙墨精良，書品極好，孫祖同在 20 世紀 50 年代所得，旋歸國家圖書館。〔註42〕孫祖同《虛靜齋宋元明本書目》以此《花間集》壓陣，其著錄為：「《花間集》十卷。宋紹興戊辰晁謙之刻本。收藏有『王寵履吉』白文方印，『席鑒之印』兩白文、兩朱文方印，『席玉照氏』朱文方印，『顏仲逸印』白文方印，『筠』朱文圓印，『靈石楊氏墨林藏書之印』朱文方印，『朱錫侯印』白文方印，『結一廬藏』隸書朱文橢圓印，其餘印記甚多，不備錄。」〔註43〕

　　孫氏《虛靜齋宋元明本書目》卷末跋：「六載聚書，棄之一旦，雖云煙過眼，終未能去懷。然披覽之餘，輒隨手札錄，四部略分，居然成帙。書縱不存，存此亦藉以志往云爾。庚子（1960 年）六月孫祖同校定後記。」〔註44〕陳器伯《伯繩先生手編所藏宋元明書目題後》：「品類異嗜好，耽書專一癖。我愛破夢翁，委婉分片席。精槧如美色，貴不讓球璧。古藝未許淪，琳琅現光澤。開卷感璞茂，靜對常媿嫌。昔曾傳書影，玉版等親炙。貴精不貴多，巨眼細遴擇。一編目錄成，儒林蒙惠益。」〔註45〕孫氏這部書目的出版是在其藏書售過國圖之後的事情，書目中只有部分品種有簡略的書志記錄，而像《居夷集》之類僅有傳統的書目信息，未能留下作者對該書的品評信息。

（二）關於甲庫本

　　今藏臺灣故宮博物院。該書是原北平圖書館甲庫善本，抗戰期間北京圖書館善本寄存美國，後於 1965 年運至臺灣。〔註46〕1933 年，趙萬里《北平圖書館善本書目》卷四著錄：「《居夷集》三卷，明王守仁撰，明嘉靖刻本。」〔註47〕為何趙氏未將該書按照通常的序跋落款日期著錄為嘉靖三年？或許是

〔註42〕李致忠：《圖鑒宋元本敘錄》，北京：北京聯合出版公司，2019 年，第 1719頁。

〔註43〕林夕等：《中國著名藏書家書目彙刊》第 37 冊，第 294 頁。

〔註44〕林夕等：《中國著名藏書家書目彙刊》第 37 冊，北京：商務印書館，2005 年，第 295 頁。

〔註45〕林夕等：《中國著名藏書家書目彙刊》第 37 冊，北京：商務印書館，2005 年，第 296 頁。

〔註46〕昌彼得：《蟫庵論著全集·關於北平圖書館寄存美國的善本書》，臺北：國立故宮博物院，2007 年，第 446～456 頁。

〔註47〕趙萬里：《北平圖書館善本書目：一九三三年》，北京：人民文學出版社，2009年，第 874 頁。

趙氏以觀風望氣之術直接斷定的。這一判斷是準確的。而王重民《中國善本書提要》一書中對這一版本有詳細著錄：

> 《居夷集》二卷《附集》一卷。一冊，北圖。明嘉靖間刻本，十行二十字，18.2×12.8（釐米）。明王守仁撰。卷內題：門人韓柱、徐珊校。按是集為守仁謫貴陽時所作，《附集》則逮獄時及諸在途之所作也。丘養浩序（嘉靖三年，1524），韓柱跋，徐珊跋。〔註48〕

王重民依照丘養浩之序文將該書著錄為《居夷集》二卷《附集》一卷。不過從文本內容、版心標卷數以及卷三末題等來看，著錄為《居夷集》三卷更為恰當。

（三）關於日本養安院藏本

2013年國內拍賣市場出現的《居夷集》，書名題《陽明先生居夷集》，與國圖、上圖藏本皆不同，是十分明顯的另外一個版本。據拍賣信息可知，該書一冊，半葉十行，行二十字，白口，左右雙邊，25×15.2釐米。丘養浩序首頁題：「陽明先生居夷集」。卷端題：陽明先生居夷集卷之一，門人韓柱、徐珊校。鈐有：「養安院藏書」「折水山房藏書印」「慈湖珍藏」諸印。此本亦著錄為嘉靖三年丘養浩刻本。

「養安院藏書」是日本藏書世家曲直瀨家族藏書印。日本德川家康的內科醫官曲直瀨正琳（1565～1611）有養安院書齋，是日本後陽成天皇所賜號，出自《荀子》「故禮者養也，故大路之馬必倍至教順，然後乘之，所以養安也。」養安院藏書」楷書長方朱印是曲直瀨正琳家族第五代曲直瀨正珪（1686～1748）的藏書印。正珪又是日本儒學家荻生徂來（1666～1728）的門人。〔註49〕曲直瀨正林所藏唐人鈔本《文選集注》有「養安院藏書」印，又有「傳經廬圖書記」印。後者是日本江戶時代後期海保漁村（1798～1866）的藏書印。〔註50〕這部養安院舊藏《居夷集》當為流傳至東瀛而又回歸之善本。楊守敬東渡日本時曾購進若干種養安院藏書，如今國內尚有數種養安院舊藏古籍收藏於公藏機構。

〔註48〕 王重民：《中國善本書提要》，上海：上海古籍出版社，1983年，第583頁。

〔註49〕 〔日〕町泉壽郎：《曲直瀨養安院家與朝鮮本醫書》，王勇：《書籍之路與文化交流》，上海：上海辭書出版社，2009年，第442～470頁。

〔註50〕 周勳初：《〈文選集注〉上的印章考》，趙福海等：《〈昭明文選〉與中國傳統文化 第四屆文選學國際學術研討會論文集》，長春：吉林文史出版社，2001年，第126～127頁。

（四）關於上圖本

這是黃裳舊藏本。由於陽明全集即《全書》的編纂和流傳，《居夷集》似乎逐漸退出歷史舞臺及學者視野，徒添鑒賞家思古之幽情而已，如清人莫有芝（1811～1871）為丁日昌（1823～1882）藏書所編《持靜齋藏書記要》卷上云：「《居夷集》三卷，明王守仁撰，乃其謫居龍場時詩文。《全書》中無此目，蓋明時單刊之本，頗善。（四庫）未收。」〔註51〕丁氏《持靜齋書目》卷四中「《王文成全書三十八卷》，坊本」條記有：「又《居夷集》三卷，惠棟藏，有『紅豆山房所收善本』印。」〔註52〕今上海圖書館藏本有「紅豆山房所收善本」藏書印，可知此本即丁氏所記惠棟藏本。

上海圖書館藏本《居夷集》索書號為「線善803997」。該館亦著錄為嘉靖三年丘養浩刻本。該書藏印有「丁菡生家藏書籍印」（丁雄飛，1605～1687）、「朝爽閣藏書記」（黃虞稷，1629～1691）、「元和馬紹基香谷藏書印」「香谷馬氏珍藏之印」「紹基」「香谷」（馬紹基）、「紅豆山房校藏善本」（惠棟，1697～1758）、「孫毓修印」「小綠天藏書」（孫毓修，1871～1922）。除此之外有黃裳（1919～2012）藏書印十餘方：「黃裳珍藏善本」「草草亭藏書記」「黃裳藏本」（序第一頁）、「木雁齋」「黃裳容氏珍藏圖籍」（目錄第一頁）、「夢雨齋圖書記」「黃裳藏書」「黃裳青囊文苑」「容家書庫」「黃裳百嘉」（卷一卷端）、「黃裳瀏覽所及」（卷三末頁）等。

丁雄飛（1605～1687）字菡生，號倦眉居士，江浦（今江蘇南京）人，丁璽之孫。藏書樓名「心太平庵」，聚書四萬卷。與黃虞稷為摯友，互相借書、抄書、校書。有《古今書目》七卷。著述有《烏龍潭志》《江媚舊話》《倦眉居士日策》等百餘種。〔註53〕

黃虞稷（1629～1691）字俞邰，號楮園，晉江（今福建泉州）人。黃居中之子。康熙二十八年（1689）入明史館，又兼《一統志》纂修官。其父藏書樓為「千頃齋」，有《千頃齋藏書目錄》；黃虞稷改擴建，更名為「千頃堂」，藏書八萬餘卷，編有《千頃堂書目》三十二卷。在明史館編《明史藝文志稿》。

〔註51〕〔清〕莫有芝：《持靜齋藏書記要》，李淑燕點校，上海：上海古籍出版社，2009年，第226頁。

〔註52〕〔清〕丁日昌：《持靜齋書目》，路子強等標點，上海：上海古籍出版社，2008年，第469頁。

〔註53〕李玉安等：《中國藏書家通典》，第303頁。

《千頃堂書目》直到 1913 年才有張鈞衡《適園叢書》刻本。〔註54〕

馬紹基生平不詳。馬氏曾為清乾隆末年湖廣總督畢沅（1730～1797）幕府賓客，為其收集金石碑刻。

惠棟（1697～1758）字定宇，號松崖，長州（今江蘇蘇州）人。惠士奇之子。藏書處有「紅豆山房」「百歲堂」「九曟齋」，編有《惠氏百歲堂藏書目》三卷。著有《易漢學》《周易述》《後漢書補注》等。〔註55〕

孫毓修（1871～1922）字星如，一作恂如，號留庵，別署小綠天主人，江蘇無錫人。晚清秀才，曾在上海商務印書館編譯所任職，後負責涵芬樓。著有《圖書館》《中國雕版源流考》等書。藏書樓為小綠天庵，編有《小綠天孫氏鑒藏善本書目》。主持商務印書館《四部叢刊》古籍影印。〔註56〕

黃裳（1919～2012）原名容鼎昌，山東益都人。善書話，著述頗豐。黃裳收藏嘉靖本較多，故有百嘉室之書齋雅稱。

黃裳與前述國家圖書館藏本印主孫祖同熟識。黃氏《榆下雜說》有《幾種版畫書》一文，提到在楊壽祺（1892～1962）來青閣書莊見到過孫伯繩（孫祖同）。此人是地產商人，喜歡古董收藏，興趣變換，從書畫到鼻煙壺再到書。「常在來青閣裏碰到，不過我們之間並沒有什麼矛盾，因為彼此買書的路子不同。他只買刻本，不買鈔校，因為後者鑒別困難。他買明版書，只收白棉紙本，不收竹紙印本，有一定要初印乾淨的，那標準是紙白如玉、墨凝如漆。」〔註57〕1999 年，黃裳作《上海的舊書鋪》又提及此事，說孫祖同「立下了一種規矩，不取抄校，只收明刻白棉紙本，要雪白乾淨，無缺頁。至於內容全可不計。」〔註58〕2010 年，黃裳寫《張佩綸的藏書》一文，再次重複了這一段典故，他說：「孫君也是位藏書家，常在來青閣中碰到。但彼此並未產生收書中常有的矛盾。原因是買書的路子不同。……他買書有一個原則：不收鈔校本，因為不易斷定真偽；買明刻本不收竹紙印本，必求白棉紙初印本，只求漂亮，不論珍惜或常見；還有一條，書買回後，必細數全書葉數，凡遇缺番，

〔註54〕〔清〕黃虞稷：《千頃堂書目》，瞿鳳起等整理，上海：上海古籍出版社，2001年。

〔註55〕李玉安等：《中國藏書家通典》，第 387 頁。

〔註56〕李玉安等：《中國藏書家通典》，第 786～787 頁。

〔註57〕黃裳：《黃裳文集 5．雜說卷》，上海：上海書店出版社，1998 年，第 116 頁。該文寫於上世紀八十年代，文中還提及王綬珊、朱遂翔、孫毓修等人及其藏書。

〔註58〕黃裳：《春回簡記》，福州：福建人民出版社，2001 年，第 109 頁。

必退回。」〔註59〕黃裳曾得到了孫祖同收藏後再出手的《尚書圖》。孫氏《盧靜齋宋元明本書目》云：「《尚書圖》一卷。宋刻本。為《六經圖》之一，凡七十七圖，間有殘缺。」〔註60〕黃裳說孫氏懷疑此書未必為宋刻。在上世紀五十年代初某日，黃裳到來青閣，店員告之有孫伯繩要出售的《尚書圖》。孫氏「買到以後，發現紙墨太新，印工太好，懷疑這不是真宋板，有點後悔了，想轉手賣掉。我取來一看，是一本白麻紙精印、典型建本風格的宋刻版畫，毫無可疑，就留下了。」〔註61〕沒多久，此書為鄭振鐸所知，要他參加1952年9月北圖舉辦的「中國印本書籍展覽」，〔註62〕此書亦捐贈給國圖。

　　黃裳收藏舊籍中有若干種出自前述王綬珊九峰舊廬。如跋《演山先生文集》謂：「初余聞九峰舊廬有此書，後為朱氏所得，屢過市問之，皆靳而不出。孫助廉獲其家書不少，余倩渠為議價，亦不諧。其居奇之故，蓋以余與燕山先生名字偶同也。」〔註63〕如跋《花庵詞選》謂：「《花庵詞選》二十卷，此（《唐宋諸賢絕妙詞選》）十卷外尚有《中興以來絕妙詞選》十卷，余後亦收一本，為王氏九峰舊廬故物。今小綠天書出，亦有《中興以來絕妙詞選》一部，係《四部叢刊》底本。」〔註64〕跋《澹生堂外集》謂：「此冊舊藏靜惕堂，後入蕭山王氏十萬卷樓，有端履手題，更經華延年室收藏鈔補，古香襲人，真書林奇物也。王綬珊珍重收儲，身後為朱某陰入已，深藏密鎖，人不可見。修綆堂孫氏乃獨能取其書出。」〔註65〕由此可知，黃裳得到王綬珊藏書多是幾經轉手之物，頗為不易。

　　黃裳和孫祖同各有一部《居夷集》，尚不知二人是否曾交換瀏覽過該書。以現存國家圖書館之孫氏舊藏與上海圖書館之黃氏舊藏對觀，孫氏藏本無論從品相還是字體來說都要略勝一籌。兩部書若不進行細緻對勘，極為相似，字體、行款、內容等皆似無區別。然而比勘二本就會發現：黃氏舊藏，字體較

〔註59〕黃裳：《來燕榭文存二編》，北京：生活・讀書・新知三聯書店，2011年，第180頁。

〔註60〕林夕等：《中國著名藏書家書目彙刊》第37冊，北京：商務印書館，2005年，第246頁。

〔註61〕黃裳：《黃裳文集5・雜說卷》，第115頁。

〔註62〕李致忠：《中國國家圖書館館史資料長編 上》，北京：國家圖書館出版社，2009年，第430頁。

〔註63〕黃裳：《來燕榭書跋》（增訂本），北京：中華書局，2011年，第97頁。

〔註64〕黃裳：《來燕榭書跋》（增訂本），第107頁。

〔註65〕黃裳：《來燕榭書跋》（增訂本），第199頁。

硬，點畫乾澀；孫氏舊藏字體較軟，點畫流暢。至於何本在先，何本在後？文本校勘或許能提供一些線索。

首先，可以明確的是，上圖本、國圖本和甲庫本皆非同一套書版刷印的書，不存在先印後印的關係。僅就書前第一頁序文來看，雖然三部書的行款和字體看起來極為相近，但字的筆劃卻有明顯的不同。例如，於、下、哉、知、為等字的寫法，國圖本和上圖本相近，而甲庫本不同。這意味著國圖本和上圖本有更加密切的關係，而甲庫本則另出一手。

三種《居夷集》字體異同

單　字	上圖本	國圖本	甲庫本	行　數
於				第八行
於				第九行
下				第六行
下				第八行
哉				第十二行
知				第十二行
為				第十一行

從第一頁開始，三部書就呈現出不同的字體風格，這或許是刻工精拙與否的緣故，也許是寫工的書寫習慣所造成的。總之，從字的寫刻精細度而言，甲庫本最佳，國圖本次之，上圖本又次之。

其次，從文字校勘來說，三個不同版本的《居夷集》除了版式相同之外，文字上存在異同。比如，較為明顯的是目錄最後一頁，國圖本和甲庫本為「涉湘」，而上圖本改為「涉湘於邁嶽麓」。另外，上圖本有馬紹基於乾隆四十九年所作校勘，馬氏以某一版本的《陽明全集》為據校訂文字，並將該《全集》中所標注的年代全部抄錄到《居夷集》上。今以馬氏所校勘到的誤字略窺三部不同版本的《居夷集》在文字上的異同。

三種《居夷集》文字異同

卷 數	頁碼行數	上圖本	國圖本	甲庫本	馬紹基校
卷一	第 1 頁第 12 行	究	究	究	宂
	第 1 頁第 13 行	簿	簿	薄	薄
	第 2 頁第 4 行	旂	旂	旂	菥
	第 3 頁第 5 行	辨	辨	辨	辯
	第 6 頁第 14 行	冰	冰	冰	水
	第 6 頁第 17 行	摠	摠	摠	總
	第 6 頁第 19 行	為	為	為	謂
	第 7 頁第 1 行	能	能	能	敢
	第 7 頁第 11 行	頤	賾	賾	賾
	第 13 頁第 14 行	侍君	侍君	侍御君	侍御君
	第 14 頁第 8 行	還	還	還	環
	第 15 頁第 13 行	曰	日	日	日
	第 22 頁第 9 行	什	什	什	釋
	第 22 頁第 10 行	悮	娛	娛	娛
	第 22 頁第 19 行	能	能	能	常
	第 28 頁第 3 行	率	卒	卒	卒
	第 28 頁第 12 行	民	氏	氏	氏
	第 30 頁第 4 行	稅	稅	稅	稅
	第 31 頁第 8 行	也	也	也	已
	第 31 頁第 9 行	七月	七月	七月	七日
卷二	第 1 頁第 16 行	率	率	率	卒
	第 4 頁第 13 行	掊	掊	掊	杯
	第 10 頁第 13 行	窮	穹	穹	穹
	第 12 頁第 11 行	大	大	大	丈
	第 22 頁第 9 行	春	青	青	青
	第 22 頁第 17 行	壷	壷	壷	壺
卷三	第 1 頁第 12 行	梏	梏	梏	牿
	第 2 頁第 7 行	震	震	震	霞
	第 3 頁第 13 行	岡	岡	岡	罔
	第 4 頁第 11 行	無	無	無	心

	第 11 頁第 4 行	頭	頂	頂	頂
	第 13 頁第 1 行	當	當	嘗	嘗
	第 13 頁第 18 行	開	開	開	閒

由此可見，上圖本的錯字較國圖本和甲庫本要多一些。這種錯誤多形近而誤，或許是寫工重寫時的筆誤，抑或者是刻工刻板之誤。文字錯誤最少的是甲庫本，國圖本次之，上圖本最多。

這些由印本所呈現出來的差異，不足以說明哪一個版本是更早的版本，也不能說明哪一個更晚。只能說明它們是不同的版本這一點。至於它們之間到底有何種關係，在現有條件下尚不能予以細緻的說明。

值得注意的是，馬紹基在校勘時留下了「某字全集作某」「某字集作某」「某字原本作某」「某字一本作某」等四種不同的表述，可惜馬氏並未說明其所用以校勘的「全集」「一本」「原本」是何種版本。但很明顯的是，馬氏並不認為他所收藏的這部《居夷集》是初刊本，而是後來的覆刻本，否則不會有「原本」之說。而且，他在乾隆時代所見到的《居夷集》定非一種，而是幾種。而民國時孫毓修留下的題跋並沒有注意到這一點，他似乎以為這部書就是嘉靖三年原刊，故有「先生卒於戊子十一月廿八日，在此刻後五年」的題識。顯然，孫氏並不清楚《居夷集》存在多個刊本的情況。覆刻本是否曾經留下了題記，今存本未見，故不知其詳。

總而言之，我們可以確定這樣一個事實：目前可知的四部《居夷集》是四個不同的版本。由於這四個版本中除了養安院舊藏有一目了然的不同之外，其他三部古籍無論在版式、字體，還是整體的風格上，都是極為相似的，若不對比查看不易知曉其差異處。因此，我們可以說這三部書當同出一源，當是據同一底本而來的不同的覆刻本。這幾個覆刻本或許都是嘉靖間的重刊，而丘養浩本人覆刻此書的可能性較大。他在都察院任上極有可能有不止一次重刻該書。同時，貴州地區也當是省政府一級的官員的重刊本。至於國圖本、甲庫本和上圖本中，是否會存在某一本為後二者的底本的情況尚無明顯的證據予以證實。因此，為了穩妥起見，這三部《居夷集》的版本定為：**明嘉靖間翻刻嘉靖三年丘養浩刻本**。這樣既可以說明這幾部書同出一源，也避免了將覆刻本認定為原刻本的錯誤，這也是古籍版本鑒定往前進步的表現。

四、鐫刻垂遠：同志講求切劘之

1952 年，黃裳得到《新刊陽明先生文錄續編》並跋：

> 此黑口本《陽明文錄續編》三卷，佳書也。世未有以之著錄者。
> 通行之本，大抵皆重刊彙編本耳。余前得《居夷集》三卷，嘉靖甲
> 申刊於黔中者，時先生尚存。此集則刊於棄世後七年，亦貴州刊本。
> 刀法樸茂，別具古趣。大抵名人文集多傳彙刻全書，而單刊者反易
> 湮沒，是更足增重者。〔註66〕

黃裳此跋文未收錄到黃裳書跋中。該跋文提到的名人文集單刻本不為學者所重的原因在於全集（彙刊）本的流行，在一定程度上對何以單刻零本流傳不廣的原因進行解讀。由於僅僅是一篇短跋，諸多問題尚待澄清。

首先，陽明本人是否將《居夷集》贈予友人呢？目前並未見到十分明確的記錄，不過嘉靖四年（1525）陽明所作《草書次張體仁聯句韻寄答宋孔瞻書（二首）》，其書一先為詩文聯句，末云：「問俗觀山兩劇匆，雨中高興諒誰同。輕雲薄靄千峰曉，老木滄波萬里風。客散野鳧從小艇，詩成嚴桂發新叢。清詞寄我真消渴，絕勝金莖吸露筒。」《宋孔瞻書》首云：「別久，想念殊深。召公之政，敷於陝右，其為鄉邦之光多矣。」「召公之政」自然不是無的放矢。此時的陽明，所想的仍在敷政於天下，只不過他這時尚在老家，靜待復出罷了。這時要做的，自然是要對自己人生事業做初步的總結。所以其二書云：

> 慰此思守先聖之遺訓，與海內之同志講求切劘之，庶亦少資與
> 後學，不徒生於聖明之朝。然蔽惑既久，人是其非，其能虛心以相
> 聽者鮮矣。若執事之所盡禮恭而與人為善，此誠僕所欲效其愚者。
> 然又道里隔絕無及，匪握手一致其所傾渴，又如何可言耶。雖然，
> 目係而道存，亦僕見執事之書，既已知執事之心，雖在千萬里之外，
> 固當有不言而信者。謹以新刻小書二冊奉以教正。蓋鄙心所欲效者，
> 亦略具於其中矣。〔註67〕

〔註66〕〔日〕永富青地：《王守仁著作之文獻學的研究》，東京：汲古書院，2007 年，第 158 頁。
〔註67〕束景南、查明昊：《王陽明全集補編》，上海：上海古籍出版社，2016 年，第 208～209 頁。

該書法作品見於《寶晉齋所藏碑帖石刻》（何福安《寶晉齋碑帖集釋》），因有「蘇臺唐寅」字樣及六如居士印，故被視為唐寅所作書，經束景南考證，可以確證為陽明所作無疑。束氏說：「書二談與同志講明聖學，也明是陽明口氣，斷非唐寅所能道。所言『謹以新刻小書二冊奉以教正』，即指陽明嘉靖三年新刻之《傳習錄》與《朱子晚年定論》二書，陽明與同時所作書札中多有類似之言，如《答王臺庵中丞》云『謹以新刻小書二冊奉以教正』（《全書》卷二十一，作於嘉靖三年）。唐寅為畫家，何來『新刻小書二冊』？此亦足見書二亦陽明所作也。」將「新刻小書二冊」直接說成《傳習錄》《朱子晚年定論》二書似無任何證據，且嘉靖三年陽明著述刊刻者似無《朱子晚年定論》，《傳習錄》的確有新刊增訂之本，但南大吉所刊為五卷，似非二冊。二冊者，以此《居夷集》似更妥帖。且從陽明給宋孔瞻的書信先列詩文來推斷，陽明贈予其詩文集《居夷集》似更合理。當然，此亦推測耳。

其次，從目錄學的歷史的記述來看，此書在多地流傳過：

在西南地區，明代普安州（今貴州盤縣）屬貴州布政使司，該州州志有嘉靖時期高廷愉編纂的《普安州志》十卷。該書內容豐富，舉凡地方地理、經濟、文教、政治、社會等項均有較為詳細的記錄，卷一興地、卷二食貨、卷三學校、卷四兵衛、卷五祠祀、卷六官師、卷七選舉、卷八人物、卷九藝文、卷十雜志。其中，卷三《學校志》云：「作人之地，風化關焉；師儒之職，表則攸繫。是故學有治，居業也；廟有祀，具瞻也；器數書籍，備物昭文也。養正於蒙，則社學弗可遺焉。爰並志之。」可見作志之人對於教化的基本主張。不過，普安州的學校並不突出，甚至只有普安州儒學：「在州治右。永樂十五年十二月，教授何本創建。嘉靖元年，知州沈天麟、指揮柳廷用重建於舊治上六丈許。二十二年巡按魏公洪冕、二十五年巡按蕭公端蒙增修。」即在修志時，普安州儒學增修時日未久，儒學的藏書應為其時最為關鍵者，州志也詳細記載了所藏書籍名單、數量及來源：

> 《易經大全》一部，《書經》一部，《詩經》一部，《春秋》一部，
> 《禮記大全》一部，《四書大全》一部，《性理大全》一部，《五倫書》
> 一部，《孝順事實》一部，《為善陰騭》一部，《佛曲》一部，《大明
> 一統志》一部。已上俱係頒降書籍。
>
> 《五倫書》一部，《通鑒綱目》一部，《大學衍義》一部，《韓柳
> 文》各一部，《性理大全》一部，《近思錄》一部，《論學繩尺》一部，

《大學衍義》一部，《十九史略》一部，《源流至論》一部，《三場文膽》一部，《策學集略》一部，《東萊博議》一部，《策海集成》一部，《孔子家語》一部，《劉向說苑》一部，《春秋大全》五部，《禮記大全》三部。已上提學毛公科發下。

《陽明錄》二部，《傳習錄》一部，《居夷集》二部。已上布政司發下。

《聖駕重幸太學錄》一部，《大狩龍飛錄》一部，《通惠河志》一本。已上新增。

《射禮》一本。提學徐公樾發下。

《三蘇文粹》一部。巡按蕭公端蒙發下。

《禮記便蒙》一部。巡按張公雨發下。

《學約古文》一部。巡按董公威發下。

《教家要略》一部。按察使胡公堯時發下。〔註68〕（〔明〕高廷愉《〔嘉靖〕普安州志卷三‧學校志》，明嘉靖刻本）

貴州普安州的教育機構所藏書籍來源大概有朝廷頒賜書、政府部門下發、官員饋贈和自行購置者。其中，朝廷頒賜御製書佔有較大比重，另外主管教育的省級官員贈書極大充實了儒學藏書數量。值得注意的是，由省級機關（布政司）下發了陽明學的三部著作。這在其他志書中並不多見，由此可見在嘉靖後期主政貴州者對於陽明學的推崇。可以推測的是，這三種陽明著述應為貴州刊本，故由省政府下發。

在陽明學最興盛的江浙地區，同樣是在嘉靖時期的地方志中，我們發現陽明學人將陽明學書籍贈予地方學校以充實其藏書者，如安徽廣德州（今屬安徽宣城市）的復初書院書籍目錄中亦有《居夷集》。《廣德州志》記錄的書院藏書有：

《性理》二十本，《綱目》四十本，《前漢書》二十六本，《後漢書》二十四本，《唐書》五十本，《五代史》八本，《孔庭纂要》二本，《傳道粹言》二本，《程氏遺書》六本，《謳山集》三本，《延平答問》二本，《朱子語錄》四本，《近思錄》二本，《小學》二本，《象山文集》五本，《文章正宗》十本，《薛子粹言》一本，《胡子粹言》一本，

〔註68〕〔明〕高廷愉：《〔嘉靖〕普安州志》，上海：上海古籍書店，1961年，第42～43頁。

《白沙詩教》三本，《一峰文集》二本，《甘泉樵語》一本，《二業合一論》一本，《井泉二論》二本，《傳習錄》□本，《居夷集》一本，《大學古本》一本，《說文字原》一本，《立書本義》二本，《六書正偽》二本，《射禮儀節》一本，《諭俗禮要》一本，《訓蒙詩要》一本，《復初書院志》一本，《皇明名臣言行錄》二本。以上書籍共二百三十二本，嘉靖丙戌歲制官鄒守益置。仍置書櫃二口，收貯尊經閣上。（〔明〕黃紹文《〔嘉靖〕廣德州志卷五‧學校志》，明嘉靖十五年刊本）

復初書院和陽明學派有著密切關係，《明儒學案》卷十六載「嘉靖改元，（鄒守益）起用。大禮議起，上疏忤旨，下詔獄，謫判廣德州。毀淫祠，建復初書院講學。」〔註69〕《明儒言行錄》卷八載鄒守益「歸里，與其鄉人劉邦采、劉文敏、劉陽、歐陽瑜等建復古、連山、復真諸書院，為四時之會。」〔註70〕故復初書院藏書甚至鄒守益一力購置。從書目可見除了本朝御製書之外，也包括正史及理學著作，當然也包括了舉業用書。從上述嘉靖時期兩部地方志書中，可見當時官方學校中所收藏的書籍多為朝廷頒賜的儒學書籍，同時，各級官吏亦贈書與儒學、書院，相對而言書院藏書更為豐富，有大量理學家書籍。

嘉靖時期，地方儒學、書院所藏陽明的著作包括前述《陽明錄》《傳習錄》《居夷集》等。其中貴州地方儒學由布政司發下，此可證當時布政司應主持刊刻了陽明書籍三種予以下發至所轄各級官方學校，而《〔嘉靖〕普安州志》中所謂《陽明錄》或為《陽明先生文錄》。此書與貴州提學王杏、胡堯時有關。王杏曾在貴州刊刻《新刊陽明先生文錄續編》，即前述黃裳藏本。此本有王氏《書文錄續編後》跋文一則：

> 貴州按察司提學道奉梓《陽明王先生文錄》，舊皆珍藏，莫有睹者。予至，屬所司頒給之。貴之人士，家誦而人習之，若以得見為晚。其聞而慕，慕而請觀者，踵繼焉。……予因貴人之懷仰而求之若此，嘉其知所向往也。並以《文錄》所未載者出焉以遺之，俾得見先生垂教之全錄，題曰《文錄續編》。於乎，讀是編者，能以其心求之，於道未必無小補。否則，是編也，猶夫文也，豈所望於貴士

〔註69〕〔清〕黃宗羲：《明儒學案》（修訂本），第331頁。
〔註70〕〔清〕沈佳：《明儒言行錄》，臺北：臺灣明文書局，1991年，第138頁。

者哉。先生處貴有《居夷集》，門人答問有《傳習錄》，貴皆有刻，茲不贅云。時嘉靖乙未（十四年，1535）夏六月，後學王杏書於貴陽行臺之虛受亭。〔註71〕

《居夷集》《傳習錄》之類的陽明學著述，早在嘉靖十四年之前就有貴州刻本，但刊刻後並未下發而是作為他用，或者當時版刻之後作為禮物用作它途亦未可知，故王杏有「舊皆珍藏」之說。正是王氏任上，他將此書刷印並下發至所屬儒學，前述普安州儒學是否在此之列？除了將原刻刷印下發之外，王氏又有新刊，即《文錄續編》。這樣就與普安州儒學所藏布政司下發三書《陽明錄》《傳習錄》《居夷集》相吻合。故而我們可以合理推斷，在嘉靖十四年左右，陽明學人主管貴州教育事業，他們將陽明學視為當世事關教化的重要書籍，因此對原有書籍加以整理刷印後下發至貴州各縣州衛儒學。

當然，王杏並不是貴州的最後一位推行陽明學的教育主官，在謝東山《送仰齋胡堯時序》中提到：

　　　　我國家文明化洽，理學大儒後先相望。而陽明王公則妙悟宗旨，刊落支離，其有功於後學為尤大。山（謝東山）自弱冠時，得公《傳習錄》而讀之，雖以至愚之質，亦未嘗不忻然會意。及讀公《居夷集》，則又未嘗不歎天之所以重困公而玉之成者，實在乎此。其後公之道大行發越，流傳遍海內，而獨盛於江西。今之江西士大夫，或隱或顯，其挺然為世大儒者，非其友朋，則其門人弟子也。而吉安一郡，又為江西冠。為公友者，有整庵羅氏；為公弟子者，有東郭鄒氏、南野歐陽氏、晴川劉氏、雙江聶氏、大廓王氏、健庵羅氏，與今貴州按察使仰齋胡先生也。先生性定而氣閒，察理精而執事敬，和不為靡，剛不為復，非所謂挺然大儒者與。……雖先生職事在刑名案牘，然謂貴陽民夷雜處，尤宜先教化而後刑罰。既以躬行為此邦士人倡，復增修黌舍與陽明書院。凡公之遺言在貴陽者，悉為鑴刻垂遠，且與四方學者共焉。〔註72〕（〔明〕謝東山《〔嘉靖〕貴州通志卷之十一·送仰齋胡堯時序》，明嘉靖刻本）

〔註71〕〔日〕永富青地：《王守仁著作之文獻學的研究》，東京：汲古書院，2007年，第158頁。

〔註72〕〔明〕謝東山刪正、張道編集：《貴州通志》（點校本），貴陽：貴州人民出版社，2015年，第590頁。

　　胡堯時為陽明門人，據 1983 年泰和縣出土的《明嘉靖四十一年胡堯時墓誌》可知：胡堯時（1499～1558）字子中，號仰齋，江西泰和人。為宋代儒者胡宏後裔。治詩經，嘉靖五年丙戌（1526）龔用卿榜進士。歷任直隸淮安府推官、兵科給事中、長沙府攸縣簿、雲南按察副使、貴州按察使等職。〔註 73〕胡氏嘗從學與王陽明，任職雲南時，兼提督學校事，故收集陽明之文在貴陽者，悉為刊行。值得注意的是，《居夷集》並非首於貴州，因為嘉靖三年，胡氏尚未中進士出仕，至嘉靖三十年（1551）時方為雲南按察，並在此期間刊刻陽明之書。〔註 74〕胡堯時刊行的陽明著述，或包括原著的翻刻或者重修，如《傳習錄》《居夷集》；也有新刊增補者，由於現存資料有限，尚不知為何書。

　　總之，陽明《居夷集》在嘉靖三年甲申由丘養浩在浙江餘姚縣梓行，此書成為陽明學的早期的重要著述，頗為流行。

　　而主持貴州教育的學者，在此嘉靖時期多有陽明學人，故先後幾任官員致力於陽明學書籍的傳播，他們將陽明學著述予以翻刻並下發至所轄各府縣衛儒學，其中就包括《居夷集》。同時，他們也對陽明著述自覺的加以整理，這些書籍為陽明學留下了寶貴的資料。因此，說《居夷集》有嘉靖甲申刻本不誤，而以甲申本為黔（貴州）刻本則誤。當然，現今存世之本究竟早期刊本抑或是貴州翻刻本，尚待進一步考察，較為合理的著錄應為：《居夷集》三卷，王守仁撰，明嘉靖間翻刻嘉靖三年丘養浩刻本。

五、弦誦言遊：忠義之情文燦然

　　陽明的文學成就，在《居夷集》中有淋漓盡致的表現。〔註 75〕明人王志道

〔註 73〕陳柏泉：《江西出土明代碑誌集釋》，《江西歷史文物，1986 年 S1 期，第 120 頁。

〔註 74〕王路平：《黔中王門——貴州陽明文化學派的形成》，《陽明學刊》六輯，2012年，第 178 頁；張明：《貴州「陽明書院」源流述略》，《陽明學刊》八輯，2016年，第 193 頁。

〔註 75〕篇目為：卷一包括《弔屈平賦》《何陋軒記》《君子亭記》《遠俗亭記》《氣候圖序》《送憲副毛公致仕歸桐江書院序》《龍場生問答》《象祠記》《恩壽雙全詩後序》《臥馬冢記》《賓陽堂記》《重修月譚寺記》《瘞旅文》《玩易窩記》《重刊文章軌範序》《五經臆說序》《答友人》《答毛憲副書》《答安宣慰書》《又答安宣慰書》《又答安宣慰書》《論元年春王正月》。計錄賦、記、序、書、論共 22 篇。卷二包括《去婦歎》《羅舊驛》《沅水驛》《銅鼓洞》《平溪館次王文濟韻》《清平衛即事》《興隆衛書壁》《七盤》《初至龍場無所止結草庵居之》《始得東洞遂改為陽明小洞天》《移居陽明小洞天》《謫居糧絕請學於農將田南山水永言寄懷》

說：「儒者多不習兵家，守師說者不能自遣一詞，往往為詞章家所笑。先生即顓
門較，猶足與何、李並時壇坫，與青田並代稱兩，文成也斯兼之矣。然而以兼
歸先生，先生不受也。先生言之曰：止此良知，更無餘事。」〔註 76〕陽明同時
代的文人學者對陽明《居夷集》一書頗為看重。王廷相他在給友人的書信中說：

> 予既歸，病體漸平，得遂散適。幸甚。來諭以天意有憐，誠然哉。
> 古人行事，豈必一一造極。位處疑丞，宣弼闇然，弗聞於世者，不知
> 其幾。皇甫謐何人哉？而大書於史，後學仰之，澄清宣鬱，視為已式，
> 豈不盛矣乎。道長直節守道，執之不搖。予嘗靜中以當世賢傑擬之。
> 苟守之如一，當為世重，予豈其儔？律詩起於六朝，楊子之錄誠是。
> 李叔通《氣候解》似猶未見夏小正，陽明《居夷集》中有「春王正月」
> 之論，甚正甚的，非後儒駁僻之說，望觀之。〔註 77〕（〔明〕王廷相
> 《王氏家藏集卷二十七·與趙侍御世胤》）

《觀稼》《菜蕨》《狩狩》《南溟》《溪水》《龍岡新構》《諸生來》《西園》《水濱
洞》《山石》《無寐》《諸生夜至》《艾草》《鳳雛》《鸚鵡》《諸生》《遊來仙洞早
發道中》《別友》《贈黃太守澍》《寄友用韻》《秋夜》《採薪》《龍岡漫興》《答
毛拙庵見招書院》《老檜》《卻巫》《過天生橋》《南霽雲祠》《春晴》《陸廣曉發》
《雪夜》《元夕》《家僮作紙燈》《白雲堂》《來仙洞》《木閣道中雪》《元夕雪用
蘇韻》《曉霽用前韻書懷》《次韻陸僉憲元旦喜晴》《元夕木閣山火》《夜宿汪氏
園》《春行》《村南》《山途》《白雲》《答劉美之見寄次韻》《寄徐掌教》《書庭
蕉》《送張憲長左遷滇南大參次韻》《南庵次韻》《觀傀儡用韻》《徐都憲同遊南
庵次韻》《即席次王文濟少參韻》《寄劉侍御次韻》《夜寒》《冬至》《春日花間
偶集示門生》《次韻送陸文順僉憲》《次韻陸僉憲病起見寄》《次韻胡少參見過》
《雪中桃次韻》《舟中除夕》《激浦山中夜泊》《過江門崖》《辰州虎溪龍興寺楊
名父將到留韻壁間》《武陵朝音閣懷原明》《閣中坐雨》《霽夜》《僧齋》《德山
寺次壁間韻》《沅江晚泊》《夜泊江思湖憶元明》《睡起寫懷》《三山晚眺》《鵝
羊山》《泗洲寺》《再經五雲觀書林玉璣道士壁》《再過濂溪祠用前韻》，共錄詩
計 90 題 110 首。卷三包括《咎言》《不寐》《有室七章》《讀易》《歲暮》《見月》
《天涯》《屋蟀月》《別友獄中》《答汪抑之》《八詠》《南遊三首》《憶昔答喬白
岩因寄儲柴墟三首》《一日》《夢與抑之昆季語》《赴謫次北新關喜見諸弟》《南
屏》《臥病靜慈寫懷》《移居聖果》《草坪驛次林見素韻奉寄》《玉山東嶽廟遇》
《玉山東嶽廟遇舊識嚴星士》《廣信元夕蔣太守舟中夜話》《夜泊石亭寺》《過
分宜望鈐岡廟》《雜詩三首》《袁州府宜春臺四絕》《夜宿宣風館》《謁濂溪祠》
《宿萍鄉武雲觀》《醴陵道中風雨夜宿泗州寺》《長沙答周生》《陟湘》《遊嶽麓
書事》《天心湖沮泊既濟書事》，共錄詩 35 題 67 首。

〔註 76〕〔明〕施邦曜：《陽明先生集要·序》，王曉昕等點校，北京：中華書局，2008
年，第 3 頁。
〔註 77〕〔明〕王廷相：《王廷相集·王氏家藏集》，王孝魚點校，北京：中華書局，
1989 年，第 499 頁。

可見，時人除了對其集中的詩有所關注之外，對於其文亦頗重視，認為是的當之論。陽明詩文之名望絕非浪得虛名，不過後來其理學家的名望掩蓋了文學家之名，學者也就更多的從理學方面來加以研究。實際上，在明清時期，士人正是通過陽明的詩文來瞭解陽明的。明人關於松江府（今屬上海）的人物傳記中就記載了士人讀陽明《居夷集》，並以之為範者：

> 夏時字人正，別號陽衢，華亭人。……公善貧，亦善病，而性實至孝。得雋之後，日修甘旨，以奉其母石孺人。而當計偕期迫，逡巡若不欲行，此其心誠不願徼一第以違母氏朝夕而，於是屏居靜室中，精意潛思，體會陽明先生良知之學，著為《指南》一編。凡《傳習錄》《居夷集》莫不口誦而心維之。蓋六年之間，其於學也，有所自得，似可以委命遺榮者，故當應制而逡巡如故也。非母夫人趣之使出，當不治裝行矣。其登第，而官中翰也。其三載考績而贈公父如其官，封其母孺人也。公以為為親祿仕之念已畢，而迨乎母氏計聞，又以不及終養為憾。故雖部使者疏薦於朝，即家拜史科不拜者，豈其薄承明厭青瑣哉。則其孝思篤摯，故於軒冕塵視之，而金緋若浼耳。〔註78〕

（〔明〕何三畏《雲間志略卷十四‧夏給諫陽衢公傳》）

夏氏閱讀陽明之書，並以其學術自期，將之貫徹於己之生活中。值得注意的是，夏氏不僅僅以人人傳頌的《傳習錄》為本，還將《居夷集》作為重要的參考書，可見時人對於陽明此書的重視。除此之外，亦有學者用陽明《居夷集》作為評價其他著作的標準者，如胡維霖致書友人說：

> 承賜《采薇》佳刻，讀之勝讀王文成《居夷錄》與蘇長公《嶺表》諸什。何也？事理畢具，而忠義之情文燦然，蓋已變騷還雅。今袞歸坐籌帷幄，以《采薇》治外，《天保》治內，不惟可褫奸雄之魄，兼可落夷虜之膽。但目前江湖氣急，宜深心以鎮之。若夫茌苒海邦，不飛不鳴，徒歌啟、歷詩於湖上，竊恐孫伏之議石介也。凡可為司南者，惟勿吝金玉。〔註79〕（〔明〕胡維霖《白雲洞匯稿卷一‧寄熊壇石少司馬》）

〔註78〕〔明〕何三畏：《雲間志略》，明天啟刻本，《四庫禁燬書叢刊‧史部》第8冊，北京：北京出版社，2000年，第437～438頁。

〔註79〕〔明〕：《胡維霖集》，影印明崇禎間刻本，《四庫禁燬書叢刊‧集部》第165冊，北京：北京出版社，2000年，第11頁。

　　胡維霖將陽明《居夷集》與蘇軾貶謫詩文作品相提並論，可徵在當時學者心中，陽明的《居夷集》代表了當時貶謫詩文的較高水準。作者文中對友人多方讚揚，認為熊氏的《采薇》詩中體現了事與理的結合，情與文的融洽，或許這也是對於陽明、東坡貶謫詩文的基本特點。作者還指出熊氏要減少一些江湖氣，其評價標準是否也因陽明、東坡而來？

　　入清之後陽明之書主要以全書或《傳習錄》等行世，其《居夷集》已少見記錄，清人王士禎（1634～1711，字子真，號阮亭、漁洋山人，山東濟南新城人。乾隆時詔改士禎為士禛）曾見《居夷集》中《龍岡漫興》詩手跡，其《跋王文成公龍岡漫興詩卷》，云：

> 右王文成公《龍岡漫興詩》墨蹟一卷，蓋居龍場時所書。石來學憲得之於閩，攜以入都。逾年，遂有督學黔中之命。一日過予，俾題其後。予按，先生疏救戴銑等忤逆瑾，謫黔龍場驛，作何陋軒居之。日夜默坐，頓悟致知格物之旨。得失榮辱，一無所動其心。席文襄時為提學，闢貴陽書院，率諸生北面事之。蓋先生平生之學，得力於龍場時居多。讀此五章，其居易俟命之意猶可想見。石來以名儒往督學校，倡明絕學，與文成遙契於百數十年之後，淵源相接，夫豈偶然。此卷預兆之矣。康熙甲戌暮春，王士禎謹跋。〔註80〕（《蠶尾文集》卷八）

　　此事在其《居易錄》一書，亦有記錄，云：

> 門人莆田林石來麟焻，以禮部儀制司郎中出督貴州學政，云去年在閩得王文成公《龍岡漫興詩》墨蹟一卷，蓋公謫龍場驛時所書，屬予跋。其首章云：「投荒萬里入炎州，卻喜官閒得自由。心在夷居何有陋，身雖吏隱未忘憂。春山卉服時相問，雪寨籃輿每獨遊。擬把犁鋤從許子，漫將弦誦比言遊。」若為之兆者。按文成以疏救戴銑等，忤逆瑾，貶黔之龍場驛，作何陋軒居之。日夜默坐，頓悟致知格物之旨。席文襄書為提學，闢貴陽書院，親率諸生北面事之。蓋公平生之學，得力於龍場時居多。觀卷中五章，可想見其無入不自得之樂。石來閩之名士，私淑文成有年，故以倡明絕學勖之。文

〔註80〕〔清〕王士禎：《王士禎全集》第 3 冊，袁世碩主編，齊魯書社，2007 年，第 1954 頁。

成書遒勁，似山谷。〔註81〕（《居易錄》卷二十三）

　　從王士禛的這兩條記錄來看，他似乎並沒見《居夷集》一書。此處記錄的陽明詩文，與全集本所錄有兩處文字不同：「官閒」，全集本、《居夷集》為「官卑」，「比言遊」《居夷集》同，全集本為「止言遊」。此處，王士禛對陽明學的評價很高，對陽明詩文中所體現的居易以俟命的儒者精神表示了敬意，並冀望友人以陽明學「倡明絕學」相遙契，有所為而君子。

　　對於陽明的貶謫詩文，學者從不同的側面加以評論，或認為是其學道尚未成功時的作品，但已經展示了一種簡易之學的氣息，如錢基博評論說：陽明「《臥馬冢記》《賓陽堂記》《重修月潭寺記建公館記》《玩易窩記》諸篇，題下注戊辰，則正德三年，守仁三十七歲。是時學道未成，而刻意為文，吐詞命意，力求遒古；想與何（景明）、李（夢陽）為聲氣耶？然氣疏以達，不然夢陽之矜重；而亦無僻澀聱牙之病。簡練淳雅，波瀾氣焰，未極俶奇偉麗之觀；而舂容爾雅，無艱難勞苦之態；條達舒暢，故天性也。」〔註82〕或以為其詩文實際上在為學者提供了一種新的人生意義的典範，如左東嶺認為，王陽明詩文「向士人昭示了一種新的人格形態，為士人擺脫現實苦惱提供了內在超越的有效途徑。」〔註83〕

　　顯然，《居夷集》對於理解陽明學的形成及其學術內涵具有獨特意義，即對此書的考察可以梳理出作為性理學家的陽明及其後學如何看待陽明學的一些線索。陽明學研究者多以錢德洪《刻文錄序說》〔註84〕和黃宗羲《明儒學案》〔註85〕所謂「三變」說為依據，即認為陽明從詞章入手，繼而出入佛老，最後至龍場悟道，也就是說真正意義上的嚴格的陽明學是在其詞章之外的學說，因此在陽明學人完成陽明全書編纂出版後，對陽明學研究的重點也就相

〔註81〕〔清〕王士禛：《王士禛全集》第 5 冊，第 4131 頁。

〔註82〕錢基博：《明代文學》，北京：商務印書館，2011 年，第 614 頁。

〔註83〕左東嶺：《王學與中晚明士人心態》，北京：商務印書館，2014 年，第 139 頁。

〔註84〕錢德洪《刻文錄敘說》未：先生之學凡三變，其為教也亦三變：少時，馳騁於詞章；已而出入二氏；繼乃居夷處困，豁然有得於聖賢之旨。是三變而至道也。（〔明〕王守仁：《王陽明集》，第 2088 頁）

〔註85〕黃宗羲說：「先生之學，始泛濫於詞章，繼而遍讀考亭之書，循序格物，顧物理吾心終判為二，無所得入。於是出入於佛、老者久之。及至居夷處困，動心忍性，因念聖人處此更有何道？忽悟格物致知之旨，聖人之道，吾性自足，不假外求。其學凡三變而始得其門。」（〔清〕黃宗羲：《明儒學案（修訂本）》，第 180 頁。）此類說法在陽明學研究中幾乎隨處可見，基本成為一種常識之見。

應地聚焦於陽明全書前八卷，即《傳習錄》三卷和《文錄》五卷，以及全書所附錢德洪等編纂之《年譜》。如秦家懿認為：「陽明所撰之仿古體詩文，包括賦騷多首，及仿唐詩絕句。陽明之散文，早享盛譽，謫居龍場時所作之《瘞旅文》，尤是傑作。」不過仍拘於五溺三變舊說，認為包括詞章在內的五溺是陽明歸正於聖學之前的多種嗜好或興趣，並引錢德洪年譜的記錄為據，論證五溺為陽明的狂者性格，並強調「陽明三十一歲前，勤學詞章，遍讀先秦與漢代古文，終於過勞成疾，得嘔血病，因而歎息：吾焉能以有限精神，為無用虛文。」〔註86〕然而在性理學看來，此類觀點過於呆板，且無法展現陽明學的全面性，如施邦曜認為世人於陽明學多未窺其蘊奧，徒追慕其事功之巨之偉；於陽明學之話語多為切身體會，僅以淡然無奇目之。如此，則陽明自為陽明，學者自為學者，「人人具有一先生，而竟無一人能為先生」，〔註87〕故其纂集《陽明先生集要》分理學、經濟、文章三編，清人徐坤對此的評論是：「《集要》三編，曰理學、曰經濟、曰文章，其實經濟、文章皆自理學中來。公之序文有曰『伊周之後無功，六經之外無言』，蓋功不根乎理學，霸術是崇；言不衷乎理學，綺靡是尚矣。先生德積於中，不計其功，而功課媲美伊周；不競乎言，而言可以羽翼六經。此其三不朽而歸於一者乎。」〔註88〕在理學視域中，辭賦詩文均是文章之業，它直接反映了理學家本人的思想世界，因此，詩文不能等閒視之。這是實事求是的解說，也較為符合陽明本人的理念。在嘉靖三年的一通書信中，陽明說：

　　　　祝生來，辱書惠，勤勤愛念之厚，何可當也。又推並過情，以為能倡明正學，則僕豈其人哉？顧自忘其愚不肖，而欲推人於聖賢之域；不顧己之未免於俗，而樂人之進於道。則此心耿耿，雖屢被詆笑非斥，終有所不能已。海內同志苟知趨向者，未嘗不往來於懷，況如思道之高明俊偉，可一日而千里也，其能已於情乎。子美、太白有造道之資，而不能入於聖賢者，詞章綺麗之尚有以羈縻之也。如吾思道之高明俊偉，而詞章綺麗之尚終能羈縻之乎？終能羈縻之乎？〔註89〕（《陽明先生文錄卷三·答方思道僉憲》，明嘉靖十二年黃綰序刊本）

〔註86〕秦家懿：《王陽明》，北京：生活·讀書·新知三聯書店，2015年，第35頁。
〔註87〕〔明〕施邦曜：《陽明先生集要·序》，王曉昕、趙平略點校，中華書局，2008年，第12頁。
〔註88〕〔明〕施邦曜：《陽明先生集要·徐坤序》，第1018頁。
〔註89〕束景南、查明昊：《王陽明全集補編》，第207～208頁。

束景南說，方氏「究心詞章綺麗之學，故陽明在此劄中有所微諷。」
〔註 90〕或未可以此觀。方豪（1482~1530；字思道，號堂陵，浙江開化人）
為當時知名文士，《明史》卷二百八十六《文苑傳》有他的傳記：「方豪，字思
道，開化人。正德三年進士。除崑山知縣，遷刑部主事。諫武宗南巡，跪闕下
五日，復受杖。歷官湖廣副使，罷歸。」〔註 91〕吾人以為，陽明以道自任，
亦期望得到朋友聲援，他絕非一喜以諷刺他人為樂之人，此書明白說他「自
忘其愚不肖，而欲推人於聖賢之域；不顧己之未免於俗，而樂人之進於道。」
實為其人真實寫照，況且陽明本人詞章造詣在當時亦頗有聲望，只不過後世
為其性理學家之名所掩而已。特別是陽明學者多不為詞章，又將陽明學僅僅
視為與詞章之學涇渭分明的對立，故將陽明學的文以載道的苦心視為無物。
實際上，陽明一生從未放棄過詩文的追求，即便從陽明全書所收錄的陽明詩
歌數量來看，正德元年（1506）下獄貶謫前歸越詩 35 首、山東詩 6 首、京師
詩 8 首，下獄貶謫時有獄中詩 15 首、赴謫詩 55 首、居夷詩 110 首，自知廬
陵至嘉靖六年（1527）有廬陵詩 6 首、廬山詩 6 首、京師詩 24 首、歸越詩 5
首、滁州詩 36 首、南都詩 74 首、贛州詩 36 首、江西詩 120 首，晚年居越詩
34 首、兩廣詩 21 首，又錄賦騷詩 7 首，總數達 600 餘首。這在明代士人中或
許並不算多，但絕對不算數量少者，且其詩歌品質，絕非一般詩人所能比擬，
只不過他不為詞章綺麗所拘，亦不為性理所拘，只在進於聖賢之域耳。在陽
明學研究中，其詩歌解讀也是一個較為熱點的方向。〔註 92〕也有學者對陽明
居夷詩文加以注釋，如朱五義《王陽明在黔詩文注釋》（貴州教育出版社，1996
年），朱氏說：「陽明謫居貴州兩年餘，寫下了不少詩文，反映了他赴謫、生
計、事農、講學、悟道、社交、社會習俗和貴州山水等方面的狀況，是研究王
陽明和貴州歷史的寶貴資料。」〔註 93〕此書以民國時期出版的陽明全書為據，

〔註 90〕束景南：《陽明佚文輯考編年》，第 787 頁；束景南：《陽明佚文輯考編年（增
訂版）》，第 861 頁。

〔註 91〕〔清〕張廷玉等：《明史》，北京：中華書局，2011 年，第 7357 頁。

〔註 92〕關於陽明詩歌的論文有若干篇，如：蔡龍文：《王陽明詩歌研究》，中山大學，
2008 年；李月傑：《王陽明詩歌研究》，廈門大學，2008 年；朱海峰：《王陽
明詩歌研究》，湖南大學，2010；安秋萍：《王陽明詩歌研究》，北京師範大學，
2010；武劍：《王陽明詩歌論》，蘇州大學，2010 年；劉再華，朱海峰：《王陽
明貶龍場期間詩文的精神境界》，中國文化研究，2012 年 2 期，第 37~44 頁。

〔註 93〕朱五義：《王陽明在黔詩文注釋》，貴陽：貴州教育出版社，1996 年，第 203
頁。

對陽明在貴州的所有詩文加以注釋，為學者提供了一定便利。不過，由於文本是從全集而來，也就缺少了出版時間性及其時代性的考察。

另外，《居夷集》單刻本與《全書》本所收錄的詩文有一些異文，對於理解陽明的學術思想和文學修養不無助益，若是僅以《全書》本為據，可能就會缺乏對其文字運用的把握。比如張清河編注的《王陽明貴州詩譯詮》（貴州人民出版社，2017 年）對陽明在貴州期間的詩篇加以譯注和詮解，所使用的底本是當代人整理的《全書》，也就沒有注意到《居夷集》中的異文可能造成的不同理解。〔註 94〕異文對於詩歌而言絕非無關緊要。一字兩字的差別，在某些文體中可能問題不大，而對詩歌來說則不得不加以重視，因為它所導致的不僅僅是我們對文義理解的差異，更有可能導致我們對作者思想認識的感受以及對作者遣詞造句之精心程度認識的偏差。此處且舉三例說明之。其一，《平溪館次王文濟韻》「蠻煙瘴霧承相往，翠壁丹崖好共論」句中的「相往」二字，甲庫本、國圖本、上圖本均為「相待」。（《居夷集》卷二，第 2 頁）王文濟在平溪館招待了陽明，陽明寫詩表達謝意。《全書》改為「相往」變成了同路相伴，文義不同。〔註 95〕其二，《初至龍場無所止結草庵居之》「污樽映瓦豆，盡醉不知夕」句中「污樽」二字，甲庫本、國圖本、上圖本均為「匏樽」。（《居夷集》卷二，第 3 頁）《文章軌範》所選蘇軾《前赤壁賦》中有「舉匏樽以相屬，寄蜉蝣於天地」；「污樽」二字出自《禮記·禮運》「污尊而抔」，有孔穎達說解釋的「鑿地污下而盛酒」的意思。〔註 96〕「匏樽」在此處更為恰當。實際上，陽明《始得東洞遂改為陽明小洞天》第三首「上古處巢窟，掊飲皆污樽」句中用「污樽」已經說明了兩者的區別。另外，《居夷集》中此句為《移居陽明小洞天》第三首而非《始得東洞遂改為陽明小洞天》第三首。《全書》漏掉了《移居陽明小洞天》中的第一首詩「古洞閟荒僻，虛設疑相待。」（《居夷集》卷二，第 4 頁）其三，《秋夜》「蕭瑟中林秋，雲凝松桂冷」中「雲凝」二字，甲庫本、國圖本、上圖本均為「霜凝」。（《居夷集》卷二，第 10 頁）從「霜」到「雲」，當是手民之誤。雖然我們也能用「凝聚的陰雲」來解說後者，〔註 97〕但凝聚的寒霜掛在松枝成了霧松顯然是更符合實際情況，

〔註 94〕張清河：《王陽明貴州詩譯詮》，貴陽：貴州人民出版社，2017 年。

〔註 95〕張清河：《王陽明貴州詩譯詮》，第 14～15 頁。

〔註 96〕張清河：《王陽明貴州詩譯詮》，第 22～23 頁。

〔註 97〕張清河：《王陽明貴州詩譯詮》，第 84 頁。

那才是生活的經驗。〔註98〕雲、霜二字之異，馬紹基校閱時亦未察覺。校書之如掃塵，並非易事。由此可見，《居夷集》的嘉靖刊本仍具有重要的文獻價值。

小結

《居夷集》是陽明生前編刻的第一部詩文集，也是他所認可的唯一一部詩文集。這部從嘉靖三年編定，並由丘養浩等刻梓以來，曾在陽明學人群體中廣為傳播，成為從詩歌藝術角度理解陽明學的重要文獻。這一文獻被陽明門人弟子在嘉靖萬曆間所編刊的其他陽明文獻所取代，這部書在嘉靖年間的刊刻情形也就不為人知了。

如今，我們通過比對四部傳世的《居夷集》刻本，明確了這四部古籍並不是同一板本的不同印本，而是四種不同板本的印本。當然這四部書的都同出一源，都是嘉靖三年編刻的那一部書的千百化身之一。我們又通過對這部書編刻時刻的政治思想環境、這部書在後世學人中的影響，以及這部書的傳承情況的考察，明確了《居夷集》在陽明學書籍世界中的特殊地位。從這部書的案例而言，陽明學的書籍世界相當複雜，深入的發掘其中的各種歷史細節，有助於我們更好的認識陽明學的發展。

嘉靖六年，鄒守益請刻陽明文集，陽明親自將其文字標以年月後，令錢德洪編輯，並說「所錄以年月為次，不復分別體類者，蓋專以講學明道為事，不在文辭體制間也。」〔註99〕這就意味著陽明對其著述有較為強烈的教育意義的考慮，即「陽明將他的陳述理解為對學習過程中的諸多經驗的表達，因此也理解為本質上是歷時性的。同意付印其著述的一個動機似乎在於，經驗歷史會因此得以記錄下來，而他在這個歷史的不同時期裏所做的並為弟子所確立的文字陳述也不會被組合為一個超時間的思想系統。」〔註100〕專注於講學的陽明將著述視為講學的輔助物，學者須將學問的重點放在生活的改善上，在行動上，而不是被文本所束縛。以年月編次的目的是為了給學者一種時間的感受性，使之體會其學問生發的具體情境，進而產生一種感同身受的意義

〔註98〕 《居夷集》校注本此處用「雲凝」，或以《全書》為據而失校。（〔明〕王守仁：《居夷集》，李半知校注，第85頁）

〔註99〕 〔明〕王守仁：《王陽明集》，第7頁。

〔註100〕 〔瑞士〕耿寧：《人生第一等事：王陽明及其後學論致良知》，倪梁康譯，商務印書館，2014年，第170頁。

感，從而使學的追求保持在求道的方向，而不是僅僅被帶入到語言文字所構成的想像世界中。

　　既然文字只是實現好的生活和好的社會的手段，重要的就是人如何去實踐，因此「志立得時，良知千事萬為只是一事，讀書作文安能累人？人自累於得失耳。」〔註101〕（《傳習錄》下）良知從根本來說就是挺立人的心志，志之所在，則不為得失榮辱等外物判斷所左右，人才能在這個書籍的世界和現實世界中找尋到真正的自我，這一自我也就是聖賢的氣象。這是陽明《居夷集》中所展示的氣象。從講學的意義上說，以實踐取向為主，要求文本儘量滿足實踐的情境意義，固然是性理學家在講學中的經驗之談。但是，性理學家們也並非只有講學一途，事功、言語、文辭、講學四者構成了士人生活的整體，因此我們嘗試理解性理學家的思想時，需要對以講學求道為主軸的性理學保持這種時間性的清醒，否則就不容易理解其時學術思想的細節變化或者歷史情境，正是這些是我們理解文本的一把鑰匙。

〔註101〕〔明〕王守仁：《王陽明集》，第 93 頁。